Joyce M. Ellis

THE GEORGIAN TOWN

1680-1840

ジョイス・M. エリス

松塚俊三／小西恵美／三時眞貴子 訳

長い18世紀のイギリス都市

1680-1840

りぶらりあ選書／法政大学出版局

目次

表一覧

謝辞

この種の研究では、間接的にお世話になった方々すべてにお礼申し上げるのは不可能である。そのため、私が明らかに見過ごしたか、不正確に述べてしまった研究書の著者すべての方々にお詫び申し上げねばならない。『ケンブリッジ・イギリス都市史』の第二巻に寄稿された方々には、同書を一緒に編纂する過程で助言や情報、建設的な批判をいただいたことに感謝申し上げる。また、私の考えを明晰にさせてくれた次世代の学生にも感謝したい。本書の編集面で力になってくれたジェレミー・ブラック、本書を完成させるべく研究に専念できる時間を保証してくれた芸術・人文学研究委員会に対してもお礼申し上げねばならない。そして、何よりも、長い間、さまざまな形で私を助け、励ましてくれた家族に感謝したい。

ノッティンガムにて　J・M・E・

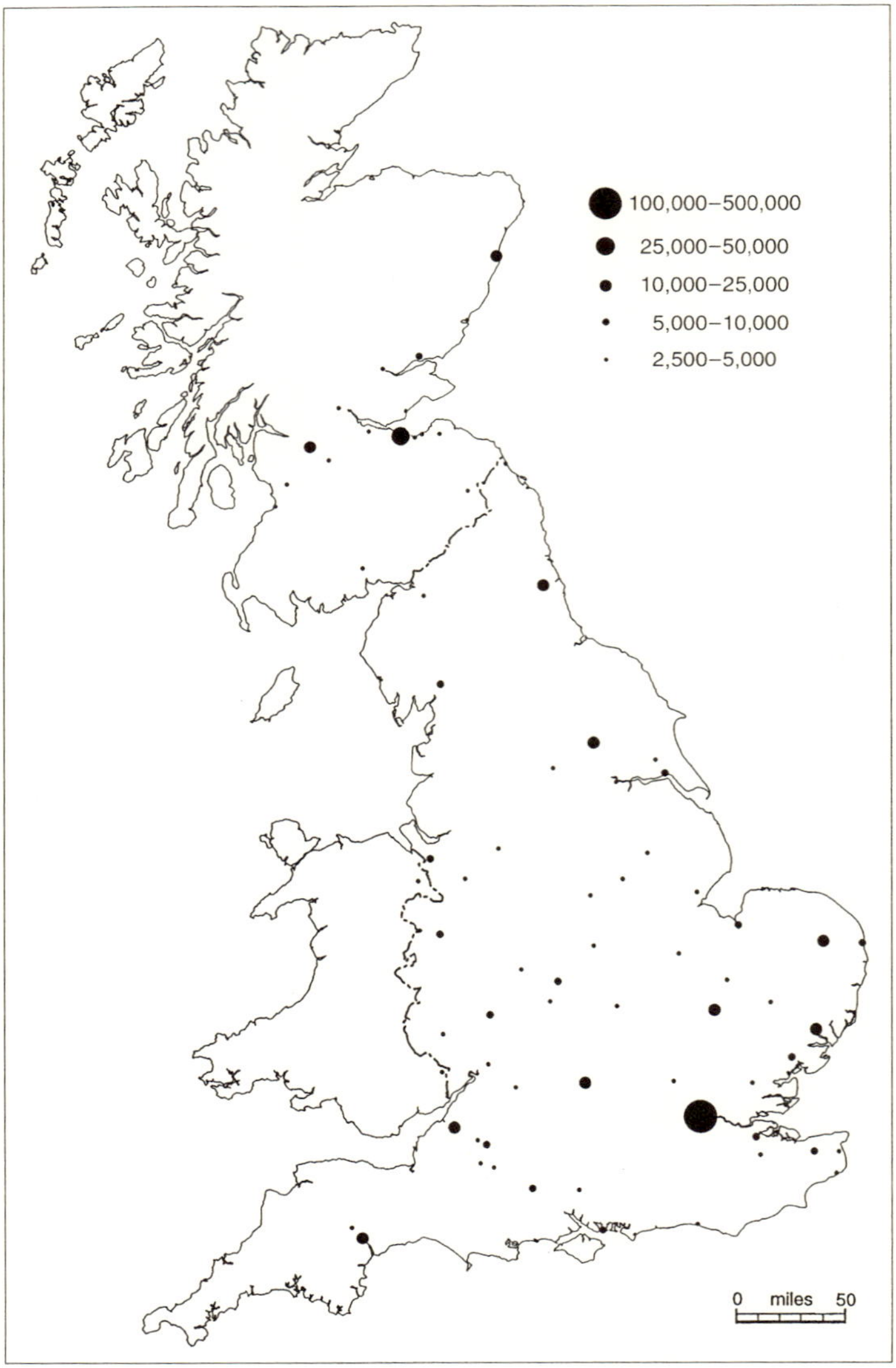

地図1　イギリスの大都市，1670年ごろ

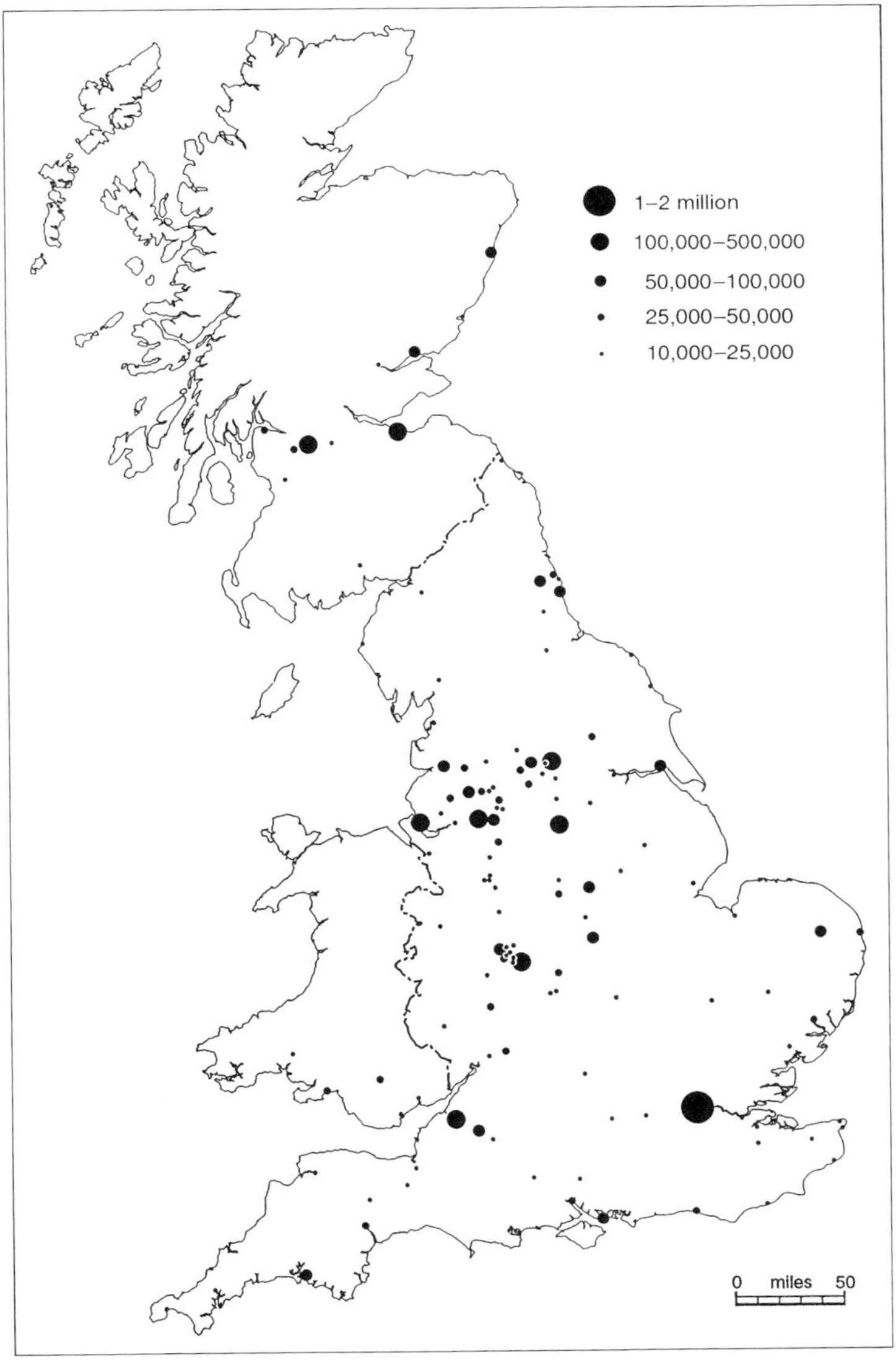

地図２　イギリスの大都市，1841 年

序章

ところで、お尋ねしますが、商業的な国とは、商業都市のかたまり以外の何なのでしょうか。[1]

ジョージ・チャーマーズ*（一七九四）

シーリア・ファインズ**が一六八〇年代に自分の生まれ故郷のイングランドを旅したころ、国内旅行はまだ始まったばかりであった。そのため、彼女はイングランドの人々が実際のところ、「自分たちが何者であるかを知らず」、自分の国に無知であり、「外国の地を過大に評価したくてたまらなくなる症状」に悩まされていると不満をこぼしていた。[2] 当時の人々はイギリスがそれなりの豊かさと地位を享受していると感じてはいたが、その感覚は間違いなく一六七〇年代と一六八〇年代に実際に起こった決定的な激動からははるかにかけ離れたものだった。この七〇年代から八〇年代にかけての時代こそは、今日、産業革命を準備することになる経済的、社会的な移行過程に徐々に向かいつつあったとされる、きわめて重要な時代であった。とりわけ、イギリスにやってくる外国人旅行者がロンドン以外の地を歩きまわることはまれであり、彼らが地方都市を訪れた際に、好意的な印象を示すこともめったになかった。ヨーロッパ人の見方からすると、イギリスの都市システムは依然として未発達な経済システムであり、ロンドンを除く、他のすべての都市の「とるに足りない」大きさは、発展し高度に都市化したフランスやイタリア、オランダの経済よりは、スカンジナヴィアや中央ヨーロッパの国々との比較がふさわしかった。[3]

* ジョージ・チャーマーズ（一七四二―一八二五）：スコットランド出身の尚古家、政治パンフレットの著者。アメリカ植民地に対する政府の弱腰を批判。右記の文章はアメリカ植民地に同情的な者たちを批判したパンフレットの一節。
** シーリア・ファインズ（一六六二―一七四一）：女性旅行家。イングランド各地を旅行したが、勃興する商工業都市を好んで訪れたといわれている。

これとは対照的に、その後の一〇〇年以上にわたる時代には、変化のスピードが増し、外国人旅行者や国内旅行者の流れが洪水となってあふれ出した。それとともに、ヨーロッパ大陸と比較されるイギリスの印象もより好意的な傾向を着実に示すようになった。ジョシュア・ギルピンの見解によれば、地方都市だけを取り出してフランスを評価すれば、「誰しも十八世紀ではなく、十三世紀だと思うだろう」ということになる。フランスの地方都市の城壁、暗くて陰鬱な通り、貴族に対する封建的な従属は、開放的で、舗装され、照明灯に照らされたイギリス地方都市の通りとは対照的であった。イギリスの地方都市では、通りにそって、こぎれいに飾られた店舗や、裕福で独立心に富む市民の簡素ではあるががっしりとした家々が軒をつらねていた。活気に満ち、進取の気風に富んだ、社会的にもうまくバランスのとれた国民というイギリスの新しい理想像の中心には都市化という現象が横たわっていた。同時代の人々もおおかたは、都市住民の「商業的な勤勉さ」によって全国に広がった「あらゆる改善、快適さ、ひいては優雅さ」の源が急激に成長する都市にあるとみなしていた(4)。最近の研究はこうした分析の正しさを確証しつつある。急速に成長する、注目すべき活力を示したこの時代のイギリスの都市が中心的な役割を果たし、より近代的な経済・社会を発展させたことについては今や広く認められている。また、都市社会の発展要因や新しい社会的な態度、文化的な価値観が消費者の需要パターンを変え、資本を投入させ、新たな生産工程と工業製品

を生み出すのに一役かったが、そうした傾向がロンドンやエディンバラのような巨大都市に限られたものでもなければ、当時の観察者からその成長ぶりが大いに注目された専門的に特化した港湾都市、リゾート都市、製造業都市に限られたものでなかったことも今や広く認められている。反対に、今日、明らかになってきていることは、発展をとげる十八世紀の本流から外れているとしてかつて見過ごされてきた小さな市場町、歴史をもつ州の中心地が、商取引、製造、レジャー、その他の機能に特化していく都市の全般的な成長と経済発展に実際に貢献していたということである。こうして、小さな市場町や州都市は全国的な発展をとげた都市と依然として田舎に住んでいる圧倒的多数の人々との間をとりもつ、活気に満ちた接点の役目を果たしていた。

表題の説明：時代、場所、コンテクスト

本書の目的は十八世紀都市の構造と主要な機能について、さらには都市発展のもっとも重要な局面とそれが市域の内外に住む普通の人々に与えた衝撃とについて、広範囲にわたる、首尾一貫した考察を提示することにある。十八世紀の都市発展に関する研究のさきがけであり、影響力のあったペネロピ・コーフィールドの書物が出されてからかれこれ二〇年近くになるが、その間に高まった都市史研究の熱意には注目すべきものがある。(5) わけても一九九〇年代には多くの研究書が出されたが、その大半は幅の広い一般的な解釈よりは、特定の時代や主題、個別の都市に関するより専門的な主題に焦点を当ててきた。(6) その一方では、実にさまざまな問題や着想が、とりわけ都市社会の受け止められ方や表象、都市住民の過半数を占める女性の地位などが新しい世代の歴史家を捉えた。また、都市の急激な成長が農村に与えた影響や、都会

に到着したばかりの移住者が都会の文化的、社会的影響力をどのように受け止めたかなども研究者の問題関心を刺激した。彼らの多くは具体的であいまいさを残さない確かな文書史料に依拠する、伝統的な主題に束縛されたくないと感じていた研究者であった。こうした試みは研究の領域をかなりの程度、押し広げることになったが、必ずしも疑問の余地がなかったわけではない。たとえば、都市の異なる社会集団が都市の物理的な環境をどのように理解し、それを意識やアイデンティティなど、本質的に思想的な概念を支えるためにどのように用いたのかを解明しようとする研究者たちがいるが、彼らはそうした疑問に答え、なおかつ学問的な精査にも十分耐えうる厳密な方法の開拓に相当な困難をかかえている。比較史的な方法が、とりわけヨーロッパ的な視野で必要だと考える歴史家も増えているが、彼らもまた同じような問題に直面している。彼らは比較可能な信頼に足る分類の方法を開拓することの難しさを痛切に感じている。[7]

この入門的な書物の扱う年代とその範囲については、従来の歴史的枠組みと完全には一致していないために、いくらか説明が必要であろう。まず、第一に、一六八〇年も一八四〇年も都市の発展にとって決定的に重要な、明快な分岐点ではないということを明らかにしておかなければならない。社会史の他の多くの主題にも当てはまることだが、都市史に携わる研究者もかなり長い時間の尺度で物事を考えようとしている。変化の諸原因と諸結果がたいていの場合、たいへんゆっくりと長時間かけて姿を現すものであることをわれわれは十二分に自覚している。一七〇〇年から一八〇〇年にかけての時代ではなく、スチュアート朝の後期〔一六六〇―一七一四〕からヴィクトリア時代の開始にいたる、いわゆる「長い」十八世紀に焦点を当てることは、こうした事情からも十分、納得がいくように思われる。ジョージ王朝期〔一七一四―一八三〇〕の都市を形作ったもっとも重要な社会的、文化的、経済的変化――その中には外国貿易と国内産業の拡大、消費市場の発展、新聞の勃興、都市の社交性の発展が含まれる――は、それ以前にしっか

りと築かれていた基盤の上に生じたことがらであった。そうした基盤の多くはイングランドでは一六六〇年の王政復古、あるいはもっと早い時代にまでさかのぼることができた(8)。しかしながら、十七世紀の後半以降、変化が加速化したことは明らかであり、それはイングランドだけでなく、スコットランド、さらに規模は小さかったがウェールズにおいてさえ、都市システムが突然、時には劇的に変化するひとつの時代を切り開いた。また、この長い十八世紀という新しい分析の枠組みを十九世紀の前半にまで広げることも道理にかなっているように思われる。十九世紀前半の都市については最近まで、まばらにしか研究されてこなかったが、今日では十八世紀との重要なつながりをもつ転換期として広く受け入れられている。たとえば、伝統的な都市の体制を支えていた行政、政治制度を一掃した一八三〇年代の地方自治体と議会の改革は、一七八〇年代にさかのぼる、長期にわたった「改革」運動の積み重ねが表出したものである。したがって、一八三七年六月に行なわれたヴィクトリア女王の登極は政治的な脈絡ばかりか、都市史の脈絡においても、ジョージ王朝期の終焉を画する出来事であった。

　イングランドだけでなくイギリス（ブリテン）の都市社会史を研究のテーマとすることは、概念的にも、実践的にも明らかに挑戦的なことである。たとえば実践的な意味では、ウェールズの都市は一部には第一次史料自体が解釈の難しさを増すというきわめて現実的な困難もあって、これまで二次文献の中でわずかにしか言及されてこなかった。また、これまでに研究されてきたウェールズの都市が、境界の向こう側にあるイングランドの同じような規模と機能を備えた都市とははっきり区別される、多くの経済的、文化的、人口学的な特徴を際立たせる都市であったことも否めない(9)。もちろん、スコットランドの都市はさらにいっそう際立った特徴をもっていた。その法制的、行政的、宗教的特質は一六〇三年に王家が結合し、一七〇七年にエディンバラのスコットランド議会がウェストミンスターに移った後も長きにわたって執拗

に続いた。十七世紀の後半に発展したスコットランドの都市の年代記は王政復古期のイングランドとははっきり違っていたし、その一方で、ウェールズの都市は一七〇〇年以降にイングランドとスコットランドの都市が経験した持続的な成長を十八世紀の末まで経験することはなかった。しかし、近年の研究はスコットランドの都市に関するわれわれの認識を変えつつあり、スコットランドの都市の文化的、経済的発展がますますイングランドの都市とともにひとつの発展過程に収斂していったことを示唆している。この発展の過程はエディンバラ社会に対するロンドンの影響力の増大によって促進された(10)。したがって、十九世紀の有機的な都市システムの起源を理解するためには、ウェールズとスコットランドを含めて考えることが是非とも必要であった。

より広いコンテクストから

以上のことは都市史研究者の中に、長期にわたる変化を解釈するには比較史的な尺度が重要であるとの認識がますます高まってきたことをも示している。イギリスは島国であるが、海の向こうの世界から遠く隔てられた孤立した島国では決してなかった。この時代に拡大した交易はイギリスの都市住民を世界的な経済システムと結びつけた。都市に住む裕福で気まぐれな消費者たちの次々と変化する流行が、チェンナイ(マドラス)であれ、ノリッジであれ区別なく、繊維製造業者によって作られる織物の型やスタイル、さらには製品名すらも決定するようになっていた。一七一一年までには、「上層の女性の一着のドレスが一〇〇もの地域で作られたものからなっている」ということも珍しいことではなくなっていたし、デフォーは「たいていの外国[製品]が……全ブリテン島のすみずみに行き渡っており、実際、どの家の戸口で

も買われた」と述べている。[11] 西海岸のブリストル、グラスゴー、リヴァプール、ホワイトヘイヴンといった港湾都市だけでなく、バースやチェルトナムの温泉都市を繁栄させた大西洋経済は、経済的な影響力のみならず、社会的な影響力をももっていた。ジェーン・オースティンの小説『サンディトン』（一八一七）に登場する「一七歳ぐらいの、黒人の血が混じった、どことなくよそよそしい、きゃしゃな」西インド諸島の女相続人の到着は、確かに他の住民たちからたいへんな注目を浴びたが、それはこの到着が〔成長に〕一生懸命なリゾート地にとってまれにみる注目すべき成功例であったからに他ならなかった。「西インド諸島人」や北アメリカ人、東インドの「ネイボブ」は、ジョージ王朝期の都市社会にあってはすでになじみのある人々であった。[12] イングランド西海岸の港は、ウェールズ西部の町の多くがそうであったように、対岸のアイルランドの港と強い商業的、文化的なつながりをもっていたが、イングランド西部の陸上交通の不便さがダブリンやベルファストはむろんのこと、コーク、ウォーターフォード、ウェクスフォードにいたる港湾都市との海上ルートの発達を促していた。十八世紀に植民地の大首都へと発展したダブリンがこうした結びつきをいっそう強固なものにしたが、アングルシー島やグワイネド州〔ウェールズ北部〕のジェントリは、ロンドンよりもダブリンを自分たちの重要な社会的、文化的中心とみなすほどであった。ある熱心な旅行者の目に「イングランドのダブリン」のように映った東海岸のハルに代表される港湾都市がその取引先として、こぞって北海やバルト海に目を向けたのも当然のことであった。もちろん、ハルのもっとも大きなジョセフ・ピーズ商会がロッテルダムだけでなく、アイルランドとも家族的なつながりをもっていたことは特筆すべきことであった。[13]

ジョージ王朝期の都市を研究する場合には、より広いヨーロッパ的な、帝国的な広がりをもつコンテクストを心にとどめておくことも必要である。というのも、イギリスの都市がそれまで比較の対象となってい

た大陸諸国の経験とは異なる道をたどりはじめたのがまさしくこの時代だったからである。急速な都市化は十八世紀の後半までには、イギリスをヨーロッパの都市発展の周辺ではなく、その震源地に変えた。すなわち、アダム・スミスが一七七六年に初版が出された『国富論』第三巻の中で直接言及した現象である。スミスはイギリスの経済と政治的な力の着実な増大をもっぱら都市化とともに進行した市場経済の勝利に帰したが、彼はこれが「文明」と同一のものであることを暗に示していた。(14)「市民生活のあり方」と経済的な活力や産業とを同一視するこのような見方は、なにも政治や経済に関する著作に限られたことではなかった。バーミンガムの歴史を最初に著したウィリアム・ハットン*は、同様に、確かな基礎をもつ都市の成長はそのまま国の発展を意味するとかたく信じていた。けれども、ハットンは「都市」と「文明」との結びつきをさらにもう一段進めて、「都市であること」(urban) は「都会的で洗練されていること」(urbane) をも意味すると主張した。すなわち、「礼儀正しさ (civility) と人間性 (humanity) は常に商工業と手をとり合って進むものであり、……野蛮な人々と商業的な民とは相容れない」というわけである。(15)

＊　ウィリアム・ハットン（一七二三―一八一五）：歴史家。バーミンガムの商工業の発展を謳歌した『バーミンガム史』（一七八二）は地誌的な都市史の代表作に数えられる。J・プリーストリーなどと行動をともにした急進的な非国教徒としても知られる。

後の章が示すように、こうした都市賞賛の合唱に対しては、それと対立する、異を唱える声が絶えずあがっていた。十八世紀最後の四半世紀に都市の成長速度が増すにつれて、そうした声はますます騒々しいものになっていった。経済と人口の拡大は行政上、あるいは環境上の新たな試練を課す一方、市場の発展する力は都市のコミュニティをひとつに束ねていた伝統的な紐帯にこれ以上ない緊張を与える場合もあった。とりわけ、一七八〇年代から一八二〇年代にいたる危機と激動の時代が政治的にも文化的にも社会の二極化を促した結果、十九世紀の初頭までには、階級の亀裂が都市社会の中でますます重要性を帯びるようになった。コーフィールドが指摘した「新しいバビロン」〔逸楽と悪徳の大都会〕は人々の鋭く対立しあうさまざまな反応を呼び起こした。急速に成長する都市の挑戦的で、ダイナミックで、競争的な世界は、前例を見ない成功の可能性を与えるとともに、これまた前例のない失敗の恐怖をも間違いなくかきたてたのである。(16)

他方、「長い」十八世紀に焦点を当てることは、こうした難題をバランスよく評価する点でも、急激で劇的な変化に対応していったイギリス都市の柔軟性を強調する上においても役立つ。新しい社会集団、新しい組織と機構、新しいタイプの都市社会のすべては、ほぼ間違いなく一六八〇年よりは一八四〇年の方がはるかに強力で影響力のあった市民文化の既存の枠組みの中に吸収されていった。多くの歴史家がこの二〇―三〇年来、強調していることは、都市環境の物理的な激変、伝統的な社会・経済構造の大転換、あるいは緊張に満ちた困難な時期に都市住民が時おり見せる、激情に駆られて引き起こすよく知られた暴動

にもかかわらず、イギリスの都市の中に根本的な弾力性と持続性が働いていたことである。ジョージ王朝期の都市が平和裏に繁栄しつつ、ヴィクトリア期の都市へと移行していく上で、この柔軟性が都市社会の重要な側面である基本的な安定性と結びついて、きわめて重要な役割を果たしていた。

第一章　都市の眺望

私の目の前に都市が現れ出たように思われた、
塔や聖堂の高い頂がそびえ立つところ。
誠実な製造業が頭を上げて立ち向かうところ、
芸術と科学がその周りに広がる……

作者不詳（一七四一）[1]

イングランドもスコットランドも、そしてウェールズも、十七世紀が終わる頃にはまだ都市的な国民を形成してはいなかった。正確な統計数値をあげることはできないけれども、イングランドの人口の六七―七〇パーセント、スコットランドの七五―七八パーセント、ウェールズの八五―八七パーセントの人々が農村に住んでおり、たいていは数百人足らずの農場集落か小さな村落に暮らしていた。したがって、イギリスの都市住民は全人口六三〇万人の中では、どうみても二〇〇万人にも達しない少数派であった[2]。これは都市が優位を占める今日の社会とはいちじるしい対照をなしており、実際に都市と農村の人口比がはっきりと逆転するのは一九一一年のことであった。

都市と農村

農村への人口の偏りは、根本的には当時の経済と社会のあり方によるものであった。一六八〇年には、あるいはそれどころか十八世紀を通じて、農村に住む人々はもっぱら農業によって生計を立てていた。農業の生産性は着実に改善されつつあったとはいえ、現代の基準からすればきわめて低く、農村が膨大な都市人口を支えることは不可能であった。農地の大半は小さく、農業労働者は生きるにかつかつの生活をしており、都市が商品やサーヴィスを提供するにしても、農村住民の需要の大きさには限界があった。彼らが生活の基本を優先せざるを得なかったことは、物価の上昇時におよそ家計の八〇パーセントが生活必需品、わけてもパンに費やされ、残ったお金の半分が燃料代に当てられたことからも明らかだった。したがって、農村は多くの物が代々引き継がれ修繕されて使われる、目新しい商品も比較的少ないつつましい社会であった。勃興しつつあった「工業」製品の大半はまだ家庭内で生産され消費されていた。(3)

そうした経済環境の中では、都市が発展する見込みも限られていた。けれども、野や畑、村々や小川の中には、周囲の田舎とははっきり区別される人口稠密な定住地である都市のネットワークが散在していた。これらの都市の大半は中世に起源をもっており、外から一見すると、依然として中世のままであるように思われた。十八世紀のはじめに都市の「眺望」を描いた版画の多くは、広々とした田畑から都市を眺めており、「尖塔や聖堂」が空に向かってくっきりとした輪郭を描く構図のものだった。できばえの精妙さを除けば、それらはチューダー期の先駆者が描き、キャムデン*やリーランド**のような尚古家が描写した二〇〇年前の都市のイメージとほとんど区別がつかないほどであった。(4) なかには伝統的な都市世界の特徴をも

っとはっきり残している都市もあった。都市の城砦――たとえばグロスターやノーザンプトンのように――は、一六四〇年代の内乱の後、多くは取り崩されたが、古い時代に建設された都市の中には依然として防御のための城壁や市門を残しているものもあった。ノリッジ、エクセター、ヨークといった城壁に囲まれた都市は、日曜日と夜間に市門を閉じる習慣を相変わらず守っていた。ニューカッスルは外からジャコバイト〔スチュアート家の男子を正統な国王とみなし、その復位を求める者たち〕の脅威が迫ったときにも、ストライキを続ける市内のキールメン〔ボートで石炭を運ぶ者たち〕に対しても市門を閉ざした。ニューカッスルもバース、カンタベリー、エクセター、チチェスター同様、市街地の大半が城壁に囲まれた都市であった。

＊ ウィリアム・キャムデン（一五五一―一六二三）：歴史家、紋章官。イギリス中から尚古資料を集めて、大著『ブリタニア』（一五八六）を著した。ローマ帝国以前のブリテンに関する同書の記述は古事・伝承の宝庫といわれ、「民族の覚醒」に多大の影響を与えた。

＊＊ ジョン・リーランド（一五〇三―一五五二）：詩人、尚古家。イングランド各地を回り、古書・古文書の調査、蒐集にあたった。

城壁に囲まれた都市もそうでない都市も、さらには大きな都市でさえ、その大半は圧倒的に農村的な特徴と外観を備えていた(5)。現代の都市は周囲の農村に向かって手足を伸ばしていく形で発展してきたが、一方、ジョージ王朝期の都市は全体として見ると、驚くほどサイズが小さく、市街地を拡大していくというよりは既存の定住地の密度を高めることによって、増加する人口を吸収していた。たとえばリーズでは、一六三四年から一七六七年にかけて人口は三倍以上になったけれども、たった一本の道路も新たに建設されることはなかった。混雑する都市の中心部からすれば、住居のこうした増加は明らかに不都合であったが、それは都市に住むほとんどの者たちが歩いて郊外に行くことができる距離に住んでおり、静かな農村

から自分たちの街を見て楽しむことができるということでもあった。十七世紀後半のノッティンガムは一五〇〇エーカーにも及ぶ開放耕地と牧草地に囲まれており、トレント橋から街に入る道路はイングランドでもっとも美しい通路だといわれていた。ニューカッスルでは、人口の稠密な、煙にくすむ川沿いから急ぎ足で坂道を数分も登れば、広々としたタウン・ムーアかあるいは人々を歓待してくれそうな宿屋をととのえた村に通じる小道に出ることができた。無秩序に広がった巨大なロンドンでさえ、十八世紀のはじめには、洗練されたウェスト・エンドの広場から数百ヤード以内のところでヤマシギを撃つことができたし、精霊降臨祭の休日には干草の畑を散策することができた。また、ステップニーでは川でチョウザメを捕らえることもできた。つまり、ある程度まで都市の住民は都市と農村の両方を楽しむことができたのである。

　しかし、だからといって、農村世界がジョージ王朝期のほとんどの都市の町はずれで足踏みしていたと考えるべきではない。反対に農村は都市景観の真ん中にまで深く浸透していた。街の通りでは、乳を搾る女たち、干草を積んだ車、荷車、鶏、迷い込んだ豚、羊や牛の群れを毎日のように見ることができた。十七世紀後半のレスターでは、城壁に囲まれた市域の半分はまったく建物が建っておらず、菜園や果樹園に当てられているか荒地のまま残されていた。ノッティンガムが「田園都市」として有名であったことは、シベレヒツ*やキップ**といった芸術家たちの作品が十分に証明している。ノリッジは長い間、花と菜園と果樹園の町として有名であったが、一六六二年にトマス・フュラー***は街の特徴を「果樹園の中に街があるのか、街の中に果樹園があり、はたまた同じように、家々と木々が一体となって溶け込んでいる」と評した。[6]その二年前には、アバディーンもよく似た表現で「あらゆる種類の樹木が植えられており、……そのため街全体が……まるで菜園か小さな林の中に立っているように見える」と描写された。[7]煙ですすけたニューカッスルでさえ、北の城壁の内側には心地よい農村的空間があり、畑や菜園の真ん中にジェントルマンの

邸宅が点在していた。十七世紀も時間がたつにつれ、こうした大都市の空き地は住居が密集することで次第に消えつつあったが、それでも多くの小都市は半ば農村的な環境を残していた。たとえば、一七七四年にシュルーズベリーの大聖堂で火災が生じたときには、四七軒の家屋、四軒の商店の他に、一六の納屋、一五の馬小屋といくつかの干草の山が焼失している。ベリー・セント・エドマンズでは、十九世紀のはじめになっても、街の中の果樹園で干草作りが行なわれていた。

＊　ヤン・シベレヒツ（一六二七―一七〇三）：アントワープ生まれの画家。バロック時代に多くの風景画を残した。四〇歳代にイギリスに渡り、当地でも活躍した。

＊＊　ウィリアム・キップ（?―一六一八）：彫刻師、地図製作者。ブリテン諸島、および三四の州地図を作成した。エリザベス一世の肖像画を作成したことでも知られる。

＊＊＊　トマス・フュラー（一六〇七／八―一六六一）：国教会聖職者。右記のノリッジに関する記述は物産や諺など、地方の特色をまとめた『イングランドの価値あるものの歴史』（一六六二）の一節。同書は彼の死後、息子によって出版された。

しかし、ジョージ王朝期の都市の景観は伝統的な外観と農村的な色彩を色濃くとどめていたが、十八世紀に入るころには、その後の発展に重大なインパクトを与えることになる重要な変化がすでにはっきりと開始されていた。時間を超越するかのような都市の眺望が示すイメージも、意味ある細部から眺めると次第に侵食されつつあった。ニューカッスル郊外の風車、荷をいっぱい積んだ艀や荷車、ロープ製造所、コルチェスター郊外で見られた丈夫な布張り釘に目いっぱいに張られた長い布地、プレストンの南の郊外に延びる市民の遊歩道、これらはすべて、これからやってくる新しい変化を具体的に暗示していた。伝統的な都市の城壁は今やぼろぼろになり、せいぜい娯楽の場所か、最悪の場合には交通の障害とみなされるよ

うになった。都市は変化しつつあり、変化が進むにつれて影響力も増してきた。既存の都市が活力と人口を増大させ、さらに新しい都市が成長して発展の恩恵に与るようになったが、こうした変化は都市間のネットワークそのものの拡大を多少なりとも表していた。したがって、都市の居住者は成長しつつある少数派であり、絶対数だけでなく、比率においても人口を増加させていたのである。同時に、都市は周囲の農村部とそこに住む人々に以前にもまして大きな影響を及ぼすようになってきた。農業がゆっくりと改善され、商いが増大するにつれて、さらに多くの人々が短期間であったにせよ、都市の生活と接触をもつようになった。彼らは職や楽しみを見つけるために、あるいは単に生産物を毎週開かれる市で売るために街へやってきた。人々の移動に関する現代の研究者はみな、農村に住む者たちの可動性の高さを強調している。それらの研究によれば、一六八〇年に農村に住んでいた男や女たちの中で、生涯一度も都市生活を体験しなかった者はきわめてわずかにすぎなかった。農村に住む男女の大半はあえて地元の市場町を越えて出て行くことはなかったけれども、一部はもっと広範囲にわたって都市生活を経験していた。それどころか、アンソニー・リグリーの推定によれば、イングランドの成人の六人に一人が人生の一時期にロンドンに住んだ経験をもっていた(8)。

都市のヒエラルキー、一七〇〇年ごろ

ロンドンが国の中で大きな影響力と重要性をもっていたことについては古くからよく知られている。ロンドンは驚きや誇り、不安の入り交ざった目で見られてきた。ロンドンは首都にふさわしい移住者の尽きない供給をうけて、国民生活のあらゆる面においてそうであったように、ネットワークを形成する他の残

りの都市から抜きんでていた。ロンドンがイギリスの中で最大の都市であるといっただけではその卓越性を決して十分に表現したことにはならない。一五二〇年に推定五万五〇〇〇人であった首都の人口は、中断することなく二世紀間にわたって成長をとげた結果、一七〇〇年までには五七万五〇〇〇人にまで上昇し、イングランドとウェールズを合わせた全人口の一一パーセントを占めるにいたった。近年の推計はロンドンがヨーロッパの順位ではパリを追い抜き、世界中でもっとも大きな都市のひとつになったことを示している。コンスタンチノープル、北京、そしておそらくは江戸（東京）だけが依然としてロンドンを上回っていたのではあるが。(9) ロンドンは政治的、社会的、文化的中心としての重要性はもとより、経済的な重要性をもつ巨大な都市圏に成長した。勝ち誇るかのようなロンドンの物理的な発展は誰の目にも明らかだった。王政復古以降、ロンドンはあらゆる方向に急速に発展し、首都周辺の村々を飲み込んだ。一七〇〇年までには、ロンドンとウェストミンスターは事実上、合併し、もはや別々の都市ではなくなっていた。こうした首都圏の拡大の速さには十七世紀を通じて懸念が絶えず表明され続けた。当時の政治算術家でさえもが、今や「この怪物のような都市」はますます大きくなる口の中に国中の人口と富を飲み込んでしまうのでないかと危惧しはじめた。(10) 他方、首都の発展がもたらす活気は畏敬と賞賛の念を呼び起こし、当然のことながら、他のあらゆる都市の発展をおしはかる尺度となった。ロンドンになぞらえることは当時の旅行者たちが地方の都市に与える最大の賛辞であった。たとえば、エクセターやリヴァプールほども質の異なる諸都市の中にロンドンに似たものを見出したシーリア・ファインズは、「私がかつて見た中ではリヴァプールがもっともロンドンに似ている」と主張している。(11)

ロンドンはいかなる基準から見ても巨大だった。しかし、首都を離れてみると、地方都市は劇的に規模を変化させており、その光景はもっと捉えがたいものになっていた。ある面からすると、イングランドは

大いに都市に恵まれているように思われた。事情に明るい同時代人は自分たちの社会を比較的、都市化した社会であると考えていた（表1－1を参照）。彼らの計算によれば、依然として農村的な特徴を色濃く帯びていたとはいえ、十七世紀の終わりのイギリスにはタウンと呼ぶことができる一〇〇〇近くのコミュニティがあり、その大半はイングランドにあった。たとえばジョン・アダムズ*はその著書『邸宅地総覧、あるいはイングランドおよびウェールズのすべての司教座都市、市場町、教区、村、私的な所領に関するアルファベット順の一覧表』（一六八〇）の中にロンドンとウェストミンスターを除く、七八八の司教座都市およびタウンのリストを収めていた。一〇年かもう少し後に、社会統計の先駆者であるグレゴリー・キング**は、一連の推計を行なった際に七九五から八四六のタウンがあると考えていた。この推計の誤差に示されるように、キングは不確かな情報を元に算定していただけでなく、当時のタウンが何であったのか、明確な定義のないことにも悩まされた。キングもアダムズもタウンと村のどこに明確な境界線があるのか、確信をもっていなかったし、彼らが五〇〇人にも満たないあるいは一五〇世帯足らずのコミュニティをイギリスの都市に加えたことについては多くの歴史家も疑問を感じるだろう。歴史家たちはそうした小さなコミュニティを除けば、一七〇〇年当時の「タウン」の数は数百にまで減るものと考えている(12)。

* ジョン・アダムズ（一六七〇―一七三八）：地図製作者。イングランドおよびウェールズの精密な地図を作ったことで知られる。右記の『邸宅地総覧』には二万四〇〇〇の地名が書き込まれている。

** グレゴリー・キング（一六四八―一七一二）：紋章官、政治経済学者。わが国では、十七世紀末のイングランドの社会構成を統計的に示した「グレゴリー・キングの推計」で知られる。

したがって、都市的生活と農村的生活とのはっきりしない境界線上にあるおびただしい数の小さな定住地を都市とするかどうかについては疑問の余地があった。人口の規模にもっぱら依拠する都市の厳密な定

表 1-1　ジョージ王朝期の都市人口の分布

都市の規模	都市の数			都市人口全体に占める比率（%）		
（人口）	17 世紀	1801 年	1841 年	17 世紀	1801 年	1841 年
100,000 以上	1	1	9	21	22	37
50,000－99,000	1	7	16	3	12	10
10,000－49,000	9	50	95	8	20	14
5,000－9,999	16	58	156	7	9	17
2,500－4,999	51	212	392	11	16	14
1,000－2,499	277	471	374	27	17	7
1,000 以下	650	237	113	23	4	1
計	1005	1036	1155	100	100	100

出典：J. Langton, 'Urban growth and economic change from the seventeenth century to 1841', in *CUHB*, pp. 463, 471.

義は、住民がかろうじて五〇〇人程度で、十七世紀の終わりでも一〇〇〇人に満たなかったドーセット州のちっぽけなベミンスターのような、数百もの「タウン」を排除することになるだろうし、おそらくは五〇〇人から二五〇〇人程度の規模にあるすべてのコミュニティについても、都市としては疑問視されることになるだろう。そもそも、何をもって都市とするかが単なる人口の問題ではないことがきわめてはっきりしているとき、そんな厳格な基準を都市に当てはめる資格がはたして歴史家にあるのだろうか。そうした分類の中のもっとも小さな定住地ですら、雇用の形態や活動から見ると周囲の村々からはっきりと区別されてきたように思われる。それらは田園地帯の中にあったけれども、その一部ではなかった。小さな市場町の中には、実際に農業に携わる者もいたけれども、その数は比較的少なかった。十七世紀末から十八世紀のはじめにかけて、サセックス州のペトワース周辺の農村に住む商工業者の大半は自らの商工業と小土地所有の両方を行なっていたが、ペトワース在住の商工業者の中で土地を耕している者[13]はほんの一握りにすぎなかった。商工業はこれらの町の活力の源泉であり、生存の基盤をなしていたのである。小

さな市場町のほとんどは地域市場としての役割を果たしており、半径三マイルから六マイルに及ぶ後背地の需要を満たしていたし、市が開かれる間は人口が突発的に増加した。たとえば、イースト・ライディング地方のマーケット・ウェイトンやサリー州のファーナムのような小さな都市は、その規模とはまったく不釣り合いな市場としての重要性をもっていた。ダニエル・デフォーは、住民一五〇〇人にも満たないファーナムでも「市が立つ日には、小麦をいっぱい積んだ荷馬車や運搬車をひく一一〇〇組もの馬が数えられる」と知らされた。(14) そうした小さな町が提供するサーヴィスは、もっとも規模の大きい村のそれとははっきりと違っていた。一六六〇年代に人口六〇〇人足らずであったケント州のトンブリッジのような村は何かに専門化した幅広い職業構成をもっていたわけではないが、しばしば、周辺数マイルに住む人々の需要を満たす一握りの専門職の本拠地としての役割を果たした。こうして、もっとも小さな都市(タウン)でも農村地域の実に広い範囲にわたって人々の生活の要、中心としての機能を果たすことができた。したがって、都市(タウン)と農村との間に厳密な境界線を引くことに神経質になることは意味がないように思われる。実際、当時の人々は都市を見て都市と識別することに自信をもっていたし、彼らは柔軟で常識的な判断基準を用いていた。都市は都市らしく見える定住地であり、住民の大多数は都市民らしく振る舞っていた。すなわち、彼らは土地から直接、生活の糧を得てはいなかったのである。

他方、より控えめに、二五〇〇人を「都市と農村の境界線」と考えることは、この時期の都市発展の規模と形を比較する上で有用な情報を提供する。そうした厳密な定義からすると、ウェールズは実質的に排除されることになるけれども、イギリスで都市といえるものはおよそ八〇未満になる。ウェールズは山がちで不毛な土地が多く、北ウェールズの周辺部やグラモーガン渓谷、イングランドとの国境を越えると、実質的に都市と呼べそうなものがなかったとしても不思議はなかった。おそらくもっとも人口の多かった

のはカマーゼン、ブレカン、レクサム、ハーヴァーフォードウェストであるが、十八世紀のはじめにはどこも三〇〇〇人をこえることはなかった。イングランドから来た旅行者たちは、これらのうちの最後の「大きな、人口の多い商業都市」ハーヴァーフォードウェストを「イギリスの奥まったところにあるにしては、われわれが予想したよりもましな都市だ」と幾分、驚きをもって評価した。[15]

スコットランドもまた圧倒的に農村社会であり、十八世紀のはじめにあってもどちらかといえば都市は少なかった。スコットランドは特に中規模の内陸都市がほとんどなかったことが問題であった。スコットランドの都市の発達状況を正確に述べることは難しいが、伝統的な自治都市の多くが不安定さと停滞を長く経験した後に、富とそれ相応の重要性を維持すべく奮闘していたことは明らかであった。すでに地位を確立していた一握りの都市はそれぞれの周辺地域に大きな影響力をもっていたけれども、一七〇〇年当時、実際に拡張しつつあった都市はグラスゴーとエディンバラだけであった。[16]「この古き王国の首都」エディンバラは、一七〇七年の合同法によってスコットランド議会がウェストミンスターに移った後でさえも、ロンドンがイングランドを支配していたほどではないにせよ、スコットランドの都市序列の頂点に立っていた。どちらかといえばさほど大きくない五万という人口規模——一七〇〇年当時、スコットランド全人口の五パーセントを占めた——にもかかわらず、エディンバラは紛れもなくスコットランドのもっとも富める都市であり、人口規模が示唆する以上に繁栄していた。[17]

最大規模の地方都市を含む、イングランドの地方都市に対するロンドンの圧倒的な優位は、都市のネットワークに関するどんな説明からも完全に明らかである。イングランドとウェールズの一七〇〇年当時の都市人口は、十七世紀の後半になされたグレゴリー・キングの推計では、きわめて小さな規模の定住地を削除することでわずかに修正されて、ちょうど一〇〇万人をこえており、全人口の二二—二三パーセント

に達していた。この時期にロンドンの人口が五〇万人をこえていたとすると、首都だけで国の都市人口の半分を占めていたことになる。ロンドンと比較すると、イングランドの他のすべての都市は情けないほど小さかった。一万人をこえる都市は半ダース程度にすぎず、人口規模からすると、ロンドンはイングランドの主導的な地方都市の優に二〇倍はあったことになる。これはヨーロッパ大陸の基準からすると驚くべき不均等といわざるを得なかった。たとえば、フランスでは人口二万人をこえる都市が一大グループを形成していただけでなく、少なくともそのうちの五つの主要な地方都市、リヨン、マルセイユ、ルーアン、ボルドー、ナントの人口はそれぞれ四万人をこえていたからである[18]。

にもかかわらず、巻末の付表1が示すように、イギリスの大きな地方都市はそれ自体、力のあるダイナミックな社会であり、人口規模においても都市の序列においても、当時の人々から「大都市」であると認められていた[19]。人口の推計については歴史家によってかなりの違いがあるが、地方都市の頂点にノリッジ、ブリストル、グラスゴー、ニューカッスルといった都市が含まれることは疑う余地がなかった。これらの都市の次にはエクセター、アバディーン、ヨークが続いた。ロンドンが主導的な地方都市の頂点に立っていたと同じように、これらの都市もそれぞれの後背地にあるより小さな都市を従えていた。たとえば、ミンチントンが「西の首都」と評したブリストルは、西部地方だけでなく、南ウェールズ地方の大部分にとっても社会的、経済的な中心地であった[20]。同様に、ニューカッスルもまた「イングランド北部地方全域とスコットランドのかなりの部分にとっての一大商業都市」として機能していた[21]。しかし、これら主導的な地方都市グループの中でヨークだけがその繁栄をほとんどもっぱら地域の〔社会的・文化的〕中心地としての役割に負っていたことは注目される。通常、都市が成功する秘訣は地域の中での優位性と全国的な経済の中に占める確かな地位とを結びつけることにあったからである。こうして、ブリストル、グラスゴー、

ニューカッスル、エクセター、アバディーンはすべて、その繁栄と人口増加の大部分を沿岸もしくは海外貿易に負っていた。一方、エクセターとノリッジは繊維産業の重要な中心地であった。

これら主要八都市の下には五〇〇〇人から一万人の人口を擁する三〇弱の大きな都市が続いた。このグループに属する都市はそれぞれ性格、機能、伝統がいちじるしく異なっていたために、ひとつの独立したカテゴリーに当てはめることはできなかった。これらの都市はすべて、既存の後背地の中心であったということさえ不可能であった。事実、歴史の古い、伝統的な都市と進取の気性に富んだ成り上がり都市との混成からなるこのグループの中では、かろうじて半分程度が地域もしくは州の中心地であるにすぎず、中心地ゆえに繁栄していたのはチェスターとベリー・セント・エドマンズの二つだけであった。イプスウィッチやウースターからレスター、パースにいたる、その他のすべての都市は、多くの利益を他の活動から、通常は工業から引き出していた。たとえば、シュルーズベリーはウェールズの中央部を経て西部海岸に延びていく広大な後背地を従えていただけでなく、ウェールズ北部地方の毛織物産業の仕上げ工程とその市場を統制下においていた。デフォーは「彼らのほとんどは街中で英語を話してはいるが、市の立つ日にはまるでウェールズにでもいるかのように感じるだろう」と伝えている。(22) 一方、オックスフォードとケンブリッジは大学を提供することで、住民にかなりの利益をもたらした。

都市の序列の中ではこのレヴェルに属していたものの、州の伝統的な中心地ではなかったそれ以外の都市は、上記のようなまとまりさえ欠いていた。そのいくつかは「ニュー」タウンであり、他は繁栄の昔に思いをはせる都市であった。これらの都市に住む者たちは異なる多くの分野から生活の糧を得ていた。そのうちの九つは都市の内部、あるいは周辺の農村部を足場にするものであれ、ほとんどもっぱら工業に依存していた。コルチェスター、コヴェントリー、リーズ、マンチェスター、ティヴァトンはすべて繊維産

業に依存しており、バーミンガムは金属工業に、チャタム、ポーツマス、プリマスは造船業と海軍工廠に依存していた。また、四つの主要な港湾都市、グレート・ヤーマス、ハル、リヴァプール、サンダーランドはすべて、かさばる原料の輸送に特化していた。たとえば、サンダーランドは石炭の沿岸輸送を通じて急速に拡大したが、地方に対するその影響力は、経済的な競争では近くのニューカッスルに、行政的、社会的な影響力の点ではより小さな州都市のダラムに抑えられていた。

都市社会といえるものの最底辺部は人口二五〇〇―五〇〇〇人程度の間に位置するおよそ五〇のいっそう小さなタウンからなっており、レミンスターやユートクシタのような大きめの市場町からエア、グロスター、ヘレフォードといった小さな州都市まで含んでいた。この中にはボストン、サザンプトンのような港湾都市やブラック・カントリーのウォルソールといった小さな製造業都市が含まれていた。しかし、この規模の都市の大半はしばしば小規模な製造業をもっていたとはいえ、実質的には商業の中心地であり、その後背地にはもっと小さな数個のタウンを含んでいることもあった。[23] したがって、これらの都市は地域市場としての機能やその他のサーヴィスを身近な地域に提供する一方で、より広い地域に商業や行政、社会的により専門化したサーヴィスを提供するという二重の役割を果たした。リッチフィールド、プレストン、ダラムのような町の卸売商はもっと小さな規模の町や村々に商品を供給し、これらの町の法律家や事務員は巡回裁判所、司教座聖堂、地方ジェントリに奉仕する仕事に従事していた。彼らの提供する社会的な便宜はまず何よりもジェントリを都市に惹きつけるのに役立った。この種の都市の典型は、肥沃な農業地帯に位置する州の中心地として繁栄した人口三三〇〇人を擁するウォーリックである。証拠の示すところによれば、ウォーリックは一六九〇年代までに、居住地として幾人かの地方のジェントリを惹きつけ、期待にたがわず、彼らに小さな市場町では見出せない時計、書籍、金細工といった特殊な手工業製品や商

品を提供した。人口は少ないながらもかなりの繁栄をみたウォーリックと巨大な財貨をもつロンドンとの違いは人口の差ほど大きなものではなかった。人口はそれだけでおそらく大まかな基準のひとつであるが、しかし、ここでは人口規模の違いがもつ重要性はほとんど問題にならなかった。十八世紀が始まったときには、首都ロンドンは人口規模からすれば州都市ウォーリックよりもおよそ一七〇倍も大きかったのだが。

都市システムの変化

イングランドの都市の大部分が当時、とるに足りないものであったとしても、その多くが拡大しつつあり、一部が驚くべき速さで発展しつつあったと考えることは重要である。さらに、ここにはもうひとつの重要な対比の仕方があった。それは中世や十四世紀半ばの黒死病の襲来にまでさかのぼる何世紀にもわたった停滞期とその後になされた劇的な改善とを強調するものである。歴史家の中にはこの大惨事が長期にわたる経済的困難のさきがけになったと主張する者もいる。一〇〇年間にもわたる疫病によってイングランドの人口が激減した結果、十五世紀の後半には、住む人とてない崩れかけた家々の惨状が多くの都市で普通に見られるようになったからである。商業が衰退し工業がますます農村に移ったために、都市が経済的な勢いをなくしただけでなく、宗教改革が信仰の儀礼や市民の儀式を攻撃するにおよんで都市の文化的な機能をもなくしたと主張する歴史家もいる。国の人口が十六世紀と十七世紀のはじめになって再び上昇しはじめたときにでさえ、人口の増加は繁栄よりはむしろ多くの難題を困難な状況にある地方諸都市にもたらした。地方諸都市は仕事を見つけにやってくる移住者を支えることができなかったからである。ロンドンだけが農村の余剰人口を糧として吸収することでまっしぐらに拡大し、都市ヒエラルキーの中ですすで

に確立していた支配的な地位をさらに強固にし、繁栄した。もし仮に、こうした解釈が受け入れられるとすると、中世的な都市世界はゆっくりと衰退に向かい、十七世紀半ばまでにはその豊かで変化に富んだ過去のほの暗い影を都市文明に残すことなく、ちょうど終わりにさしかかったばかりの状態にあったということになる。

しかし、都市の危機と衰退が長期間続き、十六世紀から十七世紀のはじめにどん底に達したと見るこの都市衰退論は、おおかたの支持を得ているわけではないといわねばならない[24]。反対に、その時期のとり方、広がり、さらには「危機」そのものの存在についてさえ、この二、三〇年間、活発な論議が闘わされてきた。衰退論に反対する学派は、危機はもっと早い時期に起こっており、十六世紀の半ばまでには終わっていたか、それどころか全般的な都市の危機という観念そのものに疑問を投げかけている。かくして、一六六〇年以前の三〇〇年間に及ぶ都市の運命についての議論は不案内な旅人が道に迷う危険を覚悟しなければならない学問的な地雷原になってしまった。しかし、解釈上の技術的なものであれ、論争的なものであれ、たいていの議論の根底には共通する二つの仮定があるように思われる。すなわち、都市の大半が人口変化の後に解決しなければならない困難な問題をかかえていたということであり、十七世紀の後半には都市発展の新たな局面がはじまっていたということである。

内乱による物理的な破壊や経済的混乱にもかかわらず、王政復古期にはイングランド都市の危機を示すような兆候はごくまれにしか見られなかった。あらゆる証拠が示すとおり、一六六〇年以降の一〇〇年間は都市が復活する時代のはじまりであり、加速する変化が長期にわたって積み重ねられた、まさしく「都市ルネサンス」のはじまりを告げていた[25]。このことは国の総人口の増加が明らかに緩慢であっただけに、いっそう際立った。近年の推計によれば、国の人口そのものは一六五〇年代と一七〇〇年の間にほんのわ

ずかしか増加せず、絶対数の減少に苦しんでいた時期さえあったが、都市の人口は確実に増加しつつあった。ただし、もう一度強調されねばならないことは、一八〇一年まで全国的な国勢調査がなされておらず、人口推計のほとんどがきわめて大雑把なものであったということである。とはいえ、イングランドが十七世紀の後半にかなり都市化しつつあり、ヨーロッパ大陸の経験とはきわめて対照的であったということは疑う余地がないだろう。大陸では都市システムは停滞期に入るかあるいはすっかり衰退しており、こうした状態が一七五〇年代まで続くことになったからである[26]。

しかし、もっと重要なことは、かつてはロンドンに限られていた都市化がロンドンに限定されなくなったという確かな証拠である。それどころか、都市の広範囲にわたる成長の形が一六七〇年ごろから明らかになってきており、それはかつてコーフィールドが「より複雑で多極的な都市社会」と呼んだあり方を指し示していた[27]。確かに、地方の中心地の中にはロンドンよりも速い成長率を示す都市もあったが、これらの都市はいうまでもなく、高い成長率を達成するのに、すでに巨大化していた首都よりもはるかに少ない人口の参入ですんだ。地方の大都市の多くは特に活況を呈したが、それは彼らが都市間の競争を最小限にとどめる外国貿易の拡大や個性的な専門化から得られる利益を享受できたからである。外国貿易の拡大と専門化という二つの要因はともにこのグループの都市の成功を十分に説明しているが、これらの都市の果たした第二の重要な役割は、上流階層の邸宅地や娯楽の中心地を提供したことであった。たとえば、ノッティンガムでは次のようにいわれていたことが注目される。「方々からやってきた生まれのよい多くの者たちが居住地としてすばらしい物件を見つけてこの地を選んだが、この地に多くのメリットがあったからに違いない」というわけである。一六八〇年代にこの地を訪れて強い印象をうけたある上流階層の旅行者は、「楽園が復活したかのようだ。なぜなら、ここでは大きな通り、美しいつくりの建物、美しい婦人た

ち、がたがた音を立てて走りまわる四頭立ての馬車、商うに足る商品に満ちた店の数々を目にすることができるからだ」と、情熱的な言葉で褒めたたえていた[28]。

しかし、すべての都市が同じように幸運にめぐまれたわけではなかったし、どの都市もが成長したわけでも、同じようなペースで進んだと考えるわけにもいかなかった。エディンバラとグラスゴーのようなはっきりした例外はあったが、スコットランドの既存の多くの都市は戦争や疫病、飢饉が積み重なった重圧で十七世紀の後半には実際に力をなくしつつあった。たとえば、アバディーンの人口は一六九〇年代後半の飢饉によって一六九五年から一七〇〇年の間に、二〇パーセント以上も減少した[29]。

対照的に、イングランドについては、多くの歴史家が主張しているように、成長は事実上、大きな都市に限られており、その一方で、小都市は足ぶみ状態にあり、せいぜいきわめてゆっくりと前進しているか、ゆるやかな衰退を示していた。この問題は決して明らかにされているわけではないが、とりわけその原因は成長と衰退のペースにはっきりとした地方差や地域差が見られる時代にあって、小さな市場町に関する具体的な証拠がつかみづらいことにあった。しかし、近年の研究は長期にわたる都市の衰退という伝統的な考え方に異議を唱え、イングランドでもスコットランドでも数多くの小さな都市が十七世紀の後半に運よく復興したと主張している[30]。

仮にそうだとすると、これらの小都市は都市に住む人口の比率がただ単に上昇したことよりももっと重要な何かを享受していたことになる。すなわち、その中には都市的世界の形成も含まれていた。中世以来、イングランドの都市の光景といえば南部の諸都市のことであり、十七世紀の初頭には北部の都市の中で実質的に都会とみなされたのはニューカッスルとヨークだけであった。しかし、一七〇〇年までにはこうした状況に変化が生じ、十七世紀後半の全般的な都市の拡大にともなって都市人口が国中に広がる変化の兆

しが見られるようになった。南部地方が優位を失うまでにはまだ相当の道のりがあったし、イースト・アングリア地方の都市の持続的な強さははっきりしており、ノリッジ＝グレート・ヤーマス枢軸はロンドン以外ではもっとも大きな都市の複合体であった。しかし、何世紀にもわたって慣れ親しんできた都市分布の形は、一九一四年〔第一次大戦〕とそれ以降のイングランドの景観を特徴づけることになる分布の形にゆっくりと道を譲りつつあった。一七〇〇年までには、ミッドランド地方と北部の諸都市が順位を上げ始め、成長するにつれて、古くからの中心地を追い越し、整然とした伝統的な都市のヒエラルキーを覆すようになった。すなわち中位にあった都市の中にすでに見られた、力強いがまとまりに欠ける発展のパターンを作りだしたのである。リヴァプール、マンチェスター、バーミンガムの爆発的な成長は、スコットランド西岸のグラスゴーの上昇とともに、都市史が新たな局面に入ったことを確信させた。

都市世界のイメージ

十七世紀が終わりに向かう二、三〇年間に生じた都市的世界の新たな拡大と活力は、都市の定義と理解の仕方に重要な変化をもたらした。当時の人々がタウンとヴィレッジとを区別する理論的な境界線について確信をもっていなかったことについてはすでに述べたとおりであるが、彼らの当惑は言葉に表れていた。もともと「タウン」（囲い地や土地の一片を意味するオールド・イングリッシュの「タン」（tun）に由来する）という言葉は、壁や生け垣に囲まれた家屋の何らかの集合体に適用される言葉であり、事実、どんなに小さくても、ひとまとまりになって核を形成している集落はタウンと呼ばれた。このような判然としない言葉の使い方は十六世紀には依然として通用していたが、次第にもっとはっきりした、固有の意味を

獲得するようになる。すなわち、その地方行政において一定の独自の権限や特権をもつ共同体を意味するようになる。十七世紀の後半から十八世紀はじめまでには、都市の人口が拡大しはじめ、近代的な対比の仕方が登場してきた。「タウン」はますます大きな定住地を表す特殊な用語になり、小さな「ヴィレッジ」とは対照的なものとして定義されるようになった。[31] 両者の境界線は個々の事例については依然としてあいまいなままであったけれども、タウンとヴィレッジの二項対立的な捉え方が徐々に受け入れられていったことは同時代人の認識に起こった重要な変化であった。

タウンの定義に生じた変化は都市の形態に関する新たな意識・理解の広がりとも軌を一にしていた。改良された測量術は地図作成の新しい基準をうち立て、成長をとげつつあった都市の正確な平面図を提供した結果、景観や眺望から得られた都市の上から見たきわめて垂直的なイメージを補うことになった。[32] 一六八〇年という年は、人々の需要が高まるにつれて、かつて外国人の芸術家やロンドンの視点に支配されていた都市図の作成という職業に変化をもたらしたという意味で、都市景観図の黄金時代の幕開けを告げていた。今度は自国出身の芸術家や地方の都市がはるかに大きな役割を果たすようになった。もっとも多作にしてもっとも成功した都市景観図の発行者、サミュエル・バックとナサニエル・バックは一七二一年から一七五三年にかけてさまざまな、八〇近くもの都市図を描いて成功を収めた。ますます大きくなるこうした仕事への需要は、郷土に対する愛着が地方都市に住む者たちの中に増大してきた証拠であるが、それはまた人々が都市景観の視覚的なインパクトにますます敏感になってきたことをも表していた。シーリア・ファインズはすでに、大都市にやってくる旅行者に目に見える印象的なイメージを与えるよう大都市に期待するとともに、そうではなかった都市に失望を表していた。十八世紀が進むにつれて、人々の批評的な関心は遠くから眺める都市の景色から、つまりはより広い景色の添え物としての都市から、都市景観

そのものの質へと大きく変化した。同様に、街路と建物も洗練された居住者と旅行者に美的に満足のいく眺望、美しさを与えるよう期待された。要するに、都会生活のドラマを演じるにふさわしい舞台装置を提供するように期待されたのである。バースやエディンバラの壮大な都市計画からたいへんにつつましい計画にいたるまで、十八世紀の都市計画の背後にあったのはこうした期待である。たとえば、一八〇五年に〔ウェールズの〕トゥリマドックとグワイネドといった小さな町で都市計画が作られたときにも、最小限の費用で「洗練さ」を演出するために、家々や街路樹のことごとくが印象的に映るよう、注意深い配慮がなされた。

世間に与える都市のイメージへのこだわりは、芸術や都市計画だけでなく、都市世界を称揚するために捧げられたおびただしい量の文献にも現れていた。[33] これらは十八世紀に出版活動が全般的な活況を呈したからにすぎないと見ることもできるが、都市を称揚するために生み出されたという、その性質が重要であるように思われる。詩や散文も実用的な知識とともに、「洗練された」価値観を粗野な田舎者たちに広げる文明化の担い手である都市の強い自信を表していた。都市の成長と自信の高まりは、とりわけ都市史(誌)の編纂に刺激を与え、十八世紀にその数を飛躍的に増加させたように思われる。しばしば専門職か商工業者であったアマチュアの歴史家たちは、むしろ都市の成長しつつあった中間層や、あるいは熟練労働者にさえ上流階層の成功物語ではなく、むしろ都市にスポットライトを当てた歴史像を提供した。加えて、彼らは地方都市の遠い起源——ローマ時代であればなおさら望ましい——をさかのぼるとともに、最近になって達成された富と文化の長足の進歩を褒めたたえた。彼らは都市が進歩のさきがけとしていかに中心的な役割を担ったかを強調することによって、地方のプライドを改めて強固なものにした。都市社会のこの新しい活力と自信はそのもっとも雄弁な主唱者のひとりをウィリアム・ハットンに見出したが、彼

は「バーミンガムという言葉を思い浮かべると、直ちにすばらしい光景が心の中に広がる。それは壮麗な、人が多い、広い、活発な、商業的な、人間的な、といった言葉に置き換えるともっともよく説明できる」と誇らしげに述べていた[34]。怠惰から勤勉さへ、進取の気風と目を見張るような変化を人々にもたらしたのは、彼らが刺激的な雰囲気にさらされたからであった。行く手にあるさらなる進歩と栄光とを誰が疑いえただろうか。

ハットンは活発なバーミンガム社会が旅行者と住民に与えた経済的、社会的、文化的インパクトを強調したが、都市の拡大が都市の視覚的な影響力に同じような劇的な効果をもたらしたことも忘れてはならない。十七世紀の後半に都市の成長が加速化するにつれて、イギリスの都市景観の多くはゆっくりと進化しはじめ、やがて見間違うほどの変化をもたらすことになった。急激に拡大した都市の中には、人口がますます稠密になってきた中心部に、まったく新しい通りや広場を建設するものもあった。大きな地方都市の規模そのものと周囲の田畑を飲み込んでいく速さは、十六、十七世紀にロンドンの突出した成長が与えたのと同じ畏敬と警戒の交じり合った目で見られるようになった。しかし、都市拡大のこの新しい局面がもたらしたものは、単なる規模の拡大だけではなかった。それは、とりわけ格の高い住宅地や商業地区の物理的な環境に際立った変化をもたらした。都市の上層は新しい富、新しい地位、わけても景観の質に対する新しい感性に後押しされて、自らの周辺環境を新しい基準に合わせて改良しはじめた[35]。改良の一部はより耐久性のある高価な建築資材をいろいろなところに使用することで実現された。伝統的な木材、漆喰、泥土と藁が、レンガ、石、タイルなどの都会的な恒久材にとって替えられた結果、地域の建築資材から生まれた地方の特色は次第に失われるようになった。

都市の新しい建造物は火災の壊滅的な被害をうけにくく、そのことが新しい建築方法を採用するきわめ

て説得力のある理由のひとつになった[36]。しかしながら、昔ながらの土地特有の景観の喪失については、火災予防よりも嗜好の全般的な変化によるところがはるかに大きかった。レンガ、石、タイルは十七世紀の後半にますます人気を博すようになり、ジョージ王朝期を通じて圧倒的な影響力を保っていた建築の型や様式に合致していたからこそ勝ちを得た。古典主義的な建築とデザインの流行はすでに十分、普及しており、人家とともに居住地の全体を変えつつあった。堅固で威厳があり、どのような環境にも、ほとんどすべての袋小路にも適用できたために、ジョージ王朝風の都市家屋は国中のいたるところに浸透し、左右対称の古典主義的な簡潔さを強調する新しい全国的な基準が地方特有の建築様式にとって替わった[37]。また、古典主義的な建築様式の衝撃は私人の邸宅だけに限らなかった。十六世紀および十七世紀初頭には、公衆が主導権を発揮することは少なかったが、今度はそれとはまったく対照的に、改善を求める民間の熱意がしばしば大がかりな規模で発揮された。目に見える環境を美的に満足させようとする要求と高い水準の快適さ、便宜をもとめる人々の需要とが一緒になって、幅広い社会層の積極性が引き出されたのである。新築あるいは改築された教会、市庁舎、市場の建物、税関、学校、新たに舗装されるか拡張された道路、これらすべてがジョージ王朝時代の景観を次第に変化させた。災害や急激な経済成長を経験したために、景観が実際のところ、一夜にして変貌してしまった都市もあった。一六七五年のノーサンプトン、一六九四年のウォーリックは、一七三一年のブランドフォードと同様、大火の灰燼の中から立ち上がり、最新の建築様式に基づいてほとんど完全に作り直された。これらの都市は同時代の人々から最新の都市計画、デザインの輝かしい模範とみなされた。それらはロンドンのウェスト・エンド、バース、エディンバラで起こったよりいっそう目覚ましい開発とともに、他の都市が見習うべき基準を示していた。

しかし、野心的な都市計画と大規模な再建計画がもっとも典型的な開発の形を示しているわけではなか

った。大半の都市では、古典主義は個々ばらばらに、無計画に、不意にやってきたのであり、全面的な変更というよりは何十もの小さな個別の変更を通じて景観を変化させはじめた。一、二の新しい家屋を建設し、建物の正面をつけ替え、流行のドアやヴェネツィア風の窓をつけ加えたり、木製の張り出しを切りそろえたり、バルコニーの手すりの後ろに切妻を隠したりすることに関心が注がれた。方形の広場、円形の広場、当世風のテラス・ハウスなどはむしろ例外であった。バースにおいてさえ、丘の上の新しい地区であるアッパー・タウンがゆっくりと拡大し、旧市街地の古い建物を徐々に模様替えしていったように、都市改造が完成するまでには数年を要した。ほとんどの再開発を特徴づけていたこの見ごたえのしない変化の過程が実際には十八世紀の末までに、一六八〇年代の都市景観とはいちじるしく異なる景観を生み出したが、それこそはジョージ王朝期の成熟した景観であり、ジョージ王朝期の終わりから今日まで残されている絵画や彫刻に映し出されているものである。われわれは十九世紀初頭に描れた優美な古典主義を、それとはまったく異なる十八世紀初頭の都市にも当てはめて想像しがちになるが、それは似たような描写が残されていないからである。

ジョージ王朝初期の都市景観についてのよりリアルな姿は、後の時代に作られたイメージから、その変化の初期段階を想像するほかなかった。十七世紀が閉じるころまでには、「躍動する、この新しい建築の戦線」は多くの都市が「様相をまったく一変させ始める」までに伸展した。[38] しかしながら、流行の建築やデザインに先を争って追いつこうとする努力も依然としてまだまだ初歩的な段階にあり、都市の伝統的な建築物の大半は手つかずのままであった。石の城壁の外側にある町では、相変わらずかやぶき屋根に覆われた木製の梁をもち、鉛の窓枠のある開き窓の家屋が圧倒的に多かった。一六九八年にファインズは「この街「ノリッジ」にはろくな建物はない。街は古い木材と漆喰でできている」と報告していた。[39] 曲がりく

ねった街路にそって隙間なく立ち並んだこれらの背の高い建物は、混雑する往来に向かってお互いに傾きながら張り出し、光をさえぎり、雨が降るたびにしずくは歩道を行く人々の頭上に容赦なく降り注いだ。十八世紀が情熱をもって追い求めた秩序正しさ、快適さ、利便性からはほど遠いものがあった。とりわけ、中世に作られた道路計画のせいで、大きな建物の正面の統一、広い大通り、開放的な眺望などをもとめる人々の好みにまったく応えられていなかったことに不満が強かった。加えて、変化の過程はどうしようもないほど遅く、さまざまな強い制約に囲まれていた。変化の可能性は、改良するのに大きな費用がかかる湿地のようなものから当時の技術水準では手にあまるものまで、数々の障害を生んでいた当時の地勢的な条件に制約されていた。また、変化の可能性は既存の土地所有形態がもたらす困難にも遭遇した。それは大火の後、ロンドンの改造計画を挫折させただけでなく、いたるところで明らかに障害となっていた。

都市再開発の資金調達には地方の資本の供給もきわめて重要であった。国中のどこでも、資金の調達は地方にとって刺激剤にこそなれ、制約とはみなされなかった。十八世紀のイングランドは豊富な資本を生み出す一方で、その投資先が不足がちであったため、都市開発は比較的、魅力的な投資先であった。しかしながら、地方の資本の不足、とりわけ余剰資本の大規模な蓄積が十分でなかった都市の資金不足は、新しい建物の建設ばかりか、既存の構造物の改修についてすら大きな妨げとなっていた。したがって、成功の見通しのない小さな諸都市は過去から受け継いだものをそれだけ多くもち続けることになり、すでにあまねく浸透していた流行の勢いを明らかに押しとどめることになった(40)。こうして、場所によっては、地方独自の建築スタイルが古典主義に向かって殺到する全国的な大きな流れを押しとどめる場合もあった。抵抗はその地域の建築資材や伝統的な塗料を使い続けることによっていっそう頑なものになった。安価につく大量輸送が到来する以前にあっては、建築業者は近くの採石場でとれた石や地元の粘土を焼いて作っ

たレンガに頼っていたが、その一方で、外装用に大量に使われる「通常の塗料」も地域で入手可能な染料からできていた。[41] チチェスターのジョージ王朝風の家屋を作るのに使われたレンガとバーミンガムのレンガはいずれもスタンフォードの石灰岩あるいはアバディーンの花崗岩を使っていたが、見た目は違っており、それぞれに個性を発揮して、大いに異なる都市景観を作るのに与っていた。

建築環境のあらゆる局面にわたって古典主義的な基準があまねく採用されたにもかかわらず、地方の特色が生き延びたことは、典型的な「ジョージアン・タウン」像を想定することがいかに誤解を招きやすいことであるかを示している。一六八〇年にあってすら、都市の規模と経験には大きな差があったことは明らかであり、それぞれの都市環境は独自の視覚的イメージを作り出していたのである。地方の市場町と巨大な都市圏はお互いに共通点をもっていたが、重大な相違点も多かった。世紀が進むにつれて加速する都市機能の専門化は、港湾都市、運河の町、海軍工廠都市、製造業都市、大学都市、交通上の要衝、内陸や海辺のリゾート都市といったように、いっそう明瞭になった。都市発展の最初の衝撃とそれにともなう都市景観の変化は、こうしてジョージ王朝期の都市を平準化するよりは差異化することになった。

第二章　都市の成長

もっとも実り豊かな畑は、
煉瓦を生み出し、
煉瓦が育てるもっとも豊かな実りは、
列をなす家屋を生み出す。

作者不詳(1)

ジョージ王朝期の幕が上がると、十七世紀の後半以来、長期にわたって積み重ねられてきた都市の成長はいっそう勢いを増した。都市の急激な成長はもっと先のことになるが、十八世紀の初頭にあってさえ、人口の顕著な増加を経験しなかった都市はまれであったし、目覚ましい速さで拡大した都市もあった。一八〇一年の国勢調査までには、イギリスはいっそう多くの住民が増え続ける大都市に生活する、世界中でもっとも人口稠密な国のひとつになっていた（表2‐1を参照）。

利用可能なあらゆる証拠が示すところによれば、都市人口の増加が人口全体の増加を上回った結果、一七〇〇年に全人口の七分の一弱であったイングランドの都市人口は、十八世紀の後半にはほぼ三分の一を

表 2-1　イギリスの総人口に占める都市住民の比率，1650-1800年＊

	1650年	1700年	1750年	1800年
イングランドとウェールズ	8.8%	13.3%	16.7%	20.3%
スコットランド	3.5	5.3	9.2	17.3
ヨーロッパ	*8.3*	*9.2*	*9.5*	*10.0*

＊　人口 10,000 以上の都市に基づく推計.
出典：J. de Vries, *European Urbanization, 1500-1800* (1984), p. 39.

表 2-2　国別の都市人口比率，1700-1850 年＊

	1700年	1750年	1800年	1850年
ヨーロッパ	*11 − 14%*	*11 − 13%*	*11 − 13%*	*19%*
ベルギー	26 − 35	18 − 23	18 − 22	34
イングランド	13 − 16	17 − 19	22 − 24	45
フランス	11 − 15	12 − 16	11 − 13	19
ドイツ	8 − 11	8 − 10	8 − 10	15
イタリア	14 − 19	15 − 20	16 − 20	(23)
オランダ	38 − 49	33 − 41	34 − 39	39
ポルトガル	18 − 23	13 − 15	14 − 17	(16)
スペイン	12 − 17	12 − 18	12 − 19	(18)
スイス	6 − 8	6 − 9	6 − 8	(12)

＊　人口5,000 以上の都市に基づく推計.
出典：P. Bairoch, *Cities and Economic Development: from the Dawn of History to the Present*, trans. C. Braider (Chicago, 1988), pp. 215, 221.

占めるまでに増加していた。この加速化するいちじるしい成長率は大陸諸国の経験と比べると、いっそう明瞭になる（表2-2を参照）。事実、アンソニー・リグリーの推計によれば、一七五〇年から一八〇〇年にかけてヨーロッパが経験した都市の人口成長の七割はイングランドで生じたものであり、同時期のオランダの都市人口は実質的に減少していた[2]。その後の四〇年間に、スコットランドの成長率がイングランドと張り合うまでに上昇し、さらにウェールズが追いつくにいたって、イギリスの都市人口は再び

倍にふくれあがった。その結果、かつて少数派であった都市人口は一八四一年までにはイギリス全人口の五一パーセントを占める確かな存在となっていた(3)。

量的な変化

成長する都市が与えた実際の衝撃は国勢調査の数値が示す以上に大きかった。都市の成長に感銘をうけ、イギリスが帝国としての地位を上昇させた証だと考えていた当時の人々にとって、一八〇一年の調査結果は納得のいくものではなかった。というのも、思ったほど人口は多くなく、彼ら自身が都市の発展とスピードについて実際に感じとっていたこととの落差が大きかったからである。両者のこの明らかな齟齬は、同時代の人々の印象が量的な指標だけでなく、さまざまな質的な指標に基づいていたという事実から説明されるであろう。彼らは都市の経済活動の性質と活力、富の大きさ、周辺社会に広がるその影響力とともに、都市にふさわしい社会的、文化的な地位をも重視していた。わけても、彼らは急成長をとげる都市の市街地の急激な拡大に見られる変化の速さと大きさに驚いた。たとえば、ウィリアム・ハットンは一七八三年に「半年に一度、街［バーミンガム］を訪れる旅人は、この街のことを熟知していると思いこんでいるが、春に自分の馬が牧草を食んでいた同じ場所が秋には住宅が立ち並ぶ通りになっていることをはからずも知ることになるだろう」と述べている(4)。人口の総計と成長率という大まかな尺度は、都市の発展を示すもっとも有効な証拠として歴史家が依拠せざるを得ないものであるが、多様で繊細な都市民の指標からすれば、間尺に合わない不十分なものでしかなかった。

加えて、この二、三〇年間にイングランドの人口史研究が目覚ましい成果を生んだにもかかわらず、国

勢調査が開始される一八〇一年以前の都市人口に関するわれわれの知識には依然として大きな欠落があるし、スコットランドとウェールズについても、比較できる数値はもっとわずかである。国勢調査以前の人口に関するあらゆる証拠は処理が難しいばかりか、都市をどのように定義するかがとりわけ深刻な問題を投げかけていた。ある場所を「都市」とみなすのに必要な人口の敷居を低くするような不確かさは役に立たないどころか、場合によっては、人口推計を誇張し、どうかすると誤った推計をしていた偏狭な郷土愛を助長しかねなかった。たとえば、一七二〇年代はじめのロンドンの人口は現代の推計では六〇万人がより実態に近いとされているが、デフォーは一五〇万人にすでに達していたと考えていた。ロンドンが一七〇〇年と一七二〇年の間に急激な成長をとげたとするデフォーの印象はおそらく正しいものであったが、一五〇万人に到達するのは一八二〇年代のことである(5)。また、精力的で、進取の気風に富んだ地方都市も、一八〇一年の調査結果に失望と不信感を顕わにした。たとえば、ニューカッスルは「こぞって、驚き」の反応を示し、怒った市民は実際に調査のやり直しをもとめたほどであった。彼らは「自分たちの街が確かな地位を保持しているだけでなく、全国的に見ても重要性をいっそう増している」ことに絶対的な確信をもっていた。そのために、彼らはニューカッスルが指導的な地位から滑り落ち、ノッティンガムと同じ水準に甘んじ、サンダーランドとも大して差のない二万八二九四人という国勢調査の公式の数値が出されたときには、とうてい受け入れることができなかった(6)。

歴史家にとって重要なことは、傷つけられた地方のプライドの方がしばしば、行政的な区分に従って行なわれる国勢調査のきわめて明瞭な証拠以上に都市生活の現実を表していたということである。ニューカッスルの数値は、ちょうどプリマスがデヴォンポートから意図的に切り離されたように、タイン川の対岸の町ゲーツヘッドの人口を除いて計算されたものだった。しかし、その一方で、急成長した都市の多くは

市街地の周辺部に隣接する教区の人口を加えていた。また、急成長した都市の対極にある、大きな農村教区に取り囲まれていた小さな都市はしばしば近隣の村々を加えることで人口を実際よりもふくらませていた。(7)

こうした厄介な問題はあったものの、綿密な作業は一六八〇年から一八四一年にかけてのイギリスの都市人口について、実際に役に立つ推定にようやくこぎつけることに成功した。これから先、この調査結果をベースにして導き出された都市の順位に大きな誤りを見つけ出すこともないであろう。歴史家は人口増加に関して、ジョージ王朝期の都市がなしとげた相対的な成果を十分に信用することができるのである。また、歴史家はもう一段先に進んで、増加し続ける都市人口の原因を探るべく苦労して手に入れたこれらの知識を利用することもできるのである。

人口増加：移住者

この時代のイギリスの都市人口史研究に携わってきた歴史家にとって、利用できる資料は限られているし、多くの点で結論を導き出すにはほど遠いことも事実であるが、それでもある程度、試論的な結論を導き出すことは可能である。(8) 都市が成長していたところでは、二つの人口現象が結びついていた。すなわち、すでに都市に住み着いていた者たちの自然増と農村からの絶えざる移住者の流入である。とはいえ、十八世紀と十九世紀初頭にイギリスの都市が経験した人口増加が主として移住者によるものであったという事実は疑う余地がなかった。劇的な拡張を見なかった都市ですら、他へ移動した者たちにとって替わる新しい移住者の着実な流入があり、またその一方では、戻ってくる者やきわめて高い死亡率の犠牲になる者な

ど、人口の絶えざる入れ替わりを経験した。都市が大きく、成長が急速であればあるほど、農村からの補充もそれだけ大きかった。たとえば、ハットンはバーミンガムの一〇歳以上の住民のうち、少なくとも半分は移住者であると推測していたし、一方、一七五〇年代にロンドンに住んでいた成人の少なくとも三分の二は首都の外で生まれた者たちだといわれていた。確かに、一七八一年のウェストミンスター総合診療所にかかった三二四〇人の成人患者のうち、ロンドンで生まれた者たちは二五パーセントにすぎなかった。もっとも、この数値は首都の人口の全体を十分に勘案している事例とはいえないだろう。

流入する移住者への過度な依存は決して前例がないわけではなかった。都市は何世紀にもわたって人口の生産者であるよりは純然たる消費者であったし、それどころかスーデンの見積もりによれば、十七世紀後半におけるイングランドの地方都市の住民の半分から三分の二は移住者であった(9)。しかし、十六、十七世紀の経験とは対照的に、ジョージ王朝期の都市にやってきたほとんどの新参者は、かなり短い距離を旅してきた者たちからなっていた。成長する地方都市の数が増え、いわばはるか離れた遠方から移動してくる移住者を必要としなくなったということであり、このことは徒弟の移動する範囲が十八世紀の間にイングランドでもスコットランドでも急速に狭くなったことを証明している。つまり、都市は自分たちの身近な範囲内にある小さな定住地から、通常は一〇―一二マイル以内から人を補充していたのである。このことはスコットランドのダムフリーズのような落ち着いた州都市にも、シェフィールドのような勃興しつつあった製造業都市にも当てはまった。一般に、都市は大きければ大きいほど引き寄せる力も大きくなるが、移住者のパターンには依然として、紛れもなく地域的な偏りが見られた(10)。

十八世紀後半に都市化の速度が増すにつれて移住者の割合も増えたが、特にロンドンや急速に成長しつつあった港湾都市、製造業都市への移住者が増加した。一七四〇年代の半ば以降、人口の自然増が都市成

長の重要な要因であったノッティンガムにあってさえ、地場産業の靴下製造業が拡大するにつれて、一七八〇年と一八〇一年の間に生じた人口増加の六〇パーセント近くを移住者が占めるようになり、それまで年二〇〇人以下であった移住者の小さな流れを洪水のごとき流れに変えた。リヴァプールでは、一七九〇年代に人口が二万人から二万二〇〇〇人増加したと推定されるが、そのうちの七〇―八〇パーセントは移住者によるものであった。この移住者の数は十九世紀の前半にスコットランド全土で生じた都市人口の増加分のちょうど六〇パーセントに相当する。

このような大規模の移住者は、都市環境の中で生活し働くことが危険と隣り合わせであるにもかかわらず、何がそんなに多くの移住者を都市に引き寄せたのかという疑問をいだかせる。とりわけロンドンは人間の掃きだめとしてつとに有名であり、当時の人々はシャープのいう「都市生活にともなうおびただしい人命の損失」を敏感に意識していた。たとえば、トマス・ショート博士*の見解によれば、都市生活の中には、当然のことながら「あらゆる年齢の男女の健康を損ない、時には命を縮めることになりかねない……避けがたい要因と、そうした事態を避けることができるさまざまな要因とがあった」。彼は人口稠密な市街地につきものの悪臭の漂う空気や換気の悪さだけでなく、「泥酔、誘惑、夜行性の習慣、贅沢、不節制、その他の悪徳」が引き起こす誘惑を、農村生活における「もっとも正しく、もっとも健全にして自然な楽しみ」の対極にあるものとして非難した(11)。

＊　トマス・ショート（一六九〇?―一七七二）：スコットランド出身の内科医。鉱泉の効用を説いたほか、禁酒、早婚を推奨した。

このような状態の中で、都市の成長に関する従来の説明は、移住者を無理やりに都市へかりたててきた囲い込み運動や農村工業の衰退といった「プッシュ」要因に焦点を合わせてきた。とりわけ女性移住者は

農村で働く機会がとぼしい上に、得られる賃金が低いという事情に左右されてきた。確かにこの時代はおびただしい数の女性が大都市に移動し、ある人口史家が「いちじるしい女性優位」と呼んだ現象を生み出したが、これは小さな農村都市や村、重工業地域に見られた、よりバランスのとれたあるいは明らかに男性優位の人口構成とは対照的であった。イングランドの大都市における男女の比率（女性一〇〇人当たりの男性数）はすでに一六九〇年代までには平均八三・四人に落ち込んでおり、エディンバラでは七六人にまで低下していた[12]。都市人口における女性超過は次の世紀まで衰えることなく続いた。事実、一八〇一年の国勢調査はイングランドとウェールズの中で、オックスフォードだけが女性が過半数を占めない唯一の都市であることを明らかにした。

しかしながら、男であれ女であれ、大量の都市移住者をしぶしぶやってきた新参者であったとみなすのは誤りであろう。もっとずっと特徴的であったのは、ハットンが述べているように、一六六〇年代以降にはじまったバーミンガムの急速な成長をたきつけるかのように、「多くの者たちが競い合ってパラダイスに押しかけた」ことであった[13]。バーミンガムほどではないにしても、ジョージ王朝期の諸都市は、ディック・ウィッティントン*の時代以来、興奮と幸運の機会を与える抗しがたい魅力的なイメージをもち続けていた。若者たちは都市生活がもたらすさまざまな経済的利益をもとめて発展する都市部に流れ込んできたのである。彼らのもとめる輝かしい未来を実現するための教育や訓練から、高い賃金や活気にあふれる市場がもたらす臨時の仕事によって得られる直接的な経済的利益にいたるまで、動機はさまざまであった。当然のことながら、農村に住む男も女も高まる労働力需要に応えて先を争うように都会に殺到したのではないかと考えたデフォーは、一七一二―一三年にイースト・アングリア地方の繊維産業の労働力需要の急激な上昇が引き起こした影響を次のように生き生きと描き出している。

貧しい農場経営者たちは乳搾り女を満足に確保することができなかった。農場経営者に向かって、ウェンチズの者たちはあからさまに、自分の腕で——彼らはそう言っている——週九シリング稼ぎだすことができる今時、誰も週一二ペンスで農作業には出ないだろうと語った。そんなわけで、ウェンチズの者たち全員がコルチェスターやエセックス、サセックスの製造業都市に行ってしまった(14)。

ウィリアムソンは、産業革命期にイングランドの都市に移住した者の割合は「実に驚くべきもの」であり、一九六〇年代と一九七〇年代の発展途上国のそれに匹敵すると述べる一方、都市人口の若者への偏重は一八四一年以降にその比率が下がるまで、今日の第三世界にも例を見ないものであったと述べている。加えて、この都市人口の若者への偏りは明らかに男性移住者よりも女性移住者によるものであり、彼女らがジョージ王朝期の諸都市におけるかつてない女性優位をもたらしたと指摘している(15)。

＊ ディック（リチャード）・ウィッティントン（一三五〇—一四二三）：ロンドンの大商人、金融業者、市長。絹織物商から身を起こし、一代で莫大な財産を築き上げた。海外貿易、王室への貸付などで活躍し成功を収めた彼の人生は、後に伝説化したことで知られる。

したがって、活気に満ちた都市の経済がもたらす雇用の機会は、農場や村から若者を引き寄せる強力な磁石であり、彼らがどこに向かうかを決める上でも一定の役割を果たしていた。しかし、すべての都市が同時に同じような経済的チャンスを与えていたわけではないし、その結果として、すべての都市が同じように成長したわけでもなかった。人口移動の規模と向かう方向はともに、都市ごとに異なる経済の盛衰と密接に関係していた。

人口増加：自然増

とはいえ、都市の人口増加はもっぱら移住者だけに帰せられるものではなかった。十八世紀の後半までには、人口の自然増加がよりいっそう重要な役割を果たすようになった。都市生活にともなう危険が極端なものではなく、また都市の住民を虚弱にする各種の伝染病や風土病がそれほど顕著ではなかった小さな地方都市では、人口の自然増加が常に重要な役割を果たした。今度は人口の自然増加が大都市にも影響を与えはじめた。たとえば、エクセター、ノッティンガム、リーズでは、十八世紀後半の教区簿冊が示すように、洗礼数が毎年のように重くのしかかっていた埋葬数を少しずつこえ、人口増加に占める移住者の割合が減少しはじめた[16]。ロンドンでさえも、特に死亡率が高かった一七〇〇年から一七七五年の一時期を経た後に、形勢は自然減からヴィクトリア期の増加へと転換した（表2‐3を参照）。

出生数が死亡数を上回るという新しい変化の原因についてはさまざまな論議がなされている。ほとんどの大都市が病気の吹き溜まりという極めつきの悪評をとり続けており、さらに一八三一年の九月にサンダーランドに上陸したアジア・コレラの衝撃と混ざり合って勢いを盛り返してきたチフスという新しい伝染病が加わったことから、イングランドの人口史家は死亡率の低下ではなく、伝統的に出産率の上昇に焦点を当てて人口の自然増加を説明してきた。雇用の改善、住宅の提供は高い賃金が得られる可能性とあいまって、都市に住む若年層の婚姻を増加させただけでなく、非嫡出子の出生をもかなり高い水準に引き上げたというわけである。それほどまでに都市住民のなかで圧倒的に大きな割合を占めた若い移住者たちは、労働力としても人間の再生産力の点でもピークにあった男女であり、当然のことながら都市生活の評判を

表 2-3　ロンドンの人口動態，1730-1830 年

	出生率（1000 人当たり）	死亡率（1000 人当たり）	出生率と死亡率の差（1000 人当たりの年平均）	推定人口（10 年平均）	人口自然増・減数
1730 年代	43.1	48.6	-5.5	675,000	-37,000
1740 年代	34.4	46.0	-11.6	675,000	-78,000
1750 年代	40.5	44.8	-4.3	675,000	-29,000
1760 年代	36.5	42.2	-5.7	740,000	-42,000
1770 年代	40.2	42.1	-1.9	811,000	-15,000
1780 年代	37.4	36.0	+1.4	890,000	+12,000
1790 年代	37.4	34.6	+2.8	975,000	+27,000
1800 年代	33.1	33.2	-0.1	1,162,000	-1,000
1810 年代	34.0	28.9	+5.1	1,434,000	+73,000
1820 年代	32.2	26.7	+5.5	1,595,000	+88,000

出典：L. Schwarz, 'London, 1700-1840', in *CUHB*, p. 651.

高めていた社交——両性が出会う機会——を利用しはじめた。[17] デフォーが幾分、苦々しい思いで指摘しているように、イースト・アングリア地方の毛織物工業都市になだれ込んできた若い移住者たちは実際、よくない結果をもたらした。いわく「大都市のエール・ハウスは若い男たちと娘たちであふれ、教区の役人が気づき始めるまで、話をするにはあまりにも遅い時間まで飲んでいる」と。[18] この言葉は明らかに非嫡出子の増加をほのめかしていた。

しかし、最近の研究は、都市は実際には「行きすぎた贅沢や放蕩」の機会を提供していたのではなく、あらゆる階層の都市住民の中に禁欲的な文化が存在していたと指摘する。また、そうした評価は当時の人々が「都市に与えていたごく普通の正当な」評価でもあった。[19] 事実、この時代の都市は農村社会よりも寡婦、男性の独身者、未婚女性の比率が高かったが、その一方で、移住者同士の結婚は比較的遅い年齢で生じており、その分、彼らの潜在的な生殖力を抑制していた。したがって、出産率の上昇だけでは十八世紀後半から十九世紀のはじめにかけて生じた人口の自然増を説明することはできない。

その結果、人口史家はこの時代に多くの都市が経験した、出生数が死亡数を上回る現象を説明するために、出産率と死亡率の複雑な相互作用をより詳細に検討しはじめた。彼らはとりわけ幼児死亡率が低下した可能性に焦点を当てた。主として天然痘や胃腸病のせいで幼児と子供の死亡率が並外れて高かったロンドンについてさえ、家族復元法による研究は十八世紀のはじめから一八四〇年まで続くことになる幼児死亡率のかなりの低下を指摘している。幼児の死亡がジョージ王朝期の都市で記録された全死亡者の五〇パーセントを数え、どの都市も幼児と子供の死亡率が並外れて高かったと仮定すると、ほとんどの都市部で記録された、二歳以下の子供の生存率のわずかな改善も積もり積もって大きな効果を人口に与えたことになる。都市で育った子供たちは都市にやってきたばかりの移住者たちよりも結婚するチャンスにめぐまれており、それだけ若くして結婚する可能性も高く、つまるところ幼児死亡率の相対的低下が出産力の上昇につながったからである。[20] したがって、よく知られた「墓場としての都市」に象徴される計り知れない打撃的な効果にもかかわらず、死亡率の高かった都市が死亡数を上回る出生数を達成することによって、都市の全般的な人口増加率の改善に積極的に貢献したということもできた。

他方、幼児生存率の改善は経済的な条件や環境次第であり、それらにきわめて影響されやすいものであったことも知っておくべきだろう。インフラが整備されるよりも先に都市が拡大し、人口密度が急激に上昇した場合には、一八三一年以降のグラスゴーがそうであったように、チフスや下痢による子供の死亡も上昇した。このように、個々の都市の人口増加率は都市内部の出産率と死亡率との微妙なバランスに左右される一方で、移住者の増加率によっても違ったものになった。その結果、隣り合う都市であってもその人口学的な経験をはっきりと異にするようになり、その差異は時間がたつにつれてたいへん大きなものになっていった。たとえばチェスターは、死亡率がかなり低いという点では急速な成長をとげた他の北西

部の都市よりもまさっており、当時の人々をして「相対的に優れた衛生状態」を褒めたたえる気分にさせた。しかし他方では、チェスターの出生率の上昇もゆるやかであり、おそらく、ますますショッピングと住宅の中心地として特化しつつあったチェスターの役割が街の貧しい住民たちの雇用と結婚の機会を制限することになり、その分、出産率を抑制していたと思われる。「人口の増減に関するもっとも重要な要因は、彼ら貧しい者たちの中に捜しもとめられた」のである。[21] これら雇用と結婚の機会という二つの同じような制約条件が大規模な移住者を抑制する役目を果たしたことから、一六八〇年から一八四〇年にかけて、北西部の都市化のスピードが他の地域のそれを上回っていたにもかかわらず、チェスターの人口増加がその周辺部の都市よりもずっとゆっくりしていたとしても不思議ではなかった。

都市の成長：発展のパターン

人口の自然増加が移住者による人口増加を補強するにつれ、ジョージ王朝期の都市発展はさらに多くの移住者を都市に惹きつける都会生活の魅力をいっそう際立たせた。都市の発展は都市の富の増大を映し出しており、この富こそは移住者の基本的な動機である経済的なチャンスを生み出していた。さらには、都市の増加する富は国民経済の活況を表していた。

かつてなく増大したこうした国民的繁栄には多くの要因が与っていた。ますます地域的な特産物への傾斜を強めながら増加する農業生産力とその余剰生産物、それら地域市場の全国市場への統合、拡大する海外貿易とより高度に発達した流通システムを通して機能していた国内商業、一段と多様化する工業基盤、イギリス国内の平和な政治状況、これらすべてが一緒になって活気に満ちた国内市場を作り出していた。

この「消費革命」が十八世紀イギリスの都市発展を刺激する決定的な役割を果たしていたことはよく知られている。(22) 基礎的な生活必需品以外にも手を伸ばすことができる収入を手にした者たちの数がとてつもなく増えた結果、消費財とサーヴィスを提供する市場もそれだけ大きくなった。都市はその住民だけでなく、周辺農村の幅広い顧客にも消費財とサーヴィスを提供できる絶好の位置を占めていた。こうした環境の中で、ほとんどの都市は持続的でしばしばダイナミックな発展にエネルギーを注ぎ続けるに足る資本と企業の新しい資源を生み出し、引き寄せることに成功したのである。

しかしながら、都市の成長は一様ではなかった。十八世紀は都市それぞれの運命が国民経済の性格の変化とともに揺れ動く、イギリス都市史の中でももっともダイナミックな時代のひとつであった。全般的な傾向としては確実に上昇に向かっていたけれども、都市の成長過程は一様ではなく、たいへんちぐはぐなものであった。すべての都市が消費需要の拡大から利益を得ていたわけではなかったし、きわめて短期的に、あるいは一時的に成功を収めたにすぎない都市もあったからである。十七世紀の後半から十八世紀の初頭にかけて、広範囲にわたる都市の成長を支えていた実質所得の長期的かつ持続的な上昇が衰えるにつれて、伝統的な州都市や地域の中心地の多くでは、人口増加率が全国平均以上に落ち込みはじめた（表2-4を参照）。

実際に人口規模を縮小させた例はまれであったけれども、古くから存在する地方都市人口のイギリス総人口に占める割合はいちじるしく低下し、これらの都市はかつて十七世紀の半ばにヨークを苦しめたような相対的な「衰退」を経験した。一八〇一年の国勢調査が示すように、一七〇〇年当時、イングランド第二の都市であったノリッジは一七七五年以降、人口が実際に減少し、その一方でケンブリッジ、カンタベリー、ソールズベリーなども都市の順位をかなり下げた。したがって、アンソニー・リグリーが述べてい

表 2-4　イギリス主要都市の異なる人口成長率

	年平均成長率（%） 17世紀-1801年		年平均成長率（%） 1801-41年
高い都市			
リヴァプール	3.13	ブライトン	4.83
マンチェスター	2.69	ブラッドフォード	4.12
ペイズリー	2.48	マーサ・ティドヴィル	3.68
シェフィールド	2.44	プレストン	3.64
バーミンガム	2.36	リヴァプール	3.17
オールダム	2.08	グラスゴー	3.10
サンダーランド	2.08	ストックポート	3.09
ロンドン	0.81	ロンドン	1.79
エディンバラ	0.44	エディンバラ	1.77
低い都市			
カンタベリー	0.12	ポーツマス	1.18
ヨーク	0.12	チェスター	1.16
イプスウイッチ	0.10	コルチェスター	1.09
ソールズベリー	0.09	ソールズベリー	0.68
オックスフォード	0.04	パース	0.55
ケンブリッジ	-0.03	シュルーズベリー	0.54

出典：付表1を参照.

るように、「何百年にもわたって……入れ替わり立ち替わり都市の上位グループを占めてきた」多くの地方都市がそうした結果を受け入れることができなかったとしても不思議はなかった(23)。

これらの都市ときわめて対照的であったのは、十八世紀のうちに順位を上げたシェフィールド、バース、ウルヴァーハンプトン、ペイズリー、ボルトン、グリーノックといった都市であり、これらのすべては国の繁栄によって切り開かれた新しいチャンスをものにして利益を得た。驚くべきことではないが、もっとも目覚ましい成長率はおおよそ一七〇〇年までにほんのわずかにしか成長していなかった都市の中に見出された。たとえば、一八〇一年のリヴァプールの人口は一〇〇年前の一四倍に達したし、シェフィールド、マンチェスター、バースの人口増加率もそれにひけをとらなかった。

巻末の付表1が示すように、急成長したこれらの都市は一八〇一年から一八四一年にかけて人口を倍増、あるいは三倍に増やしており、都市ヒエラルキーの上位グループの中に新しい地位を確保した。また、一八四一年の国勢調査はブラッドフォード、ブライトン、マーサ・ティドヴィルといった急激にのし上がった新しい一団が上位進出を果たしたことを裏づけた。たとえば、ブライトンの人口はこの四〇年間に年平均四・八三パーセントの割合で増加したし、ブラッドフォードは年平均四・一二パーセントの上昇を経験した。

当時の人々は多くの「ニュー」タウンが果たした急激な成長と、伝統的な地方都市の相対的な凋落ぶりに驚いたに違いない。だからこそ、変わりつつあった都市成長の形に関しても、マンチェスターやブラッドフォード、シェフィールドといった名目上は「村」にすぎないものが成功したのは、自由な営業活動を制約する伝統的な都市自治体の規制がなかったからだと説明されるほどであった[24]。しかし、この時期の都市発展について、制度的な規制の有無を過大に評価するのは誤りであろう。リヴァプールもグラスゴーも自治都市であるがゆえに不利益をこうむったとは思われない。また、いわゆる「ニュー・タウン」の多くが実際には十七世紀の後半に活発な経済活動によって大量の移住者を惹きつけ、すでに急速な人口増加を経験しはじめていた都市社会であったことも忘れてはならない。一七九〇年代に南ウェールズの銑鉄生産が急激に拡大した結果、数軒の集落から「製鉄業の首都」にまで成長したマーサ・ティドヴィルのような雨後のタケノコのごとき発展は、一般的な傾向からすればまれに見る例外であった。当時の人々は流星のごとき上昇に示される「予想を上回る偉業」に驚かされたのである[25]。

しかしながら、その一方で、マーサ・ティドヴィルは典型的なコースをたどった都市でもあった。他と同じように、成功の鍵は都市が何らかの機能に専門化することであり、イギリス経済の全般的な上昇が切

り開いた市場の多くの隙間のひとつを利用したことにあった。工業都市は製造過程のますます多くの部分を担うようになるとともに、後背地の農村工業にさまざまなサーヴィスを提供し続けた。港湾都市は消費者と供給者の拡大し続ける世界的なネットワークに大量の農産物、原料、工業製品を供給した。一方、保養と娯楽のためのリゾート地はますます洗練された消費需要を満たすために、利益の上がる仕事に向かった。リゾート地の成長については過大に評価されるべきではないけれども——一八〇一年から一八四一年にかけてマンチェスターの人口の増加分だけで内陸部や海岸保養地の人口増加分の総和よりも大きかった——これらリゾート地の成功が急速な工業化と広く結びついた時代に起こった消費革命の典型的な産物であったことは強調されてしかるべきだろう[26]。十八世紀後半から十九世紀の初頭にかけて上昇してきたリゾート地の新たなうねりは、産業革命期に生まれた古典的な「ニュー・タウン」とまったく同じく、市場の変化、わけても需要の拡大と多様化に応えるべくして起こった。これらは、まさしく一六八〇年と一八四〇年の間に都市のネットワーク全体の変化を促進した条件であった。

地域的な差異

都市の成長と、生まれつつあった都市のネットワークを通じて都市機能をいっそう専門化しようとする動きは、ある特定地域内の都市間の機能を明らかに合理化する傾向をもっており、その結果、それぞれの地域内でのおそらくは益になりそうもない競争を減らすことになった。地域への帰属意識はイギリス的な文脈の中では、従来、はっきりと意識されていたわけではなく、地域の境界線も明瞭ではなかった。それどころか、十八世紀末以前にあっては、イースト・アングリアとかミッドランド西部といったような、地

域に対する同時代の呼び方を見出すことは困難であった。[27]

しかしながら、地方ごとに異なる成長の速度と形は、相互に密接な関係をもつ統合された都市のネットワーク、とりわけイングランド北西部、スコットランド低地地方の西部、ヨークシャーとミッドランド西部でのネットワークの形成を促した。たとえば、ヨークシャーのウェスト・ライディング地方では、リーズが特殊な技術を要する毛織物業の仕上げ部門に専門化する一方、ハリファックスとブラッドフォードは薄手の毛織物業地帯としてもっともよく知られていたし、ハダーズフィールドはカージー織で、バーンズリーは針金製造と後には亜麻織物で、シェフィールドは刃物類で、ポンティフラクトは園芸市場として有名であった。そして、これらの都市をネアズバラやハロゲイトの保養地、洗練された住宅都市であったドンカスターが補っていた。

同じように複雑な都市間のネットワークはミッドランド西部でも発展を見た。ここでは、バーミンガムの増大する影響力は古くから州都市であったコヴェントリー、ウォーリック、リッチフィールドの影響力やウルヴァーハンプトン、ウォルソールといった新興の工業都市の影響力との緊張に満ちた創造的な雰囲気の中で発揮された。十八世紀の終わりにかけて、この錯綜した地方経済はさらに発展進化し、バーミンガムやウォーリックからの投資は、一八〇一年の国勢調査では三一五人足らずの村であったレミントン・スパを並外れた急激な成長へと導き、一八四一年にはおよそ一万三〇〇〇人の人口を擁する都市にした。またその間に、地域内の小さな工業都市の多くは、バーミンガムを通じて売りに出される製品とは異なる金属製品を集中的に生産しはじめた。さらに、一、二の小都市はバーミンガムの工房で組み立てられる部品の製造都市にすらなった。

ミッドランド西部の活発な商工業の中心地として立ち現れたバーミンガムとそっくり同じような発展を

とげたのは、急成長した地域に出現したグラスゴー、リーズ、リヴァプールであった。[28] これらの都市はそれぞれ社会的、経済的関係の複雑な、いわばクモの巣の中心にいた。すなわち、急速に発展する後背地を自らの影響圏内にしっかりとつなぎとめるための輸送の改善や専門的、商業的サーヴィスへの投資を行ない、後背地との関係を絶えず強化していた。これらの都市の成長の規模と速さは当時の観察者に恐怖と興奮の入り交じった感情を呼び起こした。近世初頭のロンドンが国民の富をほしいままに貪り、移住者たちを若くして墓場に誘い込む寄生虫として非難されたのとまったく同じく、一八二〇年代、一八三〇年代のマンチェスターは煙にくすんだ、貪欲な怪獣、すなわち周囲の社会に何の見返りも与えることなくあらゆる生物のエネルギーを飲み込む「獲物を待ちぶせする……精勤なクモ」と酷評された。[29]

これは明らかに誇張であり、地方の大都市の上昇に対する評価としては公平なものではない。当然のことながら、これらの都市の周辺地域における優位は、ブリストル、ニューカッスル、エクセター、ヨークといった伝統的な都市がかつて発揮していた影響力をある程度再現して見せただけにすぎなかった。事実、グラスゴーは一七〇〇年以前の一〇〇年間にスコットランドにおける都市の順位を着実に上げたが、この上昇は大西洋の交易ルートの新たな拡大というよりは、主としてグラスゴーが低地地方西部の市場として確固たる役割を果たしたことによるものであり、十八世紀のグラスゴーの経済的成功と人口の増加はもっぱら伝統的な基盤に依存していた。他方、当時の人々がこれら「新しい」地域の中心地をもっと重大な都市変化の兆候と捉えていたことはおそらく正しいだろう。これらの中心地はただ単に一七〇〇年当時、似たような都市と比べてすでに相当に大きかったわけではなく、ましてやもっと多様な都市社会に進化していたわけでもなかった。しかし、一八四〇年までには、これらの都市の否定しがたい上昇は、新しい都市世界が進展したことをいかんなく証明した。すなわち伝統的な州の境界と諸制度がほとんど意味をなさず、

表 2-5　地域別に見た都市人口の年平均増加率

年平均増加率（%）（17 世紀 -1801 年）		年平均増加率（%）（1801-41 年）	
高い地域			
イングランド北西部	5.82	イングランド北西部	5.44
スコットランド低地地方西部	2.88	スコットランド低地地方西部	5.29
ヨークシャー	2.36	南ウェールズ	5.11
ミッドランド西部	2.28	ヨークシャー	3.83
イングランド北部	2.10	ミッドランド西部	3.13
イングランドとウェールズ	1.52	ブリテン島	2.92
スコットランド	1.31		
ロンドン[a]	1.45	ロンドン	2.65
低い地域			
南西部半島地域	1.08	イングランド南東部周辺[b]	2.15
ロンドンを取り巻く諸州	1.07	スコットランド南部	2.07
ウェールズ農村部	1.04	イングランド南西半島部	1.98
スコットランド低地地方東部	0.72	イングランド南西中心部[c]	1.92
イースト・アングリア地方	0.58	イースト・アングリア地方	1.74

a. ロンドンの数値は 1801 年と 1841 年当時の市域，および周辺都市を含む．
b. ベッドフォードシャー，バークシャー，バッキンガムシャー，ハンプシャー，オックスフォードシャー，サセックス州．
c. ドーセットシャー，グロスターシャー，サマーセットシャー，ウィルトシャー．
出典：J. Langton, 'Urban growth and economic change from the seventeenth century to 1841', in *CUHB*, p. 480.

成功した諸都市が彼らの影響力の及ぶ範囲を自ら画定し直す新しい都市的世界の出現である。

河川輸送に好都合な位置にあることは、もはや都市成長のもっとも重要な要件ではなかった。むしろ、成功の鍵は富の新しい源泉をいかに創造し、引き寄せるかにあった。成長の可能性があれば、道路や河川の改修、運河、最終的には鉄道に投資することによって、その土地がもともともっていたさまざまな不利な条件は克服できた。たとえば、バーミンガムは輸送に使う自然の河川からは地理的に離れていたけれども、十八世紀の後半には運河網の中心になり、拡大発展し続ける北部の港との強力な連携を築き上げた。(30) ジョージ王朝

期の往来の活発な輸送網とのアクセス、そして急速に拡大する国内および海外市場とのつながりは、まさしく都市が繁栄する原因であり、結果でもあった。

また、十七世紀の後半に工業地域の北部と西部が重要性を高めつつあり、中世と近世初頭に圧倒的な力をもっていたイングランドの南部と東部地域が相対的に落ち込んだこと、すなわち変化に重要な地理的な特徴があったことについても当時の人々は、十分、気づいていたし、そのことは確かな証拠でもって裏づけられた。(表2－5を参照)。

都市世界のこのような重心の移動は、長い十八世紀の間に変化しつつあったイギリスの経済的な生活事情を反映していた[31]。伝統的な都市のシステムも依然としてかなりの余力を発揮していたけれども、炭田地帯の「資源豊かな」経済の恩恵に与ることができなかった都市がなしえたことは、せいぜい都市化をとげたミッドランド西部、ウェスト・ライディング地方、ランカシャー中部、スコットランド中西部の目を見張るような上昇を引き立てる程度のことにすぎなかった。十七世紀が終わるころには、ロンドンの人口はこれらの地域の諸都市の総人口より二〇パーセントほど大きかったが、一八四一年までには、これらの諸都市は首都よりも八〇パーセントも大きくなっていた。事実、チェシャー、ランカシャー、ウェスト・ライディング地方の都市住民の総計は首都の人口を凌駕していた。加えて、都市化の速度は一八〇一年以降、疑いもなく上昇したけれども、地域によって異なる都市成長のパターンが確たる証拠をもって現れたのは、十九世紀の初頭よりもずっと以前のことであった。それどころか、最近の研究は都市発展の地域類型が産業革命の古典的な時代に引き続いて起こったというより、それに先行するものであったことを示している[32]。

小都市

変化が大きかったこの時代、大集団をなしていたイギリスの小都市の変わりゆく運命についてはつい見過ごされがちである。これら小さな都市の命運は、都市システムの上位グループの中で起こった劇的な大変動に比べれば、とるに足りないように思われる。しかしながら、十七世紀の後半に都市人口の少なくとも半分が二五〇〇人以下の町に住んでいたことは記憶されてしかるべきであろう。小さな市場町は国中のいたるところで都市と農村の橋渡しをしており、大半のイギリス人に人生ではじめての都会生活を経験させるなど、十九世紀にいたるまできわめて重要な役割を果たし続けた。市場町にふさわしい活力と繁栄が都市システムを全体として支えていたのである。

にもかかわらず、十八世紀の都市発展に関する従来の研究は、小都市の大半が経済変化と地域差が生み出した競争の圧力に対応しきれなかったとみなしがちであった。都市の専門化と合理化が特定の製造業や市場機能、その他の市場の隙間を見出せなかった小都市に打撃を与えたか、あるいはもっと急速に成長しつつあった近隣の大都市に圧倒されたと論じられてきた。とりわけ、輸送と交通手段が徐々に改善されるにともない、商工業は当然のことながら、心地よい宿屋や種類の豊富な商品を売る常設の店舗、あるいはロンドンを本拠地とするセールスマンの定期的な訪問などの一連の便宜を旅行者や繁栄する農場主、豊かな消費者に提供できる、大きな都市に振り向けられることになった[33]。たとえば、エセックス州には、一七五五年に書店やコーヒー・ハウスを含む四〇以上の店と四八軒を下らない宿屋をもっていたチェルムスフォードに対抗できる市場町は存在しなかった。チェルムスフォードの人口は当時、二八〇〇人をわずかに

下回る程度であった。しかし、輸送と交通手段の改善の規模とスピードが増し、さらには多種多様な商工業やサーヴィスが大きな村々に拡大してくるにつれ、チェルムスフォードのような大きな農村都市ですら停滞するようになった。一八〇〇年までにはチェルムスフォードの宿屋の数は三一にまで落ち込んだ。その一方で、たとえばサセックス州のルイスに見られたように、近郊の村であるイースト・ホーズリーで暮らす七五家族の需要が一七五〇年までに、十分な商品をもつ小売商、肉屋、靴屋、蠟燭屋、鍛冶屋、大工、車大工、織布工、床屋で満たされたために、発展の可能性を手にすることができなかった町もあった。エセックス州のハーロウ、ノーフォーク州のメスボールド、ウォーリックシャーのキニートンといったかなりの数にのぼる辺境の中心地は、一八〇〇年までにはすっかり市場町であることをやめてしまったが、こうした町が十八世紀後半に起こった市場町の全国的な規模での大幅な減少に寄与していた。ケレデギオン州のランピータやフリントシャーのカーリスといったウェールズ中北部に位置する小さな町も同じように、もろくも脱都市化の道をたどった。一方、スコットランドの小さな中心地、特にコールディンガムやコールドストリーム、あるいはダムフリーズのサンカーやギャロウェイといった周辺部の諸州にあるいくつかの町も、都市としての特徴を十九世紀の初頭まで維持することができなかった。

しかしながら、最近の研究は小都市が全体として果たした役割についてもっと楽観的な解釈を提示しており、一六七〇年ごろから一八一一年の間に起こった小都市の発展の速度が全国的な人口の増加率だけでなく、地方都市システム全般の発展とも歩調を合わせていたことを示唆している。事実、ピーター・クラークは、競争の激化と伝統的な公設市場の否定しがたい衰退にもかかわらず、大半の小都市がジョージ王朝期の社会の中でその重要性を保持し続け、人口と富を増加させ、「よりはっきりと都市的で洗練された」ものになったと確信した[34]。小さな都市の多くが生存を危ぶまれた十九世紀の初頭にあってすら、地方

都市の中には嵐を切り抜け、ヴィクトリア期にいたるまで都市としての機能と地位を維持し続けるものもあった。

成功を収めた小都市の秘密は、急速に発展し活況を呈した近隣の都市と同じように、より専門的に特化した複雑な経済を発展させたことにあった。その多くは手工業や専門的に特化した工業から利益を得ていた。たとえば、ケタリングは薄手の毛織物業を繁栄させたが、ダンバートンの繁栄はガラス製造業に、ホーリーウェルの繁栄は真鍮製品、銅製品、木綿工業への投資に負っていた。これら小都市の経済活動は、多くの場合、大都市の活動を補完するものであった。つまり、両者の関係は競争関係にあるというよりは共生関係にあった。こうして、アベリストゥイスやハートルプール、あるいはダンバーといった小さな港湾都市は、石炭や農産物の沿岸交易によってそれなりに生計を立てることができたし、リヴァプールやハルといった巨大な商業港に伍して新たな輸出貿易を発展させることすらできた。沿岸都市の中には海辺のリゾート地のような、副収入源を開拓する都市もあった。たとえば、ドーセット南部のウェイマスは内陸の活気に満ちたリゾート都市であったバースの社交シーズンを補う夏のリゾート地として、ラルフ・アレン*によって開発された。一方、ブラックプールは成長し続けていた北西部の諸都市からやってくる企業家や商人、専門職の家族に娯楽を提供した。さらに、スタンフォード、コーブリッジ、フォーファーは、繁栄し高級化する町の景観がつかの間の旅行者や終の棲家をもとめる者たち、すなわち成長する都市のエリートと農村のエリートの両方を惹きつけたという意味で内陸「リゾート地」の見本を示した。スタンフォードは輸送網の改善、内陸商業の増大から利益を得るとともに、新たな行政機能の拡大からも利益を得た多くの地方小都市のひとつであった。

＊　ラルフ・アレン（一六九三―一七六四）：郵便事業家、慈善家。建築家のジョン・ウッドとともにバースの発展に

貢献した。バースの市長、サマーセットシャーの治安判事を務めた。

小都市は近隣の大都市がたどった発展の過程をもう一度たどることになった。小都市の発展はジョージ王朝期の全般を通して成長の速度と成功の度合いに明らかな地域差をともなっていたからである。成功を収めた小都市がもっとも集中し、もっとも高い成長率を示したのは、ここでも再び、ミッドランド西部、ウェスト・ライディング地方、ランカシャー中部とスコットランド中西部であり、イースト・アングリア、イングランド南西部、ウェールズ北部、スコットランドの辺境地帯は大きな後れをとった。[35]

しかし、小都市は、活発な大都市はもちろん同じ小都市と交流する中で、それぞれの地域内でかなりの差異を生じさせたことも知っておくべきだろう。たとえば、ドーセットシャーではブランドフォード・フォーラムが十八世紀の後半に内陸交通網の要衝へと発展したが、この町は沿岸部のプール、メルカム・リージス、ウェイマスといった町から容易に行き来できる距離にあった。かなりの成功を収めた小さな都市の外延部、すなわちブリッドポートからシャフツベリーにいたる小都市もまた、輸送と交通が徐々に改善されたことから利益を得たし、両者の人口増加率は州全体のそれをわずかに上回っていた。しかし、ドーセットシャーの他のいくつかの小都市は明らかに、同じようには顧客を惹きつけることができず停滞した。その中には後背地に貧しい農村をかかえる不利な条件にあったために、ジェントリのリゾート地としての役割すら当世風のメルカムに譲ってしまったドーチェスターのような都市もあった。[36] 対照的な運命をたどった小都市の似たような物語は、ジョージ王朝期のどの地域でも繰り返された話である。

首都

なんと多くの変化を目のあたりにすることだろう、
東はホワイトチャペルから西はハイドパークにいたるまで！
男たち、婦人たち、子供たち、家屋、看板そして流行、
政府、舞台、商工業、味覚、ユーモアと情熱。
見交わしてもみよ、路地を変え、どこを歩きまわろうと、
宮廷であれ、街であれ、田舎であれ、すべてが変わったか、変わろうとしている。

デイヴィッド・ギャリック*（一七七七）(37)

長い十八世紀の間、スコットランドとイングランドの首都は小都市の大集団と、ある意味では何光年もかけ離れていた。しかし、この時代のエディンバラとロンドンの発展は小都市がそうであったように、都市システム全体を変化させてきた経済変化と地域的な差異化に強く影響されてきた。十七世紀後半以降に両市が経験した比較的緩やかな拡大は、伝統的に都市が多かったイギリスの南部および東部にあった小都市の緩やかな人口成長率を縮図のように示していた。その結果、ロンドンに〔人口規模が〕もっとも近い競争相手であった地方諸都市に対するロンドンの優位は急激に低下した。ロンドンの人口は一七〇〇年当時、ノリッジの二〇倍、ブリストルの二七倍もあったが、一八四一年までにはマンチェスターのようやく六倍、リヴァプールの七倍の大きさでしかなかった。エディンバラは十九世紀の最初の二〇—三〇年の間にスコットランド最大の都市としての地位をグラスゴーに明け渡した。一八四一年に人口二五万人を数え

たグラスゴーがスコットランド総人口の一〇パーセントを占めたのに対し、エディンバラと外港のリースは合わせても六パーセントを占めるにすぎなかった。

＊ デイヴィッド・ギャリック（一七一七―一七七九）：役者、戯作者。シェークスピアの『リチャード三世』を演じて一躍有名になった、時代を代表する名優。後にドゥルリー・レーンおよびコヴェント・ガーデン劇場の経営にも携わった。

しかし、マンチェスター、リヴァプール、グラスゴーなどのいわゆる「衝撃的な都市」の急速な拡大も、二つの首都が引き続き担った重要性を決してあいまいにするものではなかった。エディンバラの法律上、財政上、教育上、宗教上の諸制度が十八世紀初頭の議会合同以降においてさえ独立性を保持していたという事実は、エディンバラが「ブリテン島北部」の諸問題をしっかりと統括し、有給の専門職を惹きつける都市であったことを物語っていた。社会や文化の点でも、エディンバラは事実上、スコットランド全域を包み込む首都としての機能を果たしていた。エディンバラで訓練をうけた学生たちは隣接する後背地を越えてはるか遠くまでその影響力を及ぼしたし、活気に満ちた消費財生産部門とサーヴィス部門はエディンバラを「礼儀正しい者たちの集う場所、趣味・嗜好の棲家、ロンドンに住む余裕のないあらゆる高貴な者たちの冬の滞在地」にするとともに、富裕な商人や専門職に従事する住民たちに娯楽や食事を提供した。(38) その一方で、エディンバラは農産物と強力な工業基盤が生み出す製品とを交換し、衛星都市であるリースの港を通じて沿岸取引や海外貿易の発展を主導した肥沃な低地地方の商工業の中心地であり、そうした伝統的役割からも利益をうけ続けていた。エディンバラの安定した均衡のとれた経済は、工業が十分な資本を得られず一八二五年の不況によって後退を余儀なくされたにもかかわらず、十九世紀の最初の四半世紀に倍増した人口を支えることができた。

ジョージ王朝期のロンドンという大都市がもっていた持続する活力と特異性を過少評価することはさらにいっそう大きなあやまちを犯すことになろう。[39] ロンドンはヨーロッパの「驚嘆すべき都市」であり、世界的な舞台で主役を演じていたからである。この時代にイギリスの都市システムにどんな変化が起こっていたとしても、ロンドンが卓越した地位を保ち続けたことについては疑う余地がない。その卓越性はヨーロッパの首都の中でも特別なものがあった。ロンドンは十六世紀と十七世紀に持続的な成長をとげた後、成長の速度をかなり落としたけれども、一八〇一年までイングランドとウェールズの総人口の一〇―一一パーセントを維持していたし、その後も着実に成長し、一八五一年には一四パーセントに達した。これとは対照的に、パリの人口は一七〇〇年から一八〇〇年の間に五一万人から五八万一〇〇〇人へと、きわめてわずかしか上昇せず、フランスの全人口に占める割合も二・五パーセントをこえることはなかった。

ロンドンはこの時代、国の首都から帝国の首都へと発展し、拡大する海洋帝国の政治的、行政的、軍事的、財政的な中心地となった。こうした権力の集中は当然のことながら、富の集中をも招いた。十七世紀の後半以降、ロンドンはイギリスの貴族たちの生活の中心となり、一年を通じて、とりわけ秋の半ばから春にかけての社交シーズンには国中から生まれのよい裕福な者たちを惹きつけた。流行の先端を行くウェストミンスターやウェスト・エンドの住民にとって、ロンドンは単純明快に「都市」であり、大きさの点でも質の点でも農村から区別される唯一の洗練された環境であった。しかも、この農村という言葉は大きな地方都市をも含むものとして諒解されていた。たとえば、ファーカー*の作品『新米将校』（一七〇七）に登場する人物たちは「田舎町」であるシュルーズベリーのどこを見ても同じように見える退屈さを嘆いていたし、一方で、[40] 一六八六年にはノリッジさえもが「諸事件の中心から遠く離れた、まったく平穏な」町として描かれていた。

＊　ジョージ・ファーカー（一六七六／七―一七〇七）：戯作者。右記の『新米将校』は彼自身のオランダでの軍隊経験に基づいて書かれた。

ロンドンの大きさと富はその市場の性格ともあいまって、国民経済を刺激し、社会の変化を促す決定的な役割を果たしていた。消費と新機軸導入のもっとも重要な中心地たるロンドンは、地方の生活を変えていく新しい考え方や流行のさきがけをなした。また、ロンドンは重要な工業都市でもあり、他の工業都市や海外植民地からもたらされた素材を使う仕上げ工程に特化することで、この時代のどの都市にも見られた基礎的な工業部門である「補修・整備」部門を補う役割を果たしていた。ロンドンはイングランドの内陸交通と商業ネットワークの中心に位置していたが、同時に世界中でもっとも大きな国際貿易港のひとつでもあり、大西洋貿易の隆盛によってリヴァプールやグラスゴー、ブリストル、ホワイトヘイヴンの重要性が高まったずっと後まで、ヨーロッパ、インド、そして極東との取引を支配し続けた。ジョセフ・アディソン＊はすでに一七一一年にロンドンを「全世界の一大商業中心地」として描いていた(41)。当時の人々はサミュエル・ジョンソンの有名な「ロンドンに飽くということは人生に飽くということである。なぜなら、ロンドンには人間が与えうるすべてのものがあるから」という言葉を、わかりきったことを巧みに言い直したにすぎないと考えていたに違いない(42)。

＊　ジョセフ・アディソン（一六七二―一七一九）：著述家、政治家。詩人として出発した彼はホイッグの大物政治家の知己を得て、政界入りし、アイルランド総督になった。R・スティールとともに新聞『タトラー』を発行したほか、自ら『スペクテイター』紙の主幹を務め、多方面にわたって論陣をはったことで知られる。時代を代表するジャーナリストのひとり。

さらに、ロンドンの増加し続ける人口は今やもっと広い地域に広がり、そこに住む者にも旅行者にもい

っそう大きな目に見える衝撃を与えた。十七世紀の後半の時点では、ロンドンの市街地は依然としてきわめてコンパクトにかたまっており、建物の多くはテムズ川北岸の細長い地条にそってひしめき合っていた。しかし、一七六〇年代までには、家屋は中核をなすこの中心部に密集してかたまっていただけでなく、西はハイド・パーク、東はマイル・エンド、北はセント・パンクラスにいたるまで拡大していた。また同時に、ウェストミンスター橋とブラックフライアー橋の建設は開発業者によってロンドン南部が開発されていく可能性を切り開きつつあった。その後、この広大な都市圏の「一目でわかる巨大さ」、通りに群がる人間の大集団、テムズ川にひしめき合う大量の商船、そしていうまでもなく絶えざる騒々しい雑音、すなわち「いたるところで起こるどよめき、ある種のきしるような音と振動」はロンドンに到着したばかりの者たちを絶えず唖然とさせた(43)。

しかし、ジョージ王朝期のロンドンを特異なものにしていたのはただ単にその絶対的な大きさだけではなかった。中央集権的な首都の強力な影響力は十八世紀に都市システムの全体を越えて広がり、イングランドの南東部の近接する後背地からイングランドのその他の大半の地域、ウェールズ、さらにはスコットランドまで包摂するにいたった。ジョージ・コールマン*は一七六一年に「半世紀も前には……ロンドンから遠く離れた諸州に住む者たちは、喜望峰に住んでいる住民のごとく、首都圏の住民とはまるで違う人種のようにみなされた」と記していた(44)。それとは対照的に、十九世紀の初頭には、スイス生まれのアメリカ人旅行者が「この国には誰ひとりとして田舎者は見当たらない」と驚きをこめて報告している(45)。過去からのこの決定的な断絶は、イギリスの経済的、社会的発展の原動力であり、北部および西部の新しい地域的、文化的な中心地のダイナミックな成長を支えたロンドンのきわめて重要な役割に負うところが圧倒的に大きかった。事実、都市が成長するその勢いを生み出し、維持したイギリスの目覚ましい成功は、首都圏の

へゲモニーと地域的多様性との創造的な緊張関係によるものであったろう。

＊　ジョージ・コールマン（一七三二―一七九四）：戯作者、劇場経営者。D・ギャリックとともに活躍した戯作者。右記の記述は演劇批判に応えるために彼が発行した新聞『セント・ジェームズ・クロニクル』の一節。

第三章　生計を立てる

汝の町は芸術であふれている。人々が忙しく行き交うにぎやかなあらゆる通りで商いが行なわれ、喜びが満ち、歓談する声が聞こえる……

ジェームズ・トムスン*（一七四六）[1]

ヴィクトリア時代の都市が通常、スラムや苦汁労働を強いる作業場、工場を連想させがちなのに対して、ジョージ王朝期の都市は余暇や奢侈のイメージを呼び起こす。すなわち、チャールズ・ディケンズやエリザベス・ギャスケル**によって描かれた暗い都市の世界ではなく、バースとジェーン・オースティンでおなじみのイメージと結びつけられるのである。しかしながら、この明確な二分法は都市と農村との最初の分離、すなわちフリードリッヒ・エンゲルスが「社会におけるもっとも重要な分業」と呼んだものが出現して以来ずっと、もっとも幅広い意味での「仕事」が都市生活の本質的な要素であったという事実を見落としている。[2]このきわめて基礎的なレヴェルにおいて、都市民の生活は結局、商工業に基づいていた。すなわち、農産物を売買し、加工し、それらを消費財や技術、資本、そして都市が生み出すサーヴィスと交換していたのである。

＊　ジェームズ・トムスン（一七〇〇―一七四八）：スコットランド出身の詩人。右記の文章は、スコットランドの情景を詠った彼の代表的叙事詩『四季』の「夏」からの一節。
＊＊　エリザベス・ギャスケル（一八一〇―一八六五）：ロンドンで生まれ、マンチェスターで育った女流小説家。代表作は『メアリー・バートン』。伝記『シャーロット・ブロンテの生涯』を執筆したことでも知られている。

ジョージ王朝期のイギリス都市経済を特徴づけた高度な洗練と専門化は、多くの都市が地元の需要への絶対的な依存から離脱し、広域的、全国的、あるいは国際的な市場にさえつながったことを意味する。急速に増加する都市人口はまた、自らの力でしっかりとした市場を形成しはじめた。ロンドンの人口は一七〇〇年までにかなり大きなものとなり、たとえ複雑で活気ある経済のすべての部門がうまくいかなくなったとしても、都市住民は洗濯という仕事をお互いに請け負うことで生き残れるだろうといわれるほどであった。こうした市場の状況の変化は、過度の衒示的消費と同じく衒示的生産に対応する都市特有の経済発展を確実に促した。しかしながら都市人口のほとんどは自分自身と家族の生活のために身を粉にして働かなければならなかったわけで、もしもその事実が隠されてしまったら、都市の「浮かれ騒ぎやきらびやかさ」ともう一方の「たくさんのビジネスや繁栄する商工業」という同時代人によって描かれた明確な区別は誤った解釈を導くだろう。(3) 結局のところ、この時代に多くの若い男女を都市に移住させたのは、まず何よりも都市が提供する経済的な機会だったのである。

職業構成：情報源

しかしながら、これらの経済的な機会の正確な状況を、都市の職業構成の観点から論じることは驚くほ

ど難しい。十八世紀の都市では住民の幅広い職業がさまざまな理由で記録され、いくつかの点でそうした文書は十八世紀都市の状況をよく表しているといえる。歴史家は保険会社の名簿や商業目的で出版された都市人名録（ロンドンで一七三二年、エディンバラで一七五二年に出版されたものが最初）だけではなく、教区簿冊やさまざまな法律、行政、課税記録、選挙人名簿に基づいて都市を描くことができる。とはいえ不運にも、どの史料にも欠点がある。ある史料は包括的でも継続的でもなく、また別のものには偏見が入り込んでおり、さらにその情報が矛盾し、整合性を欠く史料も頻繁に見られた。たとえば、都市人名録は都市の経済活動や雇用構成の完全な調査結果を提供するのではなく、「商工業従事者の名前、職業、そして倉庫や仕事場、店などの位置」の記述に重点が置かれていたことを承知の上で読む必要がある。(4) ジェームズ・スケッチリーの『ブリストル都市人名録』（一七七五）には、推定約五万五〇〇〇人の総人口のうち四二〇〇人の名前しか含まれていない。ある都市の住民をできるだけ広範囲に網羅するよう注意深く分析し、集計しさえすれば、それらの史料から省かれるか、あるいは見過ごされた人々が都市の労働力の大多数を形成していたことは明らかである。

こうした貧しい、とるに足りない都市住民には、特に女性と子ども、ならびに大勢の臨時労働者、非熟練労働者が含まれていたが、彼らの職業構成を明らかにすることは、間接的な状況証拠を含む幅広い範囲の史料を探し出し解釈するという、歴史家にとってたいへん忍耐のいる作業を必要とする。またそうした作業のほとんどが、表や統計がもたらすいわゆる「科学的な」権威から離れて、人々の就労についての像を彼らの日常的な経験に関する詳細な記述史料から描き出すことでもあった。(5) 複数の職業を併記している場合、分類はとりわけ困難なものとなった。サミュエル・グリーンという人物は一七八七年に『シェフィールド都市人名録』では「酒類販売業者兼料理人」と記載されており、これは通常の職業構成の中に簡単

かつ的確に当てはめることができる。しかし、同じ史料で「酒類販売業者兼音楽家」とされているサミュエル・グッドラッドという人物を研究者はどの項目に分類すべきだろうか。もしくは「刃物屋兼ヴィゴボタン職人」と述べられているアン・パーカーはどうだろうか。そして、このピー・クロフトのアン・パーカーは商標からテーブルナイフと剃刀の製造業者であることが明らかであるが、彼女はホーンボタンの製造業者として記載されているホワイト・クロスのパーカー未亡人と同一人物だろうか。[6] もしそうなら、この都市人名録における不一致は、アンが彼女の亡き夫の代理人としての利益を得ていた以外に彼女自身が自分でも稼いでいたということを示すのだろうか。人々が申告どおりの職業に従事していたと仮定しても、そのまま鵜呑みにできないものがあり、彼らが述べたことが正確に何を意味するのかはしばしばあいまいである。

職業の専門化

しかしながら歴史家は、不完全で満足のいかないデータを使うことに慣れており、十八世紀都市の職業構成について、それなりに的を射た確かな結論を導き出すことができる。まず何よりも、そうした史料は近代経済学でもっとも影響力のあるテクストのひとつであるアダム・スミスの『国富論』（一七七六）で述べられた、イギリス経済の活力とダイナミズムが経済の専門化の上昇レヴェルに密接に関係していた、という見解を裏づけている。スミスは、ピン製造という「まさにとるに足りない製造業」を例にとり、仕事をそれぞれの生産工程に分け、各生産工程を異なる専門的な労働者によって遂行させることにより、分業の有効性を分析した。[7] バーミンガムの金属産業に関するマキシン・バーグの最近の研究は、この分業の

過程が実際、どのように働いていたかを示している。一七七六年から一七八七年にかけて、金属産業に従事していた男女の労働者が残した六五二の遺言状についての彼女の調査は、一六五もの異なる職業名が使われていたことを明らかにした。実際、一七五七年にバーミンガムの作業場を訪ねたある旅行者は、金箔ボタンの製造に「たくさんの手」が加わっていることに驚き、製品が作業場を出る前に「七〇人もの労働者による七〇もの異なる作業工程を経ているだろう」と推計した(8)。

もちろん、バーミンガムの経済は多くの面でユニークなものであり、当時の人々もその職場環境の例外的な性質を強調しがちであった。詩人のロバート・サウジー*は、「このような人間の創意が発揮されたまさに驚くべき例は他の時代あるいは他の地域にはなかった」ことを疑うことなく受け入れていた(9)。一方で、バーミンガムと同様の専門化のパターンは他の地域でも見ることができ、ロンドンのウェスト・エンドにおける馬車製作が例としてあげられる。一七八四年のウェストミンスターの選挙人名簿に記載された職業名は、ずっと小規模な贅沢品市場しかもたない地方都市では見られるとは思えないものであった。単なる「馬車と馬具業者」をはるかにこえており、そこには馬車製造業者、馬車彫刻師、馬車デザイナー、馬車鋳造者、馬車組み立て業者、馬具製作者、馬具金具製作者、馬車建具師、馬車ライナー、御者用制服製作者、馬車製作者、馬車塗装者、馬車金具製作者、馬車金具細工師、馬車バネ製作者、馬車整備士、馬車車輪製造人が含まれていた(10)。

＊　ロバート・サウジー（一七七四―一八四三）：ブリストル出身の詩人、歴史家、著作家。一八一三年、桂冠詩人の称号を与えられた。『ネルソン提督伝』を著したことでも有名。

このことが示しているように、労働者内の専門化は都市経済全般の機能の特化と密接に関係していた。もっとも成長のいちじるしかった都市が、ひとつ以上の専門的機能や商工業と結びついていたがゆえに成

功したことはすでに確認されており、専門化は都市の職業構成に明瞭に反映されていた。しかし職業的な集中の程度はかなり多様であった。「未熟な」産業都市のマーサ・ティドヴィルでは、鉱山業と製鉄業が地域経済の中心的な地位を占めていたが、当時の人々はこの町を実際に「都市」と呼ぶにふさわしいかどうかを疑っていた。というのもマーサ・ティドヴィルには都市の地位を語るのに切り離せない施設や幅広い雇用形態が存在しなかったからである。その一方で古くからある製造業都市の中で、総労働力の四〇パーセントから五〇パーセントが主要産業部門に従事している例を見出すこともまれではなかった。十七世紀末のノリッジでは、繊維産業がかなり支配的であり、ダニエル・デフォーは当時のノリッジを偶然訪れた旅行者が、「住民はみんな、織機の置かれた屋根裏部屋や梳毛場と呼ぶ作業場、撚糸場、その他の作業場で忙しく働いており」、街には人通りがなくひっそりとしているのを不思議に思っている様子を描いている。[11] バーミンガムやシェフィールドなどの金属加工業が中心の都市では、空気中に鍛冶炉からの煙が大量に漂い、通りは仕事場から仕事場へと部品を運ぶ人々でいっぱいであり、地域経済の中心産業への依存は目に見えて明らかであった。しかしながら繊維産業都市においてさえ、次のような光景を無視することはできなかった。周囲の田畑を覆い隠さんばかりに置かれた布を干すための木枠、街中の川沿いに並んだ縮絨のための作業場や染色場、そして全工業地域から商人と生産者を集める重要な卸売市場に場所を提供すべく建てられた印象的な織物会館が密集していたのである。[12] 一七九〇年代から、さらに蒸気機関で稼働する工場とガス灯が導入され、繊維産業都市に独特の視覚的な効果を劇的に与えていた。夕暮れに北部からリーズにやってきたある旅行者は、「われわれは、多数の炎を見た。それは間違いなく炉から出ているものだった。[13]（製造工場の）窓の灯がきらびやかに暗い平野に広がっていた」と述べている。

産業的にも商業的にもまた違った特色を見せていた都市もあった。どの港湾都市でも、人口の大部分が

商工業や輸送業に関わっていたのは驚くことではない。貿易商人、船乗り、水夫、そしてドック労働者は波止場に密集し、造船所やロープ工場は近接した湾岸線にそって広がっていた。また船用だけではなく、ドックやクレーン、波止場に必要な金属を作る鋳造所が散在していた。港が労働者の主要な雇用場所であることは容易に認識できたし、海岸にそって並ぶ倉庫の間にかすかに見えるマストの森をしっかりと取り囲み、狭い通りをガタゴト進む積荷の音を響かせていた。一八〇二年、ある旅行者は「ニューカッスルに一歩足を踏み入れただけで、波止場のざわめきや通りの活気から、その巨大な商工業の姿を垣間見ることができる」と述べた。(14) 彼は、港に密接な関わりのある造船所やドック、帆布工場、ロープ工場で生計を立てる人々に加えて、一五四七人の石炭運送人と九〇〇〇人の水夫がタイン川で雇用されていると推計した。一八〇八年にはイングランドの水夫の三分の一がロンドン港で働いており、彼らは川沿いのウォッピングとライムハウスの周辺に集まっていた。またスコットランドの水夫の三分の一はクライド川の港、主にグラスゴーとグリーノックから出航した。(15) とはいえ商業港の中で、ポーツマスやプリマスほど町のはずれにある、高度に専門化した造船所周辺に仕事が集中していたところは他にはなく、そこでは成人男性労働者の七三パーセントが海運業に従事していた。港湾都市のほとんどは主要な製造業の中心でもあり、ガラス工場や陶器製造、砂糖やタバコの精製、そしてビール醸造といった石炭に依存して大量に生産する産業と深く関わっていた。事実、ヘンリー・ボーン*の『ニューカッスルの歴史』(一七三六)は「海運業によって生計を立てている」人々の中にビール醸造者が大勢いたと述べている。(16) しかしボーンが明らかにしたように、ニューカッスルの住民の暮らしは基本的には港の商工業活動に頼っており、石炭の出荷が長期にわたって衰退したことにより、地域経済のあらゆる部門の雇用に悲惨な影響を与えた。

＊　ヘンリー・ボーン(一六九六—一七三三):ニューカッスル出身の尚古家。右記の書物を完成させる前に彼は亡く

なったが、彼の死後、妻と子供たちが一七三六年に出版した。

しかしながら、他の多くの都市において、たとえ遠隔地との取引や大規模産業への圧倒的な依存がなかったとしても、職業的特化が果たした役割を見過ごすことは間違いであろう。州都市は当然、地方行政の中心地であったし、さらに多くの場合、主教座聖堂都市でもあったので、その行政機能は宗教的な中心地という役割によっても促進された。たとえばカンタベリーの経済は多くの「首席司祭、主教座聖堂参事会員、聖堂準参事会員や地上の戦う教会〔悪やキリストの敵と戦う地上のキリスト教徒たち〕」の存在に大きな影響をうけていた。(17) スコットランドの首都エディンバラは、ロンドンの法学院の周辺と同様に多くの法律家を輩出したことで有名であり、プレストンのランカスター公領裁判所と州の王座裁判所の活動は、法廷弁護士、教会裁判所の弁護士、公証人が都市の職業構成の中で重要な集団を形成し影響力を及ぼしていたことを意味していた。実際、一七五九年に「法律業」は「この地の中心的な職業」として認識されていた。(18) この場合のどちらにあっても、専門職のグループは都市の総人口からすると相対的に小さなものであった。しかしながら、温泉や海辺のリゾートが保養と余暇のサーヴィスを提供するようになると、この中核的機能が多くの裕福な旅行者を惹きつけることになり、彼らがかわるがわるやってくることで、ますます洗練された消費経済の発展を刺激した。チェスターやスタンフォード、ロンドンのウェスト・エンドのようなリゾート都市や洗練された住宅地は、旅行好きな顧客に高品質の製品やサーヴィスを提供し、富をもたらす第三次産業の発展に間違いなく貢献した。しかし、もう一方の端には、ほとんど技術や専門性を必要としない労働者たちの需要もあった。こうして「高級リゾート地」では肖像画家、宝石細工人、流行の婦人帽製造人が、何千もの荷物の運搬夫、建築労働者、洗濯婦、使用人とが共存していた。実際、一八四一年、リーミングトン・スパの国勢調査では、同市の労働人口の四三パーセントが使用人であった。(19)

職業の多様化

この時期の多くのイギリス都市では、専門化された職業の重要性が高まっていたが、しかし、あらゆる都市経済の基盤と呼ばれている職業もまた、一貫して変わらない重要性を保ち続けていた。というのも、幅広い一般的な職業が日常生活の基本的な必需品を住民に提供するとともに、後背地で必要とされた商品やサーヴィスのほとんどを供給していたからである。近代的な大量生産の恩恵に与っていなかった社会では、都市住民のかなりの部分が、増加する人口にもっぱら食糧や衣類などを提供し、住宅を供給することに関わらざるを得なかった。またほとんどの都市が、農業生産物の加工や流通、マーケティングセンターとしての機能、そしてもっとも裕福な村でさえかなわないほどの多様な専門的サーヴィスと消費財の供給など、周辺の農村にとっての広範な社会的、経済的活動の中心地として機能し続けていたことも知っておくべきだろう。

主として港湾都市や製造業都市、サーヴィス業に特化する都市のもつ専門的な経済的役割で生計を立てる人々の生活を支えることになったのは、ますます多様化する幅広い職業構成であった。都市経済の高度に専門化された分野で働く人々に食糧や衣料品、住宅を提供していた人々の数は、過小評価されやすい。巻末の付表2が示しているように、都市人名録に記録された主要な職業の中には、かなり基本的な職業、特に、肉屋、パン屋、酒類販売業者、宿屋、仕立屋、靴屋が何度も現れていた。そのような都市人名録は職業構成の全体というよりはむしろ、専門職や事業を行なう集団を明らかに反映しており、都市の雇用全体に占めるそうした職業の相対的な重要性をかなり誇張してきた。食料雑貨商、事務弁護士やかつら

職人が、労働者の主要な雇用主であることはありそうになかったとしても、バーミンガムのひとりのボタン職人が何百人もの人々を雇用していたことはありえた[20]。さらにまた、十八世紀に遺言を残したバーミンガムの男性について見てみると、金属産業で働いていたのはたった二五パーセント程度でしかなかったという結果になるが、都市人名録や遺産目録などの史料が、盛んであったサーヴィス業種の下層部分まで含むことは本質的にありえなかった。したがって、ノリッジの一七六名の宿屋がそうした史料に載るチャンスは一七五三年に名前を連ねた四五〇名の酒場の店主よりも大きかった。また、建築業の大部分を占めた自営の職人たちは、いっそう見落とされがちだった。一方、十七世紀後半のスコットランドの自治都市に関する詳細で包括的な職業目録は、すべてのイギリスの主要都市で見られた豊かな職業の多様性と、基礎的な飲食、衣料、建築関係の職業に従事する者の相対的重要性の両方を裏づけている[21]。

消費者需要の高まりが伝統的な主要産業と並んで新しい専門的な職業の拡大を促した結果、都市経済のこの「万華鏡的な」部門が十九世紀にいたるまで拡大し多様化し続けたことは広く受け入れられている。ジョン・ストバートの研究によると、一七九〇年代までには、消費者を対象とした贅沢品関係の商工業やサーヴィス業の総数の点では、地域経済の主要部分をレジャーや贅沢品に依存していた多数の州都市やリゾート都市よりも、ブリストル、リヴァプール、マンチェスターなど主導的な商工業都市の方が実際には多くなったと主張されている。バースは職種の多さという点ではブリストルにひけをとらなかったが、バースの贅沢品部門の大きさはブリストルよりも小さかった[22]。逆に「上品な」住宅地とリゾート都市はしばしば小規模な工業化を経験した。バースでは機械工業が発展していたし、また、閑静な主教座都市、ベヴァリーでは一八三〇年にウィリアム・クロスキルが町のはずれに大きな鉄鋼所を立ち上げ、約八〇〇人もの労働者を雇用した。

これらの目新しい試みは必ずしも成功したわけではなかった。一七九〇年代にシュルーズベリーに建設された紡績工場は、後背地の経済に十分な足場を確保できず、一八三〇年まで生き残ることができなかった。しかしながら、都市の職業構成の広さが、都市経済に安定性の基盤を提供する上で重要な役割を果たしたことは疑いない。さもなければ都市経済は急速に変化する経済環境のなすがままであった。ニューカッスルの石炭業がつまずいたなら、「大きな痛手をこうむらない靴屋はひとりもいない」ことは明らかであったし、少なくとも短期的には地方経済への影響は深刻なものであっただろう[23]。しかし、仮に長年にわたる専門的機能が勢いを失い始めたとしても、そうした幅広い一般的な職業に基礎をおく経済には、常に成功裏に方向を変化させ、新しい成長の源と結びつく可能性があった。十八世紀のうちに、港湾都市のチェスターと製造業都市のコルチェスターはともに、落ち着いた雰囲気を魅力とする町を裕福な住民や旅行者に新しく売り込むことによって一時的な経済的困難を乗り切った。一方、プレストンは、十八世紀後半に正反対の方向に進み、活気に満ちた「勤勉な」繊維産業都市となったのである。したがって、概して柔軟性こそは都市コミュニティが長期間繁栄するための鍵であった。

職業の融通性

都市の柔軟性はまた、経済的に困難な時期にビジネスエリートが生き残るための秘訣であった。ベリー・セント・エドマンズのジェームズ・オークスは、サフォークで最大の毛織物紡績工場のひとつを相続し、ウェスト・ライディング地方の製造業者たちと年々激しくなる競争をしながら約三〇年間、工場を上手く経営し続ける一方で、一七九四年に地方の銀行家として「新しい職業に従事」し、同様の成功を収め

た。ひとつの事業にすべてをかけて成功した企業家がほとんどいなかったという事実があったので、そのような急激な方向転換が容易になされた。彼らのほとんどは季節的で周期的な経済不況を乗り切るだけではなく、景気が回復したときに新しい機会をつかむことを可能にする、より安全な土地や有価証券に投資を行ないながらいくつもの事業利益を合わせて資産の均衡をはかろうとしていた。一七二〇年にゲーツヘッドのウィリアム・コーテスワースは、誇らしげに「私は儲かるものなら何でも扱う」と述べたが、これは、郊外の獣脂蠟燭業者から出発してタインサイドに炭鉱と製塩工場をもち、そこから莫大な利益をあげて富と地位を獲得するまでにいたった彼の事業の着実な成功を支えた戦略に他ならなかった[24]。先述のオークスは糸の他に石炭とホップも扱っていた。それどころか、彼が最終的に紡績工場を売却せざるを得なくなる以前には、余剰資金を使って何年間か銀行業をも営んでいたのである。

社会的にも経済的にも下位にあった人々の間でも同様に転職が見られたが、これは研究者が発見した職業名の頻繁な変化を上手く説明するだろう。都市経済が急速な変化をとげる中で、女性も男性も、新しい雇用の機会に対応して自らの活動の強調点を移しており、そうすることで職業構成における自身の分類の仕方を変化させる傾向にあった。バーミンガムでは、サミュエル・ベラミーは一七七七年に特許を取得した際、彫刻師兼型彫師と自称していたが、一七八七年には留め金製造工として保険をかけていた。一方、ジョン・スミスは一七七〇年に宝石細工商の特許を取得したが、一七九二年に遺言を残したときには、自らをスチール製懐中時計の鎖兼おもちゃ製造人と述べていた。シュルーズベリーでは、リチャード・リチャーズは一八二六年に救貧税の査定をうけたときに仕立屋であると主張したが、四年後には板金工として記録に載っている。もしリチャーズがその間に自宅を引っ越していたならば、ありふれた名前を記した二つの記録が同じ個人についてのものであると特定することは実際には不可能だっただろう[25]。

こうした事例は都市住人が、自らの職業を一生涯にわたって固定的なものではなく、むしろ流動的で柔軟なものとみなしていたことを示している。手工業ギルドと商人ギルドで徒弟を勤め上げた者は、男性も女性もその職業名で社会的に通用していた。にもかかわらず、ほとんどの都市民はもっぱら「自分の職業によって」生計を立てるというよりも、彼らの手の届く範囲であれば、利益を生む可能性のある活動や職業にいつでも従事する準備ができていたように思われる。多くの人々は、公式の職業名が示す職業のみで自らの生計を立てるのではなく、第二の職業あるいは副業をもっていたのである。[26] 十八世紀の都市では、こうした職業の融通性を妨げる公的な障害はほとんどなかったけれども、イングランドの都市自治体やスコットランドの自治都市の中には、適切な徒弟修業に従事せずに正規の商売人や職人になろうとする男女が開業しようとする際に、制限をかけようとしたところもあった。さらに、非公式の制裁が行なわれることもあった。ノッティンガムで靴下編工として訓練をうけたウィリアム・ハットンは、一七五〇年にはじめてバーミンガムに移り住み書籍商兼印刷業者として身を立てようとした際、救貧税の潜在的なお荷物だと教区の権力者たちに報告されたが、それはこの業界での競争を抑えたいライヴァルたちによるものであった。

しかしながら、どの職業であっても参入への一番の壁は、つまるところ現実的なものであった。技術と適性はいうにおよばず、資本金、信用、そして縁故なしに、ある生活の手段から別のものへ成功裏に転職することは難しかった。したがって、多くの場合、職業名の変化は成功というよりむしろ失敗の印として読まれるべきであろう。ジェームズ・オークスは備忘録の中で、仲間の編み糸製造人の悲しい失敗について記録している。その人物は、サフォークの産業が破綻したことによって、紅茶や「ベリー周辺の農村でちょっとした食料雑貨」を売るまでに身を落とした。彼は羽振りのよいときにも財産を貯めるのではなく

むしろ借金を増やしていた。[27] 病気と加齢もまた、熟練を必要とする職業で成功するために必要とされた強さと器用さのレヴェルを徐々に落とし、つまらない肉体労働に落ちていく原因となった。靴職人としてエディンバラで二四年間働いていたロバート・クーパーは、一七四五年に「現在、高齢やその他の疾患、特に視力の衰えのために……新しい仕事に従事することができず」、結果的に古い靴の簡単な修理と販売しかできなくなったと伝えられている。靴直し職人として三四年間働いたウィリアム・ギレンの場合はもう一段、身を落とした例であるが、彼は一七六二年、六八歳でキャノンゲートのワークハウスに入れられた。[28]

したがって、生活を支えるための唯一の手段としてある特定の職業に依存することは、長期的にはリスクの高い不確かな戦略であった。複数の職業に従事することは都市経済がもたらす不安定な生活と不定期の雇用機会に対するずっと賢い反応であった。大多数の都市民は臨時雇いの労働者に分類され、季節的で周期的な景気変動によって深刻な影響をうける職業に従事していた。冬になると、短い日照時間や厳しい天候が多くの野外での商工業活動の低下と結びつき、労働需要が激減した。一方で、首都やリゾート地における雇用は周期的に繰り返される社交シーズンにともなって変動した。大多数の都市の労働者は、オルウェン・ハフトンの印象深い言葉で表されたように「それなりの生存を可能にする当座しのぎで間に合わせの多角的経済」の中にいた。[29] その証拠にロンドン在住のある寡婦は、編み物や縫い物、保育、そして貸したお金を回収することで生活を維持していた。他人に貸し付ける資本をもっていたということから、彼女が比較的裕福であったのは明らかだが、それでも特別な事例ではなかった。大半の世帯は事実、安定度の高い職業からの収入に臨時収入を加えた広範囲にわたる柔軟な雇用の「ポートフォリオ」で生計を立てていた。「私の夫の職業はレンガ職人です」と述べた別のロンドン在住者は、「夏の期間、私は夫のレンガ

造りを手伝い、冬になると通りで魚や果物を売っています」と語っていた[30]。臨時雇用の多くの機会が都市経済によってもたらされ、夫たちと同様、妻や年長の子どもたちもそれに従事した。そしてそのことは間違いなく、都市に家族で移住しようとする非常に大きな魅力のひとつとなった。

女性の労働・男性の労働

都市では女性が数の上では優位を占めていたにもかかわらず、歴史家は都市経済に果たした女性の貢献を十分には認識してこなかった。歴史家たちの注意は「職人の」娘よりも「息子」たちの活動に向けられてきた[31]。近年ではこの時期が性別による役割の「分業」が出現する決定的な局面を示し、これによって女性は次第に家事や家庭生活といった家庭内世界に閉じ込められ、労働という公的な世界を男性の支配にゆだねたと主張されてきた。こうした主張は、伝統的に女性を生産よりも消費と結びつけて捉える見方をいっそう強化することになった[32]。

もちろん実際には、家庭内の私的領域に活動を限定できるほど悠長な生活を送ることができた女性はほとんどいなかった。一七四三年にエリザ・ヘイウッド*は「愚か者でない限り、もっぱら夫の稼ぎだけで食べさせてもらうような、そして何の生計の手助けもしない女性とは誰も結婚しないだろう」と述べている[33]。しかしながら多くの女性史家は次のように主張している。家庭重視イデオロギーの普及は働く女性が次第に都市経済の中で社会の周辺的な地位に追いやられるようになったことを意味しており、経済活動の機会や手段に関わることを否定され、職業の幅もかなり限定されるようになったと。女性はたとえ仕事を探すためであっても自宅から出て働く際には別の家庭の家事労働に従事し夫や子どもの世話をするとい

う、生来のそして昔ながらの女性的な特性を喚起される仕事を遂行することが理想とされた。あいにく女性に適しているとされたほとんどの仕事は、女性の本性をそのまま実行することだと考えられていたので、それらの仕事を達成するためには特別の技術も優秀さもいらず、本能と義務感さえあればよいと思われた。この非情な論理の結果として、女性は魅力的で儲けのよい雇用を獲得する機会を否定されたのみならず、わずかに開かれた労働市場できわめて低賃金で働かなければならなかった。さらに、女性を非熟練、低賃金、低位の労働と結びつけて捉える偏った認識は、女性に対する制約を維持しようとする男性労働者の願いを補強するものであった。というのも、女性労働者の参入は必然的に賃金の低下を導き、また技量の水準を低下させると広く信じられていたからであった(34)。

＊　エリザ・ヘイウッド（一六九三？―一七五六）：ロンドン出身の著作家。ロンドン商人の娘であり、一七一五年に女優を目指してダブリンに行くが、すぐにロンドンに戻り、劇作家となった。

このような非常に強く性差を強調する態度と、その結果として女性が仕事場でこうむることになった不利な境遇はどちらも、疑問の余地のない明白な事実である。ジョージ王朝期のイギリスの女性は男性と同等の条件では都市経済に参加していなかった。女性の賃金は年齢によって格付けされていたが、それは男性よりも低かった。女性は事実上、多くの商工業や職業から排除されており、仕事は一貫して軽視されていた。したがって、都市社会の裕福な層に位置する女性が、家族環境が許せばすぐに事業から身を退いたとしてもまったく驚くにはあたらなかった。アマンダ・ヴィッカリーが指摘するように、「仕事量の多さをすぐさま権力と威信に置き換える考え方は、女性史家にとって支持できない奇妙なものである(35)」。

経済活動が常にしっかりとジェンダーに基づいて行なわれていたことは、きわめて明らかであるにもかかわらず、ジェンダーによる違いがこの時期に増加したことを示す証拠はほとんどない。また、都市の女

性が田舎に住む同時代の人々よりもずっと恵まれていたという認識も重要であろう。たとえば、都市の女性は農村の男性労働者と同等の賃金をもらっていた。一方、「女性の仕事」は、次第に商業化し特化していた農村経済においてよりも都市の方がかなり見つけやすかったともいえる。(36) 急速な都市の成長の結果起こったパートタイムの仕事や臨時労働の増加は、針仕事、洗濯、掃除、保育、呼び売り、そして店舗、作業場やパブの手伝いなど、伝統的に女性の領域とみなされていた仕事に集中していた。同時に家事そのものは時代が進むにしたがってますます女性の仕事になっていった。産業と商業の拡大によっても女性のための新しい雇用機会が数多く作り出されたが、それは男性の仕事としてまだ「コード化」されておらず、あるいはあまりにも速く拡大したために伝統的規制が追いつかなかったような商売や手工業の世界においてであった。バーミンガムの金属工業では、女性は生産過程のあらゆるレヴェルで活動しており、鍛冶場では独立した企業家として仕事をするのと同じくらい高い給料をもらっていた。その一方で、十八世紀後半のアバディーンでは手編み工や亜麻紡績工への需要の高まりによって、それまで男性の織布工に依存していた仕事を女性にも大きく開放することになった。

都市生活のもうひとつの大きな利点は比較的洗練されていた都市のインフラであり、この点はパメラ・シャープのコルチェスターに関する研究の中で繰り返し指摘されている。働く女性、特に自活しようとする者は下宿屋や家具付きの安い部屋を借り、通りの行商人やパン屋、酒場、惣菜店から出来合いの簡単に手に入る食べ物を購入して暮らせた。また同様の立場におかれたたくさんの女性のおかげで、田舎よりも都市の方が不可欠な家事を手伝ってもらいやすく、それぞれの価値ある労働時間を制約することになりかねない家事労働と日常生活の経費を負担しあっていた。一七二九年に、ラドローのメアリ・サザーンは彼女の姉妹と三人の独身女性からなる世帯の戸主であり、全員が手袋製造業で働いていた。仕立屋の未亡人

であったキャサリン・ボーエンは、一七四一年に六人もの独身女性と同居していた。このような協同世帯は、独身女性が厳しい都市環境の中でそれなりの地位と独立の手段を獲得しえたことを意味した。それどころか多くの働く女性は「自分の力で」自らを支えているということに明らかに誇りをもっていた。シシリー・マリーは一七五八年にエディンバラで婦人帽製造人として働いていたことをふり返り、かつての仕事仲間に「あなたと一緒だったときよりも幸せだとはとても思えません。……あなたとともに過ごした月日を思い出すたびに後悔しています」と書き送っている。(37)

このようなコメントは、歴史家が女性の職業を伝統的な女性の役割の延長線上に位置する非熟練労働とする当時の分類をそのまま受け入れたために、女性が強い職業意識を発展させられなかったと即座に考えてしまったことを示している。エリザベス・サンダーソンは、婦人服仕立て業や婦人帽製造業について議論する際に、針仕事を特別な技術のいらない「女性的な」職業として簡単に片づけ、男性仕立屋や室内装飾業者に関しては、地位やアイデンティティを与えるひとつの技術として簡単に受け入れてしまう研究者に対してとりわけ批判的である。女性は料理や掃除、縫い物、糸紡ぎや店で商売する本能を与えられて生まれてきたわけではない。それらは学ばねばならない技術であり、ジョージ王朝期の都市に住む大多数の女性が自らを支え、しばしば夫と子供たちをも支えることを可能にした技術であった。実際、バーミンガムの金属工業で働く女性に、需要と供給の簡単な関数で説明されうるよりもずっと高い賃金が支払われていたという事実は、女性の技術の質の高さを証明するものである。(38)

一方、女性が家庭で行なった多くの無償で典型的な「非熟練」労働が都市経済に与えた影響も過小評価してはならない。収入をもたらすことに直接的な役割をほとんどもっていないように思われる商業や専門職の家庭の女性でさえ、実際には、破産の危険に備えてしばしば後々まで女性名義で保有された結婚持参

金によって、家族の所得資産の形成に対してかなりの資本を提供していた。また女性は仕事上のネットワークを維持するのに重要な役割を果たし、世帯と仕事場の会計を預かり、住み込みの徒弟や従業員を監督した。さらに、夫が不在のときは代わって商売を行なう能力も十分備えていた。国中のあらゆる都市でそしてあらゆる社会階層で、女性は衣食をまかない、家庭を維持するといった面倒な日常の仕事の矢面に立った。また、消費者としてさまざまな決定を下したが、歴史的に見てその影響力の大きさは次第に認識されてきている。(39) その結果、最近の研究は買い物が女性の気ままな気晴らし以上のものであり、女性の「家計」の上手なやりくりは、家族の物質的な幸福を左右する決定的な役割を果たしたと強く主張するようになった。

労働の報酬

歴史家がジョージ王朝期の都市の生活水準を計測する際には、これらのすべての要因を考慮しなければならず、ある特定の限られた数の職業に関する実質賃金指数を計算するために、価格係数と賃金係数とを比較考察するような伝統的な方法よりもはるかに複雑な方法が必要であった。(40) 実際、都市の労働者の中で、一家でたったひとりが正規の商工業で定職につき、決まった賃金を稼ぐ大黒柱であることはほとんどなかった。現実には、ほとんどの都市民は個人経済の単位ではなく、家族経済の中で生活していたが、そこでは世帯のすべてのメンバーが家計に貢献することを期待され、支出だけではなく収入も一緒に合わせていた。これらの「稼ぎ」はひとりの雇用主から単純に現金で支払われることもめったになかった。それどころか都市の労働者は多数の収入源をもつ傾向にあり、賃金労働と契約労働、そして自営の間を柔軟に行き

来していた。そして伝統的な特別給付やその種の報酬を可能な限り稼ぎの足しにしていた。いずれにせよ、多くの労働者の賃金が「出来高によって」支払われ、日雇いや不定期の雇用が日常的であったような世界では、しばしば同時代人が示した典型的な日々の賃金は必ずしも年間の収入を明らかにするものではなかった。ロンドンの仕立屋は年に三カ月から四カ月は仕事がなかったといわれているし、その一方で、商工業の多くの雇用主たちは一時的な不況期に、日雇い労働者や契約労働者をいつでも解雇することができた。ロンドンのスピタルフィールズの織物業者についての一七一九年の記述によれば、「彼らは市場が停止するとすぐに生産を停止した」。「もし自らの製品を売ることができなかったら、すぐに織機を停止させるだろう。そして職人たちはたちまち飢えて仕事を探すだろう」といわれた(41)。

しかしながらジョージ王朝期後半に、賃金と労働条件がみじめな苦汁労働者と同じになったスピタルフィールズの織布工でさえ、一七六〇年代まではまだ耐えられる状況にあった。もちろん、ひとつの都市経済における一グループの労働者の経験に基づいた一般化は、ロンドンのような支配的な経済力を持つ首都においてでさえ本質的にはあてにならない。商品とサーヴィスの全国的な市場が存在しなかったので、都市の収入には価格と所得の両方で地方の多様性が反映された。一七五〇年以前においては、ハルやニューカッスルの急速に発展する港と、それほど活発な経済をもたない近隣のベヴァリーやダラムとでは、建築業労働者の賃金に決定的な格差が存在していた。こうした一地域内での賃金格差は、第二章で概観した高度に分化した地域ネットワーク間にもより大きな格差が広がっていたことを示していた。スコットランドとイングランドの賃金格差が十八世紀後半から十九世紀初頭にかけて縮まった証拠がいくつかあるけれども、スコットランドの賃金はイングランドよりもかなり低かった。エディンバラやグラスゴーでさえ、おそらくロンドンの賃金の半分しかなく、ランカシャーで支払われた賃金にもかなりの後れをとっていた。

アーサー・ヤング*は、一七九一年にバーミンガムの金属労働者に支払われた「法外な賃金」に驚嘆した。そして「確かに、家族全員が恒常的で安定した職についていたことを考えると……私はヨーロッパのどの場所よりもバーミンガムが高い労働［報酬］を得ていることに納得する気になった」とつけ加えている。(42) 彼はまた、たとえ、イースト・アングリア地方の中心都市における賃金と雇用機会がミッドランド西部よりもはるかに低かったとしても、バーミンガムとノリッジの生活費にほとんど差がなかったことも注意深く記述している。

＊　アーサー・ヤング（一七四一―一八二〇）：ロンドン出身の農学者で『フランス旅行記』の作者。各地を旅して、旅行記を著した。ロイヤル・ソサエティの会員にも選ばれた。

事情に精通したアーサー・ヤングが到達した結論は、ジョージ王朝期を通じて、移住労働者が援助を受けとるために救貧当局へ提出したおびただしい数の申請書に記された、都市での収入に関する底辺から見た現実を裏づけている。底辺層のありのままの姿は、一七九〇年代に妻と六人の子どもを連れてイングランド南西部の小さな田舎町からバースにやってきた労働者トマス・キングズベリーの「ここでは、家族と一緒に、デヴォンシャーにいたときよりもよい暮らしができます」という言葉に表現されている。(43) さらに一般的には、家族収入は農村よりも十八世紀の都市の方が高いだけではなく、長期間にわたって収入の上昇も続いていたようである。

都市社会内部に繁栄が長期にわたって広がるには非常に時間がかかった一方で、収入の相対的な不平等は、時代が進むにつれていっそうはっきりとしてきた。労働の報酬は、需要と供給の基礎的な経済の法則とともに、富、権力、地位の差異についての根深い固定概念を反映して、失敗から成功までの幅広い範囲で不均等に配分された。競争的な都市環境の中でもっとも成功した人々は、当然のことであるが、もっと

も儲かる商売や専門職で身を立てるのに十分な資産を相続するか貯めるかした人々であった。一六六〇年から一七三〇年までのロンドンの事業家についてのピーター・アールの分析は、「ほとんどの場合、最終的に裕福であった人は、はじめから裕福であったか、もしくは少なくとも暮らし向きが豊かであった」ということ、そして、「とるに足りない星の下に生まれた人間は一文の価値もない」という当時の格言が、普遍的な真実を映し出していることを確信させた。[44] 進取の気性に富んだ「ミドリング・ソート」が事業を通じて蓄積した富の概算は、彼らが活動した環境次第でずいぶんと違っていた。しかし、ロンドン、ブリストル、グラスゴー、リヴァプールなどの大きな港湾都市の商業エリートのように年に数千ポンドを稼ぐ者から、裕福に都市生活を送るのに十分な額である年一五〇—二〇〇ポンド程度稼ぐ典型的な者まで、多くの人々がかなりの年収を享受したことは間違いないだろう。さらに、そのような収入を得る者たちの数と平均的な収入は、時代を経るにしたがって、あるいは新しい富の源泉がそれらを生かすためにもっとも適切な位置にいる者たちに開かれるようになるにつれて増加したことも明白であった。商業で大成功を収めた者たちは今や、製造業者、専門職、卸売商、小売商、そして家具職人のような新たに高い地位を得た職人さえも含む、さまざまな集団からなる富裕層の頂点に立っていた。

しかしながら収入が低い者でさえ、市場では比較的優位であった都市民は、わずかではあったがそうした利点を効果的に生かすことができた。成長産業の熟練労働者は強い立場で交渉に臨め、非熟練労働者よりも平均五〇パーセントから一〇〇パーセントも高い賃金を手に入れた。また、彼らはお金を払って友愛協会や同業組合の会員になることで、長期間の生活保障を確保できた。多くの場合、いかに法外であっても雇用主は労働者の要求に応じる以外の選択肢がほとんどなかった。一七七八年にダンバートンの新しいガラス製造工場の経営者たちは、ニューカッスルから経験豊富なガラス吹き工を引き抜こうとしたが、彼

らと揉めて最終的に裁判に敗れた後、「人間のくずや他のガラス工場でお払い箱になった連中とうまくやっていかざるを得ないのは、操業間もないあらゆる工場の避けがたい不幸である」と口惜しそうに述べた。労働者が要求した給付契約には、「炉に火が入っていようがいまいが」週に二〇シリングの賃金保証をすることと、無料で燃料と住居を提供することが含まれていた[45]。自らの家屋でか、もしくは自分の道具を用いて働くことのできた者たちも誰であれ、不運な隣人よりもかなりの有利さを享受できた。その日暮らしの街路商でさえ、自前のかごや手押し車をもっていた者たちは、それらを業者から賃借りしていた者たちよりも、かなり高い収入を得ていただろう。一方、彼らが売っていた商品を購入するお金のある者たちもまた、ともかくも資本家のはしくれともいえる存在であった。

対照的に、資本や技術の初期投資をほとんどあるいはまったく必要としない手工業、商業、専門職で生計を立てようとしていた都市の人々は、ほとんど交渉力をもっておらず、彼らの収入はそれゆえに悪かった。小商店主はしばしば、熟練の肉体労働者よりもかなり稼ぎが低かった。また、靴職人や縫い針商は給料がとても低かったことで有名であった。一七四七年に、ロンドンには「ただの洋服屋」が「イナゴと同じくらい非常にたくさんいて、年に三カ月から四カ月程度、仕事がなく、一般にネズミのごとく貧しかった」と報告されていた。「優秀な職人」の賃金は、仕事を見つけられても、週にたった三シリングにしかならなかった[46]。半熟練や日雇い労働者の名目賃金は、一七六〇年代以降、大半の主要都市で上昇していたが、その増加分は、平行して高騰した生活費の上昇分をこえることはめったになかった。一方で、刻々と変化していく市場状況は、多くの分野で都市の労働者の地位をさらに弱めることになった。グラスゴーでは一七七九年以降、綿産業の華々しい成長にもかかわらず、小規模企業主間の熾烈な競争が、新しい労働者の手織業への激しい流入と結びついていちじるしく賃金を低下させ、大きな社会不安を生じさせた。ボ

ルトンでも同様の過程を経て、一八〇〇年には週に二五シリングあった男性の手織工の稼ぎが、一八二九年までには週にたった五―六シリングにまで減少し、一日に六ペンスかそれ以下の賃金で生きていくという不安定な生活を続けていた日雇い労働者のレヴェルにまで近づけることになった。定期的な収入も職もなく、市場で商売するための専門的技術や才能もなく、ほとんどの場合、病気や高齢になったときに彼らの生活を支える家族もいないような男性、女性、子供たちは、都市の労働力の中でもっとも脆弱で哀れな人々であった。

都市民の大多数が享受していた拡大する物質的繁栄を評価する際、社会の最底辺に位置する人々が耐え忍んでいた貧しく不安定な暮らしの窮状を記憶にとどめることは重要である。都市経済は、富や機会に対する期待をいだかせたけれども、同時に借金や、破産、貧困という暗い可能性ももたらした。富の不平等が経済変化に応じてますます拡大したことも否定しがたい事実である。たとえば、リヴァプールでは、一七九八年から一八〇二年の間にもっとも裕福な納税者四人が年に平均一万七〇〇〇ポンドを超える課税対象となる収入を申告したのに対して、人口の八六パーセントが納税の最低基準である年収六〇ポンドを下回っていた。[47] 十九世紀初頭には、都市世帯の上位五パーセントが総収入の四〇―五〇パーセントを専有していたという事実は、ジョージ王朝期の都市における社会関係の発展がどのようなものであったのかをあますことなく示している。

第四章　都市社会

自らと同等の者あるいは目上の者たちと絶えず関わりをもつようになるときほど、社会の階梯における自らの相対的な重要性と非重要性を上昇させ、あるいは下降させる状況はないだろう……

ジョン・ホランド（一八二六）

ジョージ王朝期のイギリス都市経済の活力は、都市社会の可変性と柔軟性にはっきりと表れていた。急速に変化する社会の中で生計を立てようと、個々人がお互いに競争しあっていたために、都市には社会的流動性の雰囲気が明らかに漂よっていた。男性も女性も幸運をつかむために――落とし穴にはまらないように――奮闘したが、それは都市生活を強く特徴づけるものであり、何千もの人々の成功と失敗のドラマがイギリス全土の都市でくり広げられていた。しかしながら、当時の人々は、こうした個人的成功、あるいは失望や敗北などの個別の問題をこえて、社会的な関係と経験の根本的な変化が急速に成長する商工業都市において進行中であることを認識していた。

この時代の地理的、社会的流動性は都市の人口動態と結びつき、加速する革新や専門化にともなう職業

構成の変化と一緒になって、社会秩序の伝統的モデルとすでに定着していた行動パターンを崩すことになった。当時の多くの観察者は、この変容を素直に喜び、都市社会への参入のしやすさや多様性が、「よき隣人関係」の健全な感情や「友人たちの相互の義務」を奨励している証だと論じ、また同時にイギリスの経済成長の勢いを維持するために欠かせない企業家精神や野心を呼び起こすものであるとみなした[1]。社会的上昇をとげたウィリアム・ハットンは、自叙伝の中でこの楽観的な見方に本気で同意している。その中で、彼は一七四一年にバーミンガムで自身がうけた手厚い歓迎と、二九年後にレスターシャーの村人が示した反応とを対比させている。「村人たちは私が単に見知らぬ人間だというだけの理由で私に犬をけしかけた。私は袋小路に追い込まれ、彼らに人間の心をとり戻させられる知り合いもおらず、粗野な態度を直すよう交渉もできなかったので、彼らは乱暴な態度をとり続けた」のであった[2]。

一方、収入と将来の可能性の両面において拡大する貧富の差は、都市社会をばらばらにし、崩壊させてしまうのではないかという恐れを生じさせた。一七五二年にある人物が述べたように、もし「世界の上半分が下半分の人々のことを知らない」のがまさに事実であるならば、成長する都市の混雑した通りと路地につめ込まれたこの「巨大な人々の群れ」を結びつけていた道徳的絆は、次第に失われていったのだろうか[3]。可変性と柔軟性は、効力を失って慢性的に不安定な状態になるまでに、どの程度浸透していたのだろうか。賞賛に値した向上心は、いったいどの時点で社会の正義と結束を無視する情け容赦のない利己的な態度に代わってしまったのだろうか。言い換えれば、この時代の初期の都市生活を強く印象づけていた「礼儀正しさ」の価値観は、ますます競争を強め商業化していく作業場や市場の世界、すなわち「お金を得ることが……いかに聖職者が反対しようと……人生の中心的な仕事であった」世界とどのように折り合いをつけていたのだろうか[4]。この複雑で遠大な問いから生じた問題のいくつかを続く三つの章で検証する。

社会的な序列

ジョージ王朝期の都市で発達し、商業化された柔軟な社会システムは、当時の人々が社会的な序列自体を概念化し、記述する方法に重要な変化をもたらすなど、広範囲に及ぶ多くの結果をもたらした。しかしこの中には、ヒエラルキーや優位性に関する伝統的な原理を全面的に拒否する態度が含まれているわけではなかった。逆に、地位によって人々を分け離すことを意味する「社会空間」の概念が、この時代の都市文化の中心的で明確な特徴のひとつであると主張された[5]。多元主義と流動性が都市社会を特徴づけていたにもかかわらず、十八世紀の都市住民は位階と地位の区別に敏感に反応したが、それは大多数の貧民労働者から社会的エリートを区別する明らかな富の不平等を彼らが敏感に意識していたということであった。あらゆる公的な場が厳しい年功序列と地位のルールに則っていた。すなわち地方自治体やギルド、クラブとソサエティ、華やかなアセンブリ、敬虔な集会などあらゆる場面で行進し、祝宴を行ない、ダンスを催し、酒を振る舞い、祈ったのは、共同体の伝統的価値を体現するためであった。

これらの都市の人々の中に見られるヒエラルキーと、世襲に基づいて「位階が決まるという固定的で変化のない一見してわかるルール」に従っている伝統的で社会的な序列との根本的な違いは、都市民が都市経済の中でより大きな上昇の可能性（それどころか下降も）があることを自覚していた点である[6]。確かに、ジョージ王朝期の都市では住民に完全に平等な機会が提供されることはなかった。たとえば、女性の公的な地位は、いまだ基本的には世帯の男性家長に従属することによって決定され、定義されていた。商売をはじめるか、あるいは専門職として開業するには、かなりの初期投資が必要とされたために、正真正銘「お

金持ちになった貧乏人」の話は、この高度に流動的な時代においても驚くほどまれであった。成功した企業家は通常、裕福な家庭の二代目か三代目であり、彼らの先祖が苦労してかき集めた財政的、社会的、文化的資本の助けを借りて幸運をものにしていた。しかしながら、そのような一族が、彼ら自身の事業や能力によって大きな財を築くことができたという事実がまさに、代々受け継がれてきた不変の特権に基づいた社会的ヒエラルキーの信頼性を必然的に浸食することになった。ペネロピ・コーフィールドが示したように、一七七〇年代までに、固定的な「位階」(ranks)や「順位点」(stations)といった言葉よりも「階層」(classes)という言葉で社会的な序列を議論することが一般的になった。この言語的、概念的な変化はジョージ王朝期のイギリス中の都市で加速していた社会変動を反映していたのである(7)。

しかしながら、これらの新しい社会階層の境界線を定義することはきわめて難しく、もっとも抽象的な言葉以外では表現しにくい。生まれや肩書きによって与えられた固定的で公に認められた区分をこえて地位の分類を行なうことは、可変的で基準もあいまいなヒエラルキーの中に個々人が自らと仲間の市民を位置づけることであり、当然のことながら複雑な社会的交渉が必要だった。一八二四年にニューアークのロバート・ピートは三〇〇〇ポンドもの財産目録を遺言書に書き残した「労働者」であったが、いったい歴史家は彼をどの階層に入れるべきだろうか。彼の隣人は、ピートの肉体労働者としての仕事が示唆する社会的、文化的不利益と対極にある物質的豊かさを見て、どのように納得してつき合っていたのだろうか。もちろん、その理由の多くは歴史家がまったく気づかない要因によっていただろう。都市社会における細かい地位の格付けは、それぞれの世帯収入の大きさや主要な収入源だけではなく、ジェンダー、家庭環境と家族のつながり、教育経験、社会的地位、政治的立場、宗教、振る舞いなどの多様な要因に基づいていた。

ジョージ王朝期にゆっくりと発展した都市の多くでは、比較的小さな安定した共同体が特徴であり、こうした複合的な指標は比較的容易に捉えられた。大きめの都市でさえ、住民の書簡や日記を読むと、書き手の交際範囲内ではあったが、あらゆる人間の個人的事情に関し、ほとんど百科事典といってよいほどの情報を得ることができる。しかしそこには常に不確かさやあいまいさが含まれており、多くの人々が日常的に「見知らぬ人」（たいていが旅行者か新たにやってきた移住者）と接触していたような都市では、そうした不確かさやあいまいさはもっとも鋭く知覚されていただろう。こうした状況において、人は身なりやアクセント、振る舞いによってとっさに判断しなければならなかった。これらの指標は通常、「ぼろ服」や「革のエプロン」を身にまとう下層の人々を、彼ら以上に着飾ることのできた上層の人々から区別するものであり、社会的な序列の細かい階梯を識別する際のきわめて簡単な判断方法であった。活発な古着市場の存在は、既成服が手に入れやすくなったことと合わせて、社会的エリートに属さない人々であってもきちんとした身なりをととのえられることを意味した。その結果、服装や体裁だけを見て判断することはできなくなった。実際、イギリスを訪れた外国人旅行者はしばしば「もっとも下層の人々」でさえこぎれいさや清潔の点で高い水準を保っていたと書き綴っている。とはいえ、「ぼろ服の下に清潔なシャツを着ていない乞食はほとんどいなかった」という主張は幾分誇張しすぎかもしれない[8]。

この社会的分類の難しさが「ジェンティリティの低下」を引き起こしたことは間違いなく、そのことは保守的な著述家から大いに注目された。都市住民は、日々の生活の中で丁寧な態度をとり礼儀正しく振る舞うよう迫られており、特に見知らぬ人に最大限の敬意をもって接することが求められた。一七八〇年のロンドンの住民には、いくつかの基本的な「この人口過密な都市における立ち居振る舞いの基準」があり、それを受け入れない限り、首都での生活の緊張と重圧に耐えられないことに気づいていた[9]。都市の商店、

酒場、市場に来るすべてのよそ者が顧客になる可能性をもっていたので、商売上の打算もこうした変化を促す要因となった。積極的に接客して顧客の気を惹く必要があったので、彼らが地位の高い者のふりをしているのをそのまま受け入れなければならなかった。その結果、礼儀正しさは全般的に引き上げられ、しばしば行き過ぎの得意げなばか丁寧さが横行し、当時の批評家を嘆かせることになった。「マダムという称号がとてもありふれたものになっている」、「食堂に入ると酒場の店主に「マダム」と呼ばれるに違いない。そして日曜日には、女性の使用人が彼女のもつ最高の洋服を着て出かけ、町はマダムであふれるだろう」と風刺された(10)。

しかしながら、このことが示しているように、偶然出会った見知らぬ人の地位を相対的に高く見すぎると恥ずかしい思いをすることにもなり、社会的な序列のあいまいな都市社会を生きていくためにはいまだ繊細で慎重な判断が要求された。同時に、呼びかける際にはより高い称号や敬称がもとめられるようになり、社会的従属関係や服従を示すその他の目に見える印の多くは軽視されるようになった。「目下の者」が帽子を脱いで「目上の者」への敬意を示す伝統的で手の込んだ「帽子の挨拶」は、見知らぬ者同士の挨拶としては帽子にそっと手を添えるか、もしくはかるく会釈することで十分だと考えられ、次第に簡略化された。深く頭を下げるお辞儀や女性特有のひざを屈して体をかがめる会釈、あるいは前髪をひく媚びるような仕草は、田舎風で洗練さを欠くものとみなされた。加えて伝統的な社会的従属関係を示すような印は、イギリスの立憲的な統治の伝統とは異質の奴隷的な従属関係を想像させることもあった。一七三八年には、ニューカッスルのキールメンは地方自治体に、彼らが「ユダヤ人、トルコ人、無神論者でさえも身震いする非道」な扱いをされていると不満を申し立て、石炭業においては被雇用者と同様、雇用者も労働条件を定めた年季契約を結ぶべきだと請願した(11)。彼らの要求の急進的な言い回しが批判された際、代弁者

のひとりは、自分たちの要求を社会的エリートが政治的な議論の中で使用した言葉遣いと照らし合わせ、彼らの主張をそうしたエリートによる社会的議論の伝統の中に位置づけた。

このタインサイドの労働者に見られる自信満々な様子は、機転が利き、独立心が高く、おそらく目上の者たちに当然払うべき敬意を大したものとも思わない、という都市の労働者層に対する当時の一般的なイメージを具体的に示している。雇用主の中には、いちじるしく不安定な都市環境で生まれ育った使用人から「横柄」で敬意のかけらも感じられない態度をとられた者もいた。彼らは人通りの激しい通りでどんな失礼な態度に遭遇しようと、自宅では使用人に素直さと恭順以上をもとめる努力をしなかった。ソーム・ジェニンズ*は「われわれには最底辺の者たちを雇う義務がある」と述べ、「彼らをわれわれに仕えるのにふさわしい上品な人間にうまく変えなくてはならない」と説明したが、この戦略は、必然的に使用人という立場からは本来切り離せない奴隷的な精神と雇用主への従属関係を使用人に拒否させるようしむけることになった[12]。

＊　ソーム・ジェニンズ（一七〇四―一七八七）：ロンドン出身の著作家。父は勲爵士であったロジャー・ジェニンズ卿、母は准男爵ピーター・ソーム卿の娘。

下層の人々が従順であるべきだとする基本原理をむしばむ都市環境の影響は、マクルズフィールドに住む失業した元絹織物労働者による「われわれを見張るために送り込まれた物乞いのせいで職を奪われ、その結果、このごろはジェントルマンのように鼻をかむことすらできない！」という怒りのコメントからも見てとれる。彼が友達と競馬に行くために貧民監督官が与えた肉体労働を放棄した事実は、地方紙で激しく批判され、間違いなく人々の怒りを買った。この人物は明らかに自らの地位以上のものを熱望していた[13]。

したがってこの時期の都市社会は、経済的変化に促され、その過程で生じた多くの軋轢によって形づく

られた、不確かであるとともに躍動的な社会であった。ヒエラルキーの原理をいまだ重視していることや、細かな地位区分に細心の注意を払うことに社会関係が左右された一方で、都市内部における社会的地位の交替の基準は、絶えず見直しを迫られた。というのも、社会的流動性が大きくなり、いっそう繁栄するにつれて、富の不平等を拡大させ、それが新しい社会区分を生み出していたからであった。

　こうしたパターンもまた地方の状況に応じて少しずつ異なっていたが、その違いは重要であった。前の諸章で概観した機能的、職業的多様性と結びついた全国的、地方的な差異は、ジョージ王朝期の都市内部の社会的発展と経験に深い影響を与えていた。一七九〇年代以降のスコットランドの徴税記録は、ダムフリーズやモントローズのような小さな州都市やエディンバラの社会構成が、グラスゴーやアバディーン、ダンディーのような商業や産業が盛んな都市とはかなり異なっていたことを示している。当時の人々は、確かに、後者の都市において「よき友人」を見つけることは期待できないと当然のことのように思っていた。バーミンガムの最初の歴史家ハットンは、「多くのすばらしい財産が鉄床から鋳造された」という事実に誇りをもってはいたが、「バーミンガムの煙は発展の吉兆であるとはいえ、町の成熟にはよいものではなかった。ここでは一文無しの者だけではなく、ジェントルマンたちもいたが、仕事が終われば立ち去ってしまう」と残念がった。対照的に、チェスターのような洗練された「地方の中心都市」は裕福な住民に「洗練された社会の楽しみを小出しに」与えた一方で、「製造業都市と比べて最下層の人々の割合が相当低い」ことをそれとなく自慢していた。[14]

社会構成と経験

ジョージ王朝期の大多数の都市では、広大な土地所有を特徴とする上流の人々が主導的な社会的役割をいまだもち続けていた。貴族や地主は、都市活動に参加し続けるために近郊の農村に邸宅を構え、都市のチャリティーを支援し、都市のインフラの整備に出資した。オックスフォード伯爵夫人は一七五二年にマンスフィールドの新しい市庁舎の建設に金銭的援助を行なった。また、ノーサンバーランド公爵は一七七四年にニューカッスルのアセンブリ・ルームを新設する寄付者のリストに名を連ねているが、寄付者の大多数が二五ポンドしか払わなかったのにもかかわらず、彼は四〇〇ポンドもの寄付を行なった。特に地方都市では、催し物の成否は何人の貴族が、それもどのくらい高位の者が参加したかで判断され、そのリストは新聞に掲載された。その一方で、貴族は都市民の繊細な感情を損なわないように、自分よりも下の者とは混ざれないといった高慢な態度を示さないように気遣った。

しかしながら、こうした「都市と農村の両方で生活するジェントリ」は、都市在住の上層市民である都市エリートと社会的地位の高さを分け合っていた。都市エリートには、都市に自宅をもち定住する小地主だけではなく、商工業や専門職で富を得たのち引退して余生を楽しんでいる裕福な男女も含まれていた。たとえばアンガスのクーパーという町は、「若くして軍隊に入った陸軍将校が余生を過ごす場所」として特に人気があったといわれている[15]。これらの「都市ジェントリ」の中には、未亡人や未婚のジェントルウーマンも多く含まれていた。プレストンとエディンバラのニュー・タウンは、身分相応の夫を得るのに十分な結婚持参金を家族が用意できなかったか、あるいはそうせずに、居心地のよい空間を都市社会の

中に見出した「オールド・ミス」があふれていたことで有名であった。彼女たちは、たいてい「月並みな収入」しかもたなかったが、とりわけ土地や政府の債権への投資に頼って暮らしていたという理由で、有閑エリートの仲間入りをするには十分であった。

この都市有閑エリートの規模はかなり小さなものであった。バースやブライトン、ウェイマス、テンビーなど、保養と余暇に特化したリゾート都市においてはかなりの集中が見られたけれども、ロンドンやエディンバラ、そして洗練された州都市でさえも人口の三―四パーセントに満たない程度であったと思われる。しかしながら、急速に発展した商業都市においては、主導的な商人や専門職の家族が富を蓄積し余暇を楽しむようになるにつれ、上流層という地位の明確な定義は困難になった。当時の社会的ヒエラルキーを支配していた慣例を厳格に解釈すると、収入の大部分を商業活動や専門職の仕事によって得ていた彼らは、ほとんどの場合、その定義から除外された。しかしハルの「バルト海貿易の男爵」、グラスゴーの「タバコ貴族」、リヴァプールの「西インド貿易のプリンス」、リーズの「ジェントルマン商人」などによって蓄積された莫大な富は、必然的に彼らに大きな社会的威信を与えることになった。デフォーが指摘したように、資産を大きく減らすことなく「もっとも優れたジェントルマンとして輝き、あるいは……帝国の貴族のように贅沢で豪華に暮らす」一族を客観的な尺度で上流層から排除することは難しかった[16]。彼らはしばしば地方のジェントリの子弟と同じグラマー・スクールや寄宿学校で教育をうけ、同じ教会やアセンブリに出席し、同じ読書クラブや尚古協会、酒宴や賭博のクラブに所属した。さらに同じ建築家やペンキ職人を雇い、同じ保養地やリゾートに出かけ、娘たちを同じ上品な寄宿学校で学ばせ、息子たちをグランド・ツアーに送り出した。実際、都市エリートはすべて、積極的に、そして競争的に富を求め、営利を追求する態度を等しくもっていたように思われる。一七二七年にロンドンを訪れたスイス人旅行者は、

「〔イギリスの女性たちに〕彼女らが知らない誰かについて話すやいなや、最初に質問されたのが「彼はお金持ちなの？」であった」ことに深く失望した。一方、一七五八年にニューカッスルで報告されたのは、「この州のすべてのジェントルマンは、最低から最高ランクの人にいたるまで、利益の追求に対して商売人と同じくらい熱心である」ことであった。[17] ロバート・スミス*は依然としてハルのウィルバーフォース・スミス商会の活動的なパートナーだったにもかかわらず、一七九六年にカリントン男爵として貴族にまで上りつめたが、彼の生涯は地主エリートと商業エリートの間や、「真」のジェントリと「擬似ジェントリ」との間の明白な区別が次第になくなってきたことを強く印象づけることになった。[18]

＊ ロバート・スミス（一七五二―一八三八）：初代カリントン男爵。一七七九年、亡き兄に代わりノッティンガム選出の庶民院議員となり、五期当選を果たす。一七九六年、小ピットと懇意になり、一七九六年にアイルランドの貴族としてカリントン男爵家を、翌年にはイングランドの貴族としてノッティンガムにカリントン男爵家を興した。

しかしながら、都市エリートとしての地位を高めた富裕な貿易商人や銀行家、有名な医者、高額な弁護士費用を要求できる弁護士たちはまた同時に、都市経済の中枢であった、堅実だが必ずしも裕福でない専門職、商工業者、商店主、親方といった幅広い「ミドリング・ソート」と強固な関係を維持していた。中間層がジョージ王朝期イギリスのあらゆる都市で重要性を高め、数の上でも次第に増加していたことは広く受け入れられるようになったが、その一方で、もっとも一般的な意味、すなわち「労働貧民」より上で地主貴族よりも下にいるすべての人を含むという意味以外に中間層の構成員を明瞭に定義するのは非常に難しい。より正確さを期すために、歴史家の多くは社会の中間に位置する人々を支出によって定義してきたダニエル・デフォーやジョセフ・マッシー*のような同時代の観察者の事例にならってきた一方で、社会の中で彼らの上と下にいる者たちを区分する際には、収入によって区別することもあった。ポール・ラン

グフォードによると、「つまるところ、中間層は……物をどれだけ所有していたかによって定義される」ということになるが、こうした分析方法は都市経済が拡大するにつれて中間所得層によって蓄積された消費財のまさに量と質にかかっていた(19)。十七世紀後半には都市の大多数の家庭では少しの家具しか揃えられていなかったが、次第に家庭を快適にするだけではなく、社会的誇示の意味から家具を揃えることが熱心に行なわれるようになり、あっという間に魅力的な製品で家を満たすことになった。一七八三年に亡くなったマンスフィールドの帽子屋兼紳士服飾品商人であったジョン・クレイの遺産目録によると、凝った家具付きの家には天蓋付きベッド、深紅色のダマスク織カーテン、マホガニー材のトランプ台とティー・テーブル、フレームに彫刻を施した鏡、装飾用の銀食器が完備されていた。

＊ ジョセフ・マッシー（?―一七八四）：商業や財政に関する著作家。十六―十七世紀の経済に関する深い知識を元に、十八世紀の経済問題を鋭く分析した。

中間層がこの種の快適なライフスタイルを維持するには、十八世紀にはじめには数百ポンドの貯蓄に加えて、少なくとも年五〇ポンドの収入を最低限必要としたが、一七九〇年代以降になると物価の上昇と戦時中の課税によってその額は急速に上昇したと一般的にいわれている。この基準に基づいて計算すると、ミドリング・ソートは都市の成人人口の二〇パーセントあまりを占めていたことになる。スコットランドでは、ミドリング・ソートは一七五〇年の都市人口の一〇―一五パーセントを占め、一八三一年には二〇―二五パーセントに上昇したと推計されている。その一方で、一七九八年のロンドンでは一七―二〇パーセントの間を推移していた。そうしたすべての推計が職業から中間層を定義することを好んだ歴史家の導き出した数値と驚くほど近いのは心強い。職業から中間層を定義することは、「すべての人々が小生産者世帯を中心に仕事と家庭生活を営んで」おり、その世帯は妻と娘が重要な役割を果たす自営の商工業世帯

であった、という理由からシャニ・ドクルーズが正当化したことでもあった[20]。

収入と独立性という中間層の地位に関わる二つの資格は、ミドリング・ソートを「下層」や「勤労者」、「労働」諸階層として分類される都市人口の七〇—七五パーセントにも及ぶ大多数の人々から区別するものであった。しかしながらここでもまた、実際に境界線を引くことは理論ほどたやすくなかった。商業エリートや専門職エリートと、下層中間層の社会的地位や経験との隔たりは、同じ中間層とはいえ、事務員、牧師補、小商店主、生活苦にあえいでいた職人といった不安定な生活を送る下層中間層と、労働者の中でも景気のよい産業でもっとも給料をもらう比較的裕福な熟練労働者との差よりもはるかに大きかった。熟練労働者は雇用主に間違いなく「依存」し、自らの労働を売るために市場経済に頼っていた一方で、卸売業者やサーヴィス産業の繁栄が彼らの購買力に負っていたという意味で、雇用主たちの多くも同様に市場の力に頼っていたといえるだろう。産業上の変化が正真正銘の独立した職人の数を着実に減らし、その代わりに熟練した監督の下に賃金労働者を雇うことを促進した。このことは都市における市場の影響力が貧しい労働者に限られたものではなかったことを示している。

デフォーが「仕事はきついけれどもしかし何の不足も感じていない労働者」、「厳しい状況で暮らす貧民」、「実際に困窮し、欠乏にあえいでいるみじめな者たち」を区別して理解していたように、労働者は都市社会の裕福で地位の高い者よりもはるかに数が多いだけではなく、雑多な者たちで構成されていた[21]。デフォーが「豊かな貧民」と評した者は、比較的高い生活水準を維持し、この時期のますます高まる快適さと安定性を特徴とする中間層の消費を限られた範囲ではあったが享受できた。歴史家は、その中でも十七世紀の後半に都市の労働者の中に、陶器の皿や真鍮の料理鍋からニットのストッキングやリネンのシーツにいたるまで、消費財すべての領域にわたって重要な新しい市場が出現したと主張してきた。彼らは、十

八世紀初頭におけるロンドンのミドリング・ソートの典型的な持ち物だった留め金、ボタン、帽子、かつら、リボン、レース、その他の装身具に加えて、三つ揃えの服をもつ余裕まではなかったかもしれない。しかし、彼らは飾りのないシャツ、スリップ、下着をたくさんもっており、きちんとした一揃いの「晴れ着」を手に入れることは確かに可能であった。日常の食事もまた、質的にも多様性の上でも向上し、砂糖や紅茶、ドライフルーツといった輸入贅沢品が、国内産の肉、バター、チーズとともに都市の商店や市場に並んだ。たとえば、紅茶を飲む習慣は一六九〇年代にロンドンの中間層の間に広がり、一七四〇年代までに一般にも普及したが、ノッティンガムの労働者層の女性は、贅沢にもバターが塗られた温かい白パンに加えて紅茶を「まともな朝食」に欠くことができないものとみなしていた。(22) 一八二〇年代までに、ノッティンガム郊外のニュー・ラドフォードとニュー・バスフォードの裕福なレース職人たちは、丈夫なレンガ造りの家に、マホガニー材の箪笥とテーブル、姿見、額縁のある木版画、ふさ飾りのある平織りのカーテンを備えつけていたが、いずれも五〇年前に中間層が残した財産目録の内容に匹敵していた。

しかしながら、これらの裕福な少数派の経験ばかりに気をとられ、彼らの栄華が不安定なものであったことを過小評価してはならない。ノッティンガムのレース職人が、一八二〇年代半ばの貿易ブームの中で例外的に非常に高い賃金をもらっていた一方で、同じ都市の靴下編工が長期化する不況の中でみじめで痛々しい状況に陥っていたことは、労働者層の経験の多様性と市場の力に対する彼らの脆弱性の両方を示すものであった。一七七〇年代のブリストルの職業構成に関する研究は、人口の六五パーセントまでが実際にあるいは潜在的に貧困の中で生活していたことを示唆している。というのも彼らは苦境を和らげる貯蓄の手段を欠いていたために、つるつるとした斜面を滑り落ちるかのようにあまりにも簡単に極貧状態に陥った。したがって、彼らは危機に陥いると、生き残るために家や服を全部売り払って身ひとつになって

しまうような絶望的な状態になる前に、家族総出で支出を徹底的に抑え、より安い住居に移り住み、彼らがもつもっとも大事なものを質に入れることによって危機を回避しようとした。

女性の雇用が、地位の低い低賃金の職業にかなりの程度集中していたので、女性は都市の貧困層の中で不釣り合いに多くを占めるという特徴を示した。したがって、彼女たちは通常こうむると考えられる以上の困窮に陥ることになった。家事使用人の仕事が、予測のきわめて難しい都市の労働市場の変化から多くの独身女性たちをある程度守っていたことは確かである。しかし、家事使用人でさえ長期の失業から免れることはできず、失業によって貯金を使い果たすと、生きるために街頭に追い立てられることになった。十八世紀末のロンドンやエディンバラ、そしてその他の大商業都市において、社会不安の主要な種として浮上してきたのは売春と貧困であり、絶望の淵にあった女性たちは労働者層の世界で生計を立てようとしたが、しばしば世間から「うす汚い野蛮人」や「畜生」と称された。確かに、そうした者たちの多くは、間違いなく野蛮と表現してもおかしくないような環境の中で暮らしていた。一八四四年にグラスゴーの中心部の「みすぼらしい悲惨な人々の数は……おそらくイギリス国内のどの都市にもひけをとらないであろう」といわれた[23]。しかし、みじめでみすぼらしい生活を送る同様の集団は、もっと規模が小さいとはいえ、あらゆる地方都市で見うけられ、しばしば、表通りの裏にある中庭や狭い路地に隠されていた。ニューアークに住む最底辺の住民の大多数は、一八三〇年代にはクロス・ガン・ヤードに「密集して」住んでおり、そこは通称ボタニー湾と呼ばれ、ある地元住民は、オーストラリアにある「海の向こうの〔流刑〕植民地（ボタニー湾）のように」「イギリス人のくずを収容する場所として使われた」と回想している。したがって、その住民たちがコレラ、腸チフス、天然痘の大流行によって周期的に壊滅的な打撃をうけたことは驚くべきことではない。彼らの都市生活における日々の経験は、ニューアークの裕福な専門職、小売商人、

製造業者のものとはまったく異なっていたに違いないが、依然として富裕層の多くがこの「人間のゴミ箱」から数百ヤード内の場所に住み、仕事をしていたのであった[24]。

「人が大勢集まる場所」

しかしながら、労働者層の暮らしが不安定なものであったとしても、ジョージ王朝期の都市は近隣の農村の住民を魅了し続けた。この時期の都市社会の活力と多様性によって、イギリス中の都市が社交の中心となり、その魅力は影響が及ぶ地域のいたるところで感じられた。行商人が農村地域にも頻繁に訪れ、常設店舗が村にも現れるようになったとはいえ、都市の市場に見られる商品の種類と選択肢の多さが買い物の中心地としての重要性を市場に与えることになった。結果として、もっとも小さな市場町でさえ、常に何百人もの人々を引き寄せた。人々は単に商売を行なうためだけではなく、表通りに面し市場の周りに密集していた数多くの宿屋、酒屋、コーヒーハウスで友人と会い噂話をしにやってきた。当時の書簡や日記には、村人が近隣の小さな都市と親密な関係をもっていたことが記録されている。サセックス州のイースト・ホースリーの村で商店を営んでいたトマス・ターナーは、仕入れや借金の清算、財産処分セールへの参加、診察を受けるために、馬や徒歩で近くの町のルイスにしばしば出かけ、主として『ルイス・ジャーナル』から全国ニュースや国際ニュースを得ていた。彼はしばしば、町に住む友人を訪ねるといってきかない妻と「言い争った」が、その際「商売と家族の利益よりも……［自分自身の］虚栄と楽しみを重視する」妻を非難した。しかしその後、そうした言い争いが引き起こした悪意のある噂話をうち消すために彼自身が町に行かなければならなくなった[25]。

ジョージ王朝期において宗教が大きな力をもっていたこと、そして宗教的な儀式や組織が都市とその後背地とのつながりを強める重要な役割を果たしていたこともまた、思い起こす必要があるだろう。ターナーが最初の結婚式を実際にルイスのオール・セインツ教会であげたということが両者の親密な関係を象徴している。その一方で、イースト・ホースリー村の教区委員であった彼は、定期的に州都市を訪れなければならなかった。十八世紀後半の非国教会派の成長は、宗教のそうした役割を一段と強めることになり、農村に住む立派な人々を礼拝、講演会、信仰復興集会、日曜学校、布教のための協会、聖書協会など、活気のある福音主義的な集団に引き込んだ。したがって何日にもわたる教会音楽祭がますます人気を博したというのは驚くべきことではない。早くに設立され長く続いた事例としては、一七一八年に設立されグロスター、ヘレフォード、ウースターの三都市を巡回した三都市合唱祭があるが、すぐにイギリス全土の地方都市でも同様の催しが行なわれるようになり、それぞれが出席者の数と収益の多さを競い合った。また一七六五年には工業が盛んなランカシャー中の教区からコーラス協会と音楽協会がマンチェスターに集められ、ヘンデル作曲のオラトリオ『メサイア』の壮大な演奏が行なわれた。この大掛かりな企画は近隣のリヴァプールにも広がり、次の年にはリヴァプールでも大規模な北部音楽祭が開催された。(26)

こうした祭典は、多くのフェア、祝典、記念祭の催しのひとつとして行なわれ、州都市と大きな地方都市の年間行事の区切りとなっていた。これら公開の催しは周辺の農村から何千もの旅行者を惹きつけることができた。彼らはみな、「大都市」の姿や音を楽しみ、群衆のひとりとしていつにない興奮を味わおうとしていた。たとえば、一八〇五年の一〇月にアビンドンで開かれた年一回の農業労働者の雇用市には、一八〇一年の国勢調査の住民数四三五六人をはるかにこえる一万人以上が参加したと報告された。伝統的なフェアのもつ商業的な意義は十八世紀の間にかなり低下したけれども、巡業する見世物師、バラッド歌

手、トランプ詐欺師、スリなどすべてが揃った「娯楽性の強い」フェア（toy fair と pleasure fair）に次第に形を変えていくことで全般的な人気は維持された。一七九四年九月にはグロスターのバートン・フェアでは次回の催しとして「驚くべき《野生の》巨大な《ペリカン》」やどう猛なヒョウ、アシカ、「一流の科学者が自然界の生物の中でもっとも奇妙な現象であると認めた……《アルビノ》と呼ばれる二人の驚くべき兄弟」が宣伝された。一八一八年には、催しの特別ゲストとして「《賢い豚のトビー》」が加わった。トビーは伝えられるところでは「王室と貴族の寵愛をうけて」いたが、それにもかかわらずたった一シリングで下品な酔っ払いたちの見せ物にされていた。(27)

社会の上層から見ると、フェアは農村ジェントリが毎年決まった時期に州都市や地方都市を訪れる際に合わせて時折行なわれるものであった。短期ながらも華麗な社交「シーズン」は、夏の巡回裁判官の到着やコルチェスターの聖デニス・フェアのような伝統的な地方の催しに合わせた時期に開催され、上層の人々はそれに参加するために都市を訪れた。地位の高い善良で洗練された人々が集まることで、彼らを迎える都市は商売の機会とともに社会的な威信を与えられたが、これは対抗する諸都市が何ゆえ巡回裁判を開催する特権をめぐって競い合ったのかを説明する重要な理由のひとつであった。そうした機会は長年にわたり、商業に娯楽の要素を混在させた精巧な行事予定を発展させることになった。ジェントルマンは州陪審員となり、彼らの弁護士や財産管理人と会い、政治的、行政的、経済的な集まりや慈善のための集会に出席した。彼らはまた競馬場、闘鶏場、町の主要な宿屋で開催された「食事会」に出席し気軽に仲間と交流した。その一方で、彼らは公式の朝食会、舞踏会、アセンブリ、芝居、コンサートに彼らの妻や娘たちを連れて行き、時間を過ごすこともあった。これらの競馬週間や巡回裁判期は参加したすべての者にとって疲れる――しかし抗しがたい魅力のある――ものであった。ハルの裕福な商人の妻で、オランダ生ま

れのメアリー・ロビンソンのようなまじめな非国教徒でさえ、あわただしい社交界の中で積極的な役割を果たすことを楽しんでいたようで、一七五四年の七月に「ハルの競馬やとても輝かしいアセンブリではたくさんのすばらしい仲間と出会いました」と誇らしげに語っている。(28)

十八世紀の半ばまでに、イングランドでは、ほとんどの地域で社会的行事と活動の精巧なカレンダーが作られたが、そうした行事の多くは都市の施設や商業上のインフラがなければ成功し続けることは困難であった。社会の最上層部では、社会的エリートが、都市の支配層ならではの一定のパターンで行動していた。すなわち道路が最悪の状態になる陰鬱な冬には地元の都市で社会的な行事を支援し、四季裁判、競馬、巡回裁判の時期には、それらに出席するために遠く離れた州都市や地方都市を訪ね、夏には地方のリゾート地に出かけ、社交シーズンになると全国から人が集まるロンドンやバースなどに長期で滞在した。こうした有閑層の活発な移動は、公開行事の主催者が「近隣の他の都市の催しを邪魔しない」よう、各都市の計画を熟知していなければならないことを意味した。一七八一年にマンスフィールドのアセンブリ・ルームの管理人が答えたように、他都市の行事に合わせた「時々の変更は、まさに納得できるものであった」。(29)しかしながら、過酷な労働に従事していた都市の一般大衆もまた活動的であり、仕事を探したり商売を行なうためだけではなく楽しむために近隣の都市を訪ねた。ピーター・クラークが指摘したように、「このますます相互に関係しあう都市世界」は、都市システムを全体として牽引していく助けとなった。(30)

都市ルネサンス？

革新的で大きな影響力をもつピーター・ボーゼイの研究によれば、十七世紀後半から十八世紀初頭にか

けて次第に洗練されていった多くのイングランドの地方都市では、社会的、文化的環境が、質の高い都市化、すなわちその後に続く「産業革命」と同じくらい影響力のあった「都市ルネサンス」の時代を刺激するのにきわめて重大な役割を果たした。この都市復興の外面的な兆候は、第五章で論じる都市景観の物理的変化に表れていた。それだけではなく主として社会の上層部に狙いを定めた新しい余暇活動や娯楽、組織とアメニティの増大を体現しており、都市の社会的、文化的、知的生活を変化させた。[31] 十九世紀初頭までに、ウェールズ中部のブレコンのような小さな州都市では、一六七九年にはちょうど一九〇〇人であった人口が、一八〇一年の国勢調査の時期には二五六七人になっただけのまさにささやかな人口成長しか経験していなかった。しかしそこでさえ複雑な都市特有の生活様式を発展させ、定期的に開催されるアセンブリ、コンサート、個人的なパーティー、たくさんのクラブとソサエティだけではなく、地方の商人やジェントルマンの年会費によって維持されていた劇場での公演、競馬、そして町中での狩猟すらなされていた。[32]

都市文化のこうした成熟は、いうまでもなく地元の農村地主のパトロネジによって促進された。実際、多くの都市の社交行事は、農村のジェントリが暗く危険な田舎道を乗物に乗って安全に自宅に戻ることができるよう満月に合わせて行なわれた。そうした歓迎すべき裕福な旅行者を惹きつけようとする近隣諸都市の競争は、都市当局と企業家にしばしば高額な投資を促した。彼らは都市環境における「生活の快適さと便宜」を高め、大きな宿屋や市庁舎に流行のパブリック・ラウンジをつけ加えて魅力あるものに改造し、また多くの場合、アセンブリ・ルームや劇場のような専用のレジャー施設の建設に投資した。クリストファー・チョークリンが示したように、急成長をとげた都市では、高度に専門化した特定の目的に利用される施設へのニーズは明らかであり、かなりの投資が必要とされた。洗練されたリゾート都市のブライトン

には、一四〇〇人分の座席をもつ新しい劇場があったが、それは一八〇六年に一万二〇〇〇ポンドの建設費を投じて建設された[33]。

しかしながら、新しい都市文化と農村ジェントリとを密接に関連づけて捉えすぎるのは間違いだろう。なぜなら、それは都市の住人が男女とも、礼儀正しさと社交の公的な形式を特別に大事にしていたというその熱意を過小評価することになるからである。この文脈において「礼儀正しさ」はよきマナーや育ちのよさをもはるかに上回る意味をもっていた。それはまた、イングランドの啓蒙の理念と広い意味での文化的同一性を示していた。ダニエル・デフォーが「アセンブリによる新しい交流のあり方」を批判した際にこのことを認識していたように、社交性は単なる楽しみよりももっと広い意味を含意していた[34]。アセンブリが都市のもっとも特徴的な施設のひとつであったことは確かである。個人の招待で参加できるかどうかが決まっていたような私的な舞踏会やパーティーとは違って、都市のアセンブリはチケットを購入するか、あるいは年会費を払うことで参加できるかなり開かれたものだった。その一方で、アセンブリ・ルームで一緒にダンスや会話、カードゲームを楽しむ「同席者」の立ち居振る舞いは、日常生活において彼らを分け隔てていた位階や地位の壁を和らげるために作られたルールに基づいていた。ジェーン・オースティンの小説に登場するダーシー氏が「夕刻の半ば過ぎまではたいへんな賞賛の的であったけれども、彼のマナーが嫌悪感を与え、人気を一気に下落させた」ように、階層の特権を主張して「同席者より上位であること」を示そうとする上流階層の出席者は、「うぬぼれの強いうっとうしい」者として非難された[35]。

都市の余暇と贅沢の拡大は、時おり訪れる旅行者であろうと元々の住人であろうと、裕福な女性にとって明らかに特別な重要性をもっていた。農村での女性の生活が、女性のかよわさと行儀のよさをもとめる昔ながらの期待によって次第に窮屈なものになっていったのに対して、都市は「女性の領域」とみなされ

ており、女性が自由に隠れることもなく、ほとんどの場所で付き添いなしに歩くことができた。とはいえ彼女たちが日没後に同伴者もなしで危険を冒して出かけることは一般的ではなかった。ジョン・ペンローズのような信心深い農村の聖職者でさえ、一七六六年にバースを訪れた際、彼の二〇歳になる娘が椅子駕籠に乗りひとりでアセンブリに行くのを何のためらいもなく許可した。ロンドン在住の教師の妻であるベティ・ラムズデンは機会があるごとに町に出かけたが、常にひとりかあるいはもっぱら女性の同行者と一緒であった。前述のトマス・ターナーと違って、彼女の「よき人」は自宅に残って子どもの世話をすることに憤慨していたようには思えなかった。その間、ベティは家事を放棄してヴォクスホール・ガーデンズやラネラ・ガーデンズに出かけ、アセンブリ、公開裁判、劇場公演に行ったり、あるいは友人宅を訪れてカードゲームに興じ、くつろぎながら噂話を楽しんだりした。(36) リヴァプールの貿易商人の娘は一七四八年に一〇週間にわたるロンドン滞在中に、さらに多くの予定をつめ込みたくさんの催しをとても忙しくはしごしてまわり、なんと笑劇に一回、コンサートに二回、仮面舞踏会に二回、オラトリオに三回、大夜会に三回、夕食会に四回、演劇に八回、茶会に二一回出かけ、さらにヴォクスホール・ガーデンズとラネラ・ガーデンズを九回訪れた。

洗練された楽しみを与えるロンドン、バース、エディンバラといった都市は明らかに例外的なものだった。しかしながら、小都市でさえも、女性は農村で体験できるよりもずっと広い範囲で、恥ずかしくない職業につき、娯楽を楽しみ、仲間たちと戯れる機会をもっていた。たとえば、娯楽としての買い物――主要な余暇活動としての買い物――が十分な発達をみたのもこの時代であり、流行の店は「金ぴかなすばらしい劇場」に生まれ変わり、「三、四時間はどんな婦人でも楽しく過ごせる心地よい娯楽」を提供した。(37) その一方で、こうした裕福な女性たちは都市社会の中で完全な機会の平等を享受するにはほど遠く、都市

社会では多くの外国人旅行者が驚くほどジェンダーによって分けられていた。女性は多くの男性が果たす公的、私的機能からことごとく締め出されており、とりわけジョージ王朝期の社会を特徴づける組織のひとつである、激増していたクラブとソサエティから排除されていた。アセンブリのような表向き「男女混合の」行事においてさえしばしば、「人類の長」たる男性がトランプ用の部屋に引きこもるか、あるいは部屋の真ん中で会話に興じている間、女性だけで放っておかれたことは注目に値する。[38] 洗練された若い女性は、社会的慣習によって同伴者なしに出歩ける場所が制約されていたが、女性が裏通りの不潔さと接触するのを避け、洗練された社会の周辺部にはびこる多くの売春婦から彼女たちを守るという表向きの理由で、十八世紀の後半にその制約がますます厳しくなったことは明らかである。対照的に、都市社会の上層の男性に対して完全に閉じられた都市空間はほとんどなかったのである。

都市の女性がもつ相対的な自由に関するこうした制約は、都市ルネサンスがイギリスの都市社会全体に深い影響を与えていたというボーゼイの自信に満ちた主張とは対立するものである。たとえばアンガス・マッキンズは、新しい形式の文化的活動や余暇があまりにもゆっくりと、そして寄せ集めのような形で普及したことから「ルネサンス」と呼べないのではないかと批判し、特に小都市におけるルネサンスの影響は狭い範囲の少数の社会エリートにせまく限定されていたと主張している。[39] イングランド北部やミッドランドの多くの小都市では、確かにボーゼイが対象外としたまさに一七七〇年代に「ルネサンス」がはじまっていた。しかしその一方でスコットランドとウェールズにおけるその影響は十九世紀はじめまできわめて限られていた。エディンバラは急速に主要な社会的中心地になったけれども、ジョージ王朝期のイギリスでは、短い多忙な「社交シーズン」以外に活気のある社交文化を提供し続けた地方都市はほとんどなかった。一七四九年にロンドンで行なわれたヘンデルの『王宮の花火』の公開リハーサルは、一万二〇〇〇

人以上の観客を集め、朝早くに三時間もの馬車による交通渋滞を引き起こした。ところが、カンタベリーの上流の人々が自宅に帰って寝るために夜の一〇時までに静かに立ち去ったので、流行にのってやってきた旅行者はとても驚いた。実際、一七八五年にある夫婦がリンカーンに住む親戚を訪ねた際に、町の楽団と鳴り響く大聖堂の鐘によって歓迎されたように、小さな州都市に住む裕福な住民はしばしば仲間に飢えていたので、たまに訪問客が来ると有頂天になって歓迎した。以上のことから、歴史家は都市文化がこの時期大きく変化したということに次第に同意しつつあるが、多くの地方都市の社会的、文化的世界は退屈で表面的で貧弱なものとして記述されるのが妥当だろうという認識をも広く共有している。

民衆娯楽

「礼儀正しい」都市社会では、限られた階層以外の勤勉な民衆の日々の暮らしは、もっぱら生計を立てることに重点がおかれて、公的な社会的、文化的活動に割ける時間はほとんどなかった。都市の貧民もほとんどの下層中間層も仕事をすることが中心的な活動であった。当時の人々の中には「仕事に区切りがついたら次の仕事につく前に気晴らしが必要である」という者もいたが、長い一日の労働の中で少しの時間でも店のカウンターや仕事台を放棄することは、ぎりぎりの状態で生活していた男女にとっては、いうまでもなく非現実的なことであった。[40] 比較的安定した高賃金を得られる職業で高い技術をもった者はおそらく、賃金が高いときには普段より短い時間だけ働くことを選び、収入は貯金したり物を購入するのに使うのではなくむしろ余暇に費やしていた。雇用主は繰り返し「このような高賃金が労働者のひどい怠惰や浪費の原因となっている」、彼らが「月曜日と火曜日に働いている姿はめったに見られず、ほとんどの時間

を飲酒や九柱戯［ボウリングのように九本の柱を倒して遊ぶもの］に費やしている」と不満を述べている。この不満は、しばしば他の点では疑ってかかる歴史家にもそのまま受け入れられた。というのも彼らが述べている「余暇を優先させること」は、都市の生活の厳しい現実に対する自然な反応であったからだと思われる。[41]

しかしながら非常に高い賃金を得ていた労働者が、好んで時間やお金を余暇に費やしていたということの言説は注意深く扱う必要がある。というのも、それとは別の明らかに矛盾する主張として、彼らがむしろ贅沢な食料品や上等の消費財に「無駄金をつかう」傾向があったとするものがあり、両者を照らし合わせることが重要だからである。両者の主張は、伝統的な価値観を揺るがしかねない市場のもつ影響力に危機感をいだいていた保守派の強固な懸念を反映しており、どちらの主張も、都市の労働者の実際の行動とはほとんどかけ離れたものであった。マーク・ハリソンはこの時期の都市では仕事の週間スケジュールが明確であり、大都市では間違いなく圧倒的大多数の労働者が、火曜日から土曜日まで朝六時から夕方六時まで働いていたと説得的に論じている。日曜日は宗教的儀式と世俗的娯楽のために休みにされた。都市の職業の中には「聖」月曜日を週末の休日に加えるところもあったが、多くの商店や事業所では月曜日に仕事が始まっていた。また週の労働日数の短縮は高い労働報酬をもらったという理由よりはむしろ不況と不況時の労働時間の短縮という理由から起こった。[42]

一日の労働時間が長いからといって、それがそのまま近代的な職場を特徴づける仕事への熱心な取り組みを意味しているとみなすべきではない。実際、都市の労働者が慎重に彼らのペースで仕事をこなしていたことや、職場が仲間づきあいや社交の重要な場であったことを示す証拠は多い。しかし労働者を対象としていた娯楽のほとんどは、夕方（特に土曜日）、日曜日と月曜日、あるいは告解火曜日、イースター、

精霊降臨祭などの伝統的な公式の休日に開催された。伝統的な形式をとる民衆娯楽の多くは田舎のやり方を基本としており、とりわけイングランド北部の工業都市に広がっていたウェイクの休日がそうであった。とはいえこうした娯楽は都会的なものとみなされるまでに発展しており、その変容はすでに十七世紀初頭のロンドンで十分な展開が認められていた。都市ルネサンスに見られるように、興行主は、劇場公演やサーカス、その他の見せ物から、闘鶏、牛攻め〔囲いの中で犬に雄牛をかみ殺させる見せ物〕、競馬にいたるまで、商業化された娯楽の種類と数を増やすことによって「勤労諸階層」市場の成長に応じていた。たとえば競馬の開催時期は、裕福なエリートと同じように、都市の労働者の中でも大事な年間行事とみなされており、若きウィリアム・ハットンの例にもれず多くの労働者が仕事を休んで競馬に出かけていた(43)。

しかしこの時期の都市の民衆文化に関する記述のほとんどが、事実上、男性の文化についてであり、下層の女性は多くが夫や父親、弟たちよりもいっそう少ない余暇時間しかもっておらず、余暇を楽しむ機会が少なかったことを認識しなければならない。一八一六年に、ある工場主が述べた次のような不満は注目に値する。自由時間になると若い男性労働者はわるさをはじめるが、少女は「弟や妹の面倒を見なければならない。あるいは自宅で働き……縫い物や家事をして母親を助けている」。対照的に少年は、「何もしない」と述べられていた(44)。ほとんどの既婚女性が、「自由」時間の大部分を自分の家の家事をしたり他の女性たちとともに働いて過ごしていたことは明らかである。とはいえ、時々、夫婦でパブに出かけたり、十九世紀初頭のロンドンでは、商工業者の娘や女性使用人がパブでのダンスや劇場で売春婦と一緒になることもあった。立派な女性と「堕落した」女性とを分ける境界線はあいまいであり、当時の道徳主義者の間で懸念を生んでいたと推察されるが、それはまた、女性が男性の社交の場として二番めに重要だったパブから必ずしも排除されているわけではなかったことも意味していた。

パブは確かに、大半の男性にとって仕事でも仕事以外の生活でも必要不可欠なものであり、暖かさと灯、娯楽とともに幅広いサーヴィスや有益なつきあいをも提供していた(45)。とりわけパブは、読書クラブや友愛協会、同業者組合から、スポーツクラブや園芸クラブ、低俗な飲酒クラブにいたるまで驚くべき数の多様なクラブとソサエティ、諸組織の毎月あるいは隔週に開かれる会合の場所となっていた。一七五〇年のロンドンでは、クラブのたぐいに毎晩二万人もの男性が集まっていたといわれている。また一八一二年の庶民院では、バーミンガムに住む工業労働者の圧倒的大多数が最低でもひとつのソサエティに所属していると報告された。ペーズリー織の労働者が、人工交配のナデシコを普及させようと激しい競争文化を展開していたし、ランカシャーの綿織物都市に住む労働者は、より大きくより優れたスグリの実の品種を育てることに熱中していた。〔発明や発見に与えられる〕高い懸賞金とそれに付随して生まれるより高額な賭は、勝ちを収めた者に報償を与えることになり、飲酒、タバコに加えてクラブの集会につきものの要素となったが、これはもっぱら男性のみに許される環境だった。いずれにせよ女性は、男性のクラブ会員となるのに必要とされた時間的余裕も一定の年会費を支払う余裕もまったくなかった。

貧困もまた、大多数の都市貧民の娯楽を制約する主な原因であった。彼らには商業的娯楽にお金を支払う余裕もなかったし、クラブとソサエティの継続的な会員資格を保証する会費を支払い続ける余裕もなかった。けれども都市の公道が、商売の中心地であると同時に、余暇や娯楽の中心地ともなった。音楽家、歌手、曲芸師、ばくち打ち、見せ物や余興、人形師、劇団が、野外や仮設の小屋でも公演し、見物人を惹きつけた一方で、観客は招かれざるスリの一団の関心を惹くことにもなった。祝日と伝統的な祭典も通りで祝われ、ニューアークの「むち打ち」のような伝統的な儀式も行なわれた。むち打ちは告解火曜日に、二、三名の目隠しをした男性が太いむちをもち、警鐘を鳴らしながら右往左往する者たちを打ちすえなが

ら通りを行進するというものであった。一七五〇年に商工業を奨励するために商魂たくましい酒場の主人がはじめたバーミンガムのチャペル祭のような新しく作り出された祭典でさえ、街頭でさまざまな余興が行なわれたし、バーミンガムの場合には街の中心部で競馬が催された。一七八七年以降になると、国教会系の教会や非国教会系の教会もまた、子供たちや若者にも開かれた日曜学校運動を通じて人々が気楽に集う場を提供した。そうした動きが十九世紀初頭には娯楽をいちじるしく拡大させることにもなった。特に、メソディストは祈禱会や慈善のための説教からコンサートや茶会、愛餐会、毎年の催しものにいたるまで一連の印象的な社会的、宗教的行事を組織した[46]。懐疑的な歴史家でさえ、教会によるそのような社会的、文化的行事が民衆に与えた魅力を完全には無視することができなかった。人々は、神を見出すためだけではなく、友人を作り、恋人を見つけるために教会に行った。さらにまた、検閲当局が萌芽期のミュージック・ホールで行なわれる演劇を禁止していた時期に、バーミンガムのパブで歌われたのが讃美歌や聖歌であったことは覚えておく価値があるだろう。

そのような計画的な催しが確かに頻繁に行なわれていたが、通りで盛況に行なわれていた無数の即興ゲームや自然発生的な娯楽には数の上でかなうものではなかった。子どもたちは、身をかがめてビー玉、サイコロ、小石を投げ上げるジャック遊びにうち興じ、通路や狭い路地を塞ぎ、車道にまではみ出して縄跳びやゲームをした。少年たちはまた集団でサッカーをしては歩行者とぶつかり、通行を妨げ、近所の窓ガラスを割った。しかし、一日が終わるころには平穏な娯楽がそこら中で見られた。貧しい住民は夏の夕方には通りにベンチを出して座り、友人と噂話をし、行き交う人々を眺めて楽しんだ。都市住民は多くの野外活動を個人で行なうものであれ集団で行なうものであれ十八世紀には無料で楽しめた。というのも伝統的にゲームや祭典が行なわれていた公共の場を利用できたからである。マンチェスターやグラスゴーのよ

うな急成長している都市でさえ、生えている作物に被害を与えてはいけないという規則はあったが、都市の中心地の近くにまだ残っていた農地を娯楽に利用することも認められていた。コヴェントリーの町を出たところには数百エーカーの空き地があったが、そこは夏の夕方には輪投げ、クリケット、テニスやその他の球技を楽しむ何百人もの男性でいっぱいだった。夏にはまた当然のことではあるが、地元の川や、この時期の後半になると新しく建設された運河で泳ぐことが人々の人気を集めた。一八三三年にはシェフィールドの川が「水位はしばしば低く、水も濁っていて汚く、時々不快になるほどであり、地表もむき出しで……川岸は埃っぽく、草も木もないというのに、泳ぐ人でいっぱいだった」と伝えられている(47)。

この目撃者の鮮明な証言に示されるような都市景観のゆるやかな悪化は、伝統的に民衆娯楽で利用されていた空き地に対する商業的圧力が強められていくのと同時に進行した。もちろん、住宅の発展が公共設備の削減に大きな影響力をもった一方で、農場主の多くは都市の労働者がほんのわずかな時間でも余暇に遊ぶ場所として彼らの土地を使うのを嫌がるようになった。一八二六年の「古代の道を保存するマンチェスター協会」の設立は、商業的圧力によって農村の公共的な利用ができなくなったことや、労働者が「次々に場所を取り上げられ、遊び場をことごとく奪われている」ことに憤りを感じているさまを見て、彼らが危機感を募らせたことを示している。しかし、J・P・ケイ博士の「マンチェスターの労働者は誰も季節の気晴らしを行なわず、娯楽をまったく知らない」という主張は明らかに誇張である(48)。労働者層の娯楽は一七九〇年代と一八三〇年代の金銭的にも時間的にも苦しかった最悪の時期には明らかに低迷したけれども、「娯楽」と「気晴らし」は繁栄期だけではなく、景気の低迷期にも大事にされた。景気が良くなると、民衆の娯楽と休日は盛り返し、人々は大いに楽しみ息抜きをした。しかしながら都市の発展が民衆の余暇に及ぼした圧力の増大は、明らかに都市の最貧困層の住民に、社会的排除という形での脅威を与

えたようである。彼らは「都市ルネサンス」の文化的、物質的利益を共有する時間も購買力もなかったので、都市生活のさらに周縁に追いやられる危険にさらされたのであった。

第五章　景観と環境

広い道路と、長く続く荘厳な市壁、
円形広場は広がり、街路は三日月形に曲がる……、
眺めの頂点にある美しく飾った大邸宅、
黄金色にたなびく農場の間で果樹園が赤くそまっている。

エラズマス・ダーウィン（一七八九）

一七八八年、第一艦隊がオーストラリアに上陸した記念すべき日にダーウィンが書いたこのシドニーの輝かしい将来の姿には、港の「きらきらと光る流れ」の横に都市と農村が共存する最高の理想都市が描かれている(1)。この熱狂的な瞬間、彼は囚人護送という不名誉な任務を忘れていた。そして、本国イギリスの都市の成長がもたらした劣悪な環境、すなわち、経済成長と人口の増加がもたらした、狭い道路、所狭しと建てられた家屋、脂ぎって悪臭を放つ河川といった現実も忘れていた。都市と農村の生活の優劣をめぐる議論では、昔から農村が有利な立場にあるのは疑いがない。ジェーン・オースティンの小説、『マンスフィールド・パーク』（一八一四）に登場する主人公も、ポーツマスの海軍と商業活動が生み出した「狭さ、

騒音……息苦しさ、汚れた空気、異臭」に「自由ですがすがしく、芳香に満ち緑に囲まれた」生活を奪われたと言っている(2)。

迷宮のごとき都市

この時代の都市の成長がもたらした環境問題の多くは住宅密度の高さと関係しており、伝統的な都市中心部にとりわけ顕著に見られた。既存の通りや、横丁、「袋小路」は車輪のついた乗り物がまだ珍しかった時代に作られたものであり、十八世紀の交通事情に十分対応できる幅広いまっすぐな大通りを備えている都市はめったになかった。ノッティンガムには町の南側から中心に向かうホローストーンという大通りがあったが、一七四〇年にはすでに狭すぎて、四輪馬車や荷馬車は一列になって通行しなければならず、追い越しもできなければ、反対方向から来る乗り物と行き交うこともできなかった。さらに町の中心部に来ると、歩行者も乗り物も閉所恐怖症を引き起こしそうな街路にはまりこんだ。そこは薄暗く、時として圧迫感を感じさせる迷宮であり、陽の光も新鮮な空気も届かない場所であった。バーミンガムのモア・ストリートでは、地上だというのにとても暗く、住民は明るい真夏の午後ですら蠟燭を使わなければならなかったといわれている。

さらに歩くという行為が、当時、流行ったレジャーでもあり、同時にもっとも一般的な都市交通の手段であったことは明白である。しかしそれでも歩行者のために特別の配慮〔歩道〕がなされている都市はまれであった(3)。コルチェスターの例では、道路わきに並ぶ杭が大通りを行く「歩行者」の身の安全を最悪の交通事情から守っていた。一方、ロンドンのコヴェント・ガーデンやチェスター、ノッティンガム、タン

ブリッジ・ウェルズでは、商店街の大通りにそってアーケードが延びており、その下を行く歩行者は雑踏や悪天候に悩まされることはなかった。しかし他の場所、とりわけわき道に入ると、歩行者は安全かつ濡れないためには機転が必要であった。通りを横切るには行き交う車と人をよけ、水に濡れる覚悟をするだけでなく、靴の汚れも心配しなければならなかった。ジョージ王朝期の初期には、道路はほとんど舗装されておらず、土地が平板で自然な排水もかなわず、ぬかるみで悪名高い都市もあった。ノッティンガムのセント・ピーターズ教会とリーン川の間の通りは一七四〇年代には「いつも水浸し」だったし、市場のひとつは「町の中心にあるにもかかわらず、水溜まりになっており、……とりわけ夜間に通るのは危険」であり、板材の橋をかける必要があった。[4] また、バースのホース・ストリートやニューカッスルのサンド・ゲートと河岸地区にそった場所など、通りの真ん中にそって流れる小さな水流や小川のせいでさらに状況が悪くなっている都市もあった。最良の道路ですら悪天候の際には泥の海と化し、やわらかい道の表面は通り過ぎる人と車で踏み荒らされた。

歩行者は跳ね上がる泥で服を汚さないように厚手のオーバーコートを着込み、厚底の靴をはいて足元を覆った。女性はしばしばパテントと呼ばれる木製のオーバーシューズをはき、紳士はきちんとした靴をはいて確実に目的地に着くために、道端の靴磨き屋を頼りにしていた。家の所有者はそれぞれ、ドアの外には鉄製の泥かきを、入り口には泥を拭くマットを敷き、玄関から入り込む汚れを懸命に防ごうとした。しかし、それでも毎朝、玄関と床の掃き掃除や拭き掃除を欠かせなかった。乾燥した夏の日も泥が土ぼこりに替わっただけで、彼らに人心地つかせることにはならなかった。土ぼこりは往来の激しい通りに厚くつもり、窓のそばで旋回し、道行く人々の目に入った。こうした事情を反映してか、住民の多くは「窓際にたくさんの植木鉢を所狭しとのせる板」を置いた。ナデシコ、バラ、オレンジ、ギンバイカ、アンゼリカ、

キダチヨモギ、キンモクセイといった甘い香りのする植物が、下の通りから上ってくる悪臭や塵埃を防ぐ役目を果たしていた。(5)

都市を歩く人々の受難については、数々の風刺の中に生き生きと詳細に描かれている。そこには、汚水や排水溝にたまった汚物はいうにおよばず、人や車の雑踏や泥からうける最悪の被害にあわないよう、建物の際の方にいた方がよいといった当時の人の知恵が見出される。雨の日には通りに張り出た軒下を歩くことで高い屋根から流れ落ちる濁流をいくらかは避けることもできた。しかし、その一方で、壁際を歩くと防御柵のない地下室に落ちたり、段差に足をとられる危険を覚悟しなければならなかった。建築規制はなく、家々はてんでばらばらの角度で道路に向かって突き出しており、商工業者はしばしば商売用に陳列台や屋根つきの露店を店として使っていた。たとえば一六九八年に、靴屋の小屋がコリントーン通りの入り口を塞いでしまっていることに対し、エディンバラのワイン商人は「往来の通行を大いに邪魔しているし、宿屋の主人も損害をうけたと苦情を申し立てている」と不満をこぼしていた。(6)

黄昏どきになるとこうした問題はいっそう深刻さを増し、通りは危険な障害物のたまり場となった。歩行者はいろいろな悪臭を放つ生ゴミや排泄物などの生活汚物だけでなく、窃盗や強盗にでくわす不幸にもみまわれた。月の出ていない冬の夜には家の外に蠟燭のランタンを出すよう各世帯に強制し、暗闇にほのかな灯をともそうとした都市政府もあったが、たいていの場合、灯火は弱くまばらにしかランタンは出ておらず、日没後の通りを照らし出すまでにはいたらなかった。(7) 夜間の娯楽は確かに十七世紀、とりわけ一六八〇年代以降のロンドンで急速に発展したが、ほとんどの地方都市では依然として暗くなると、仕事も人の行き来もぴたりと止まってしまった。日中の通りの喧騒も、九時の晩鐘の音とともに終わった。「夜間に徘徊する者」は疑惑の目で見られ、直ちに逮捕される可能性もあった。

成長の衝撃

ジョージ王朝期のイギリスでは都市の発展が加速していた。急成長する地方都市の通りはすでに込み合っていたが、人や車、物の流れが増すにつれさらに窮地に追い込まれ、ロンドンやエディンバラではとっくに日常茶飯事となっていたような危険や不快さに住民はさらされることになった。(8) たとえば大都市では細部に通じた土地勘をもたないと簡単に道に迷ったが、取引や人の移動の規模が大きくなっている新しい世界では、そんな土地勘さえもはや何の保証にもならなかった。従来の都市では道路標識も家の番号も通りの地図も必要なかった。口承文化の社会では、通りに決まった正式な名前がつけられることはまれであり、建物は絵入りの看板で理解されるのが普通であった。商売は、たいてい一箇所にまとまる傾向があったので、狭い市街地にある特定の作業場や倉庫にたどり着くのは比較的容易であった。どうしようもなく迷子になって途方にくれてうろたえる「田舎者」の滑稽な姿は大都市ではお決まりのものであり、そのまぬけぶりがばかにされていた。しかし十八世紀に都市が成長するにつれ、街なかで迷子になる者は無垢な田舎者だけではなくなった。急速に変化する大半の都市では、頭上の絵入りの看板は案内になるどころかむしろ混乱のもとになり、一七六〇年代のロンドンでは絵入りの看板は取り払われている。商売は頻繁に入れ替わり、もはや魚の絵が魚屋を意味し、パンの絵がパン屋を示す保証はなくなったのだ。ごく一部で通りの地図を作る動きがはじまったが、それでさえ商売の変化や市街地の拡大の速さについていけず失敗に終わった。たとえば、ウィリアム・モーガンは一六八二年にロンドンの調査を行なったが、首都の大きさと形が想像できないほど変化したため、その後の六〇年間は、調査が行なわれることはなかった。

もっとも活発な商工業都市では、首都と同じように、物と人の移動の不便さが都市のさらなる発展を妨げることになった。人口が増加するということは、より多くの人々が狭い道を利用するということである。にもかかわらず、突き出た建物の張り出しは流行の平べったいファサード〔建物の正面部分〕や近代的な店の入り口を作るためのレンガで塞がれ、逆に道そのものを狭くしてしまった。ウィリアム・ハットンは、バーミンガムのその種の障害物が「現在の人口五万人のたった十分の一しかいなかったときよりも、八―一〇フィートは道路を狭くしている」と不満を述べている。(9)また市街地が拡大するにつれ、商工業地区と住宅地区の往復によって住民が通りを利用する頻度が増え、移動距離も延びざるを得なかった。似たようなことは国内の移動距離と範囲の関係にも見られ、公共交通および私的な往来の両方に対する需要が高まった。それまでは首都やファッショナブルなリゾート地でしか見られなかったひとり乗り駕籠や個人用の四輪馬車、貸し馬車といったものが、地方都市でもたくさん見られるようになった。たとえばヨークでは、一七二〇年代後半に新しいアセンブリ・ルームを建設することで馬車の増加が予想されたが、その収容のためには周辺の道幅を広げなければならなかったし、一七七〇年代までにはバーミンガムでさえ、列になって並ぶ貸し馬車を所有するまでになっていた。ロンドンの大通りには馬車がぎっしりと並び、家屋の数よりも馬車の方が多く見られるほどであった。またロンドンやバースでは、公共交通はすでに認可制をとっており、悪徳業者から旅行者を守るために料金を決めていた。

それでも旅客による交通量の増大は、商売、とりわけ成長する都市に必要とされた農作物を運搬するために激増した交通量に比較すると、まだ小さいものであった。あらゆる形や大きさの荷馬車に加え、家畜の群れもさまざまな種類の物を積み、かつてないほどの規模で都市の中に流れ込んだ。一度に一台通るのがやっとの広さしかない道路では、群衆を押し分けて通る運転手と歩行者の言い争いが激しくなり、時に

『ミゼリーズ・オブ・ロンドン―都市交通―』
（トマス・ローランドソン，1807年.）

は暴力をともなう衝突が引き起こされた。農村から来た旅行者は、夜明けに勃発した騒動が夜までゆうに続くのを目の当たりにして驚愕と恐怖の間におかれた。また、こうした状況に都市民が長い間さらされた結果、感覚が鈍くなり喧騒に頓着しなくなったことにも驚いた。

とりわけ市の立つ日にはあちこちで商いが見られ、人と車の往来が洪水のように都心部を飲み込んだ。市当局は車と動物の移動を規制することが難しいことに気づき始めた。通りをぎっしりと塞ぐ荷馬車や荷馬、羊や牛は買い物客の通行妨害になり、怪我人を出すこともあった。急速に発展する都市では伝統的な市場がその発展の速さについていけなかったようであり、寄せられる苦情も増加していた。市場があった町の中心部は、町はずれの新しく発展した地区の住民には不便であった(10)。さらに、市日の混雑や喧騒、そしてとりわけ市場の不快な光景や周囲に漂う悪臭は、大通りにそって建ち並ぶ洒落た近代的な店舗や家の魅力も台無しにした。ハーフォードシャーのレドベリーのような小さい町でさえ、肉屋の商売が気分を悪くさせるという苦情が増え、一八〇〇年までには市場での家畜の屠殺や皮をはぐ光景、とりわけ乾かすために家畜の皮を小屋の柵に吊り下げる光景に人々は不快感を顕わにした(11)。

都市の成長の圧力が公害を激増させるにつれ、状況の悪化に関連する苦情も増加した。重工業は常に有害で見苦しい廃棄物を生み出してきた。デフォーはシェフィールドの製鉄所やタインマスの製塩所から立ちのぼる煙が環境に与える衝撃を認識しているし、アベリストゥイスについては「非常に汚い、真っ黒で、煙にくすんだ町」であり、人々は「まるでいつでも炭鉱や鉛鉱山に住んでいるかに見える」と書いている(12)。十八世紀が進むにつれ、産業の集中や強化もまた衝撃の度合いを強めた。マンチェスターから数マイル下ったところにあるアーウェル川は、一七九〇年代にすでに川の土手沿いで創業する［マンチェスターの］染色業者が排出する化学物質によって汚染されていた。またロバート・サウジーはバーミンガムの通

りにうずまく汚物が「大気に充満していたるところに広がり、あらゆるものに染みや汚れをつけ、眼や鼻に入り込んでいるとして、それを災いの根源そのもの」とはっきりとみなしていた。[13] グラスゴーのような多くの繊維工業都市では、一七九二年以降に激増した蒸気機械が都市の汚れを引き起こす最大の要因であった。

しかし急速な工業化とは縁遠い都市に広がってきた環境の悪化も過小評価できない。小さい市場町や洒落た住宅地区でさえ、開け放された店や工場から出る騒音や臭いが、増大する人や家畜が出す音や臭いやゴミと一緒になって狭い通り中に行き渡った。石炭を動力とするものが増えると、通りやその利用者も、石炭の運搬や灰を捨てに行く荷車から落ちる粉塵で覆われたのである。何千という家庭用暖炉から出る煙は空をくもらせ建物を黒くした。ロンドンでは真夏の晴天の日でさえ、人も植物も「……都市の上空を舞う大量の厚い煙」のせいで「窒息寸前」であった。[14] 人が増えると「排泄物」を運ぶ荷車も多くなる。真夜中に汚水溜めや野外トイレを空にするために巡回する荷車は、中身をぼとぼと通りにこぼした。馬車が増えると、道路わきに堆積する馬糞の量も増えた。動物の排泄物だけでなく、家庭のゴミも道路に気軽に捨てられるのはいつものことであった。ロンドンの主要な商業通りのひとつ、チープサイドでは、一八三四年になっても排泄物を「悪臭を放つ肥溜めにためておき、夜になると住民が中身を汲み出し、蓋のない水路に放り込んでいる」と報告されている。[15] 大通りからはずれた中庭や路地の状況は、当時のゆるい基準からみても、厳しい非難の対象となった。「レスペクタブルな」歩行者は用を足すために人目のつかない場所にひっこむよう助言されたが、このように彼らが、隠れもせず用を足す大勢の都市住民との間に一線を引いたことは注目に値する。

当時の人々の反応

「ビジネスと商工業が盛んな都市には、ジェントルマンを定住させる魅力がほとんどない」と昔からよくいわれる。実際、商工業の営みにつきものの騒音や汚さ、混雑といったものはとても不快であり、かつて繁栄を極めたコルチェスターの繊維工業が一七一五年から数十年で衰退したとき、それをむしろ歓迎する裕福な住民もいたほどである(16)。都市生活で大きな売り物の「洗練さ」と排泄物の山は相容れないものであっただろう。しかし、だからといって発展をとげる都市から完全に逃げ出したという証拠は見当たらない。煙や都市生活の混沌を解消しようとした住民もいたが、不思議なことに、現代人の目からするとほとんど耐えられそうもない状況を気にもとめない者もいたのだ。たとえば、ノッティンガムのかつての「ガーデンシティ」にある立派な住宅は、今や工場や倉庫、靴下編み工の小屋など雑多なものに取り巻かれていたし、メソジスト教会の窓はきわめて好奇心の強い居住者の目を避けるために一部を板張りにしなければならなかったのはいうまでもなかった。しかしそうした状況にもかかわらず、一八一五年の時点ではまだ「町の中心にある魅力的で牧歌的な場所」と描かれている(17)。世紀転換期のリーズでは、人々は工場の排煙や地区を圧倒する背中合わせに接した集合住宅を気にもとめず、セント・ピーターズ広場とパーク広場にある、流行の先端をいく古典スタイルのファサードを備えた新築のテラス・ハウスを購入しようとしていた。

こういった周囲の環境への明らかな無関心ぶりは、ひとつには、都市の荒廃が自然と蓄積され、長い年月をかけて着々と住宅が集中し産業が発展したことから生じた。拡大する都市のはずれに、はじめ二つ、

三つと建てられた工場はそれ自体は害がなく、むしろその新しさゆえに住民も旅行者も讃辞を寄せたほどであった。とりわけ労働者の整然とした小屋の裏側にはそれぞれ敷地や庭が広がっており、決して目障りなものではなかった。そのような開発が裕福な住民の生活の質を侵害するほど数量ともに拡大するまでにはかなりの時間がかかった。[18] 産業や家庭が生み出す公害についても、煤煙や排水がひっそりと蔓延し、黒ずんだ建物や枯れた木、悪臭ただよう川で住民を徐々に包んでいく初期段階では、同様に無害だと思われていた。

環境悪化に対する人々の反応が鈍かった二つめの要因として、規制なき産業の発展や住居の密集という二つの弊害が健康に危険をもたらす点を、住民が十分に理解していなかったことがあげられる。騒音や汚染、排煙は不快だとの認識は確かにあったが、富を重視するとどうしても避けられないものであり、些細な罪悪としか捉えられなかった。都市の工業地域で肺病が多発することは認識されていたが、それは都市部の煙突から立ちのぼる煤煙ではなく、むしろ悪い気候のせいだと一般には考えられていた。医者の意見も総じてこの気休めの診断を支持し、悪臭や排煙に「過剰に」さらされたときのみ危険であるとしか考えていなかった。[19] これに関連する著述はいくつも残っているが、たとえばトバイアス・スモレット〔イギリスの風刺小説家（一七二一—七一）〕の小説、『ハンフリー・クリンカーの大旅行』（一七七一）では、疫病や伝染病を蔓延させる危険な瘴気を抑えるには強烈な大便の臭いが効果的である、と皮肉っている。

しかしながらその一方で、きつい臭いは実際は病気を引き起こし、臭いの程度と病気の程度は相関するという新しい科学的な同意ができ始めた。最貧困地区で死亡率が極度に高かったこともあり、人口密集地で開業する多くの医者は臭いと病気を結びつけ、都市の不潔さと貧民の健康状態には強いつながりがあると考えるようになった。[20] 一般開業医のグループが全国初の地方公衆衛生委員会を一七九〇年代のマンチェ

スターで創設したことは意義深い。しかし、一般の人々が完全に納得したわけではなかった。当時の人々は、ロンドンの空気はロンドンの外から来た者の健康にとってはよくないようだが、絶えず増え続ける人口を「少なくとも世界の他の大都市と同程度にしか汚れていない」証拠であると考えていた。[21] リヴァプールでも地元の著述家は、港周辺の人口密集地区の高い死亡率を無視し、冷たくて心地よい海風にさらされている気候は体にとてもよいと言い続けた。一八二〇年代と一八三〇年代には、とりわけチフスをはじめ、脅威を与える伝染病が頻繁に蔓延したにもかかわらず、富裕層の住民はのんきにかまえていた。

そういった住民には自分たちを都市生活から完全には切り離せない、やむにやまれぬ理由があった。近郊の村に「セカンドハウス」をもつ者が多くなったとはいえ、専門職や「勤勉な」中間層が都市を基盤とする仕事をもち、通勤できる距離内にとどまる必要があったことは明らかである。しかし、都市の有閑層でさえ、平和で静かな農村の領地を離れる実際的な理由はほとんどないのに都市を訪れ、騒音と汚染、喧騒の真っ只中で何カ月も過ごし続けた。彼らの場合、汚い都市はきれいな農村に劣るものの、明らかに社交と娯楽の中心地として卓越していたことで相殺していた。このことは一七一八年にある若いジェントルマンが実家へ呼び戻されそうになったとき「私が都市の楽しみよりも、ばかばかしく退屈な農村生活の魅力の方を好む愚か者だとは、まさか考えていませんよね?」と答えたことでも明らかである。[22] このように、都市のもつ昔ながらの「洗練された都会的な」魅力はジョージ王朝期の都市環境問題の増大をしりめに生き延びた。高級住宅開発が伝統的な都市生活の魅力を無視し、購買力のある顧客に店やアセンブリ・ルームに行くことを犠牲にして農村的風景を提供しようとすると、高級住宅開発であっても失敗に終わる傾向があった。一七六八年にサザンプトン郊外のポリゴンで始まった野心的な開発もその一例である。

流行、利便性、習慣、そして無知といったものが合わさり、上・中流層が都市の外に流出するのを押し

とどめていたが、彼らを取り巻く都市環境は悪化していた。このことは、十八世紀を通じて開発には思慮深い干渉が効果的であると強調されるようになったことと大いに関係する。有力住民の利益のために、混沌とした状況に陥らないようブレーキがかけられ、都市生活で大事にされているアメニティが保護された。彼らはより清潔で、気持ちのよい環境で生活することを望み、また汚さが心地悪いだけでなく危険であることも理解しはじめた。彼らはまた、人類は環境を変化させる力をもち、とりわけ人によって作られた都市は、本来、人間のニーズに適応できるという意識を高めた。中には、郊外への逃避という心地よい選択肢もなく、多くの者が集合して住むことから生じる問題の矢面に立たざるを得ない社会の貧困層の境遇に、人道主義的な関心を示す者さえいた。「人の数が増えれば増えるほど、保護者の目をもって彼らの利害を見張る必要性もそれだけ高まる」とウィリアム・ハットンを確信させたバーミンガムの雨後のタケノコのような成長もその一例である。[23] その結果、最高のものを追求するだけでなく、最悪の都市景観が増殖するのを阻止し、広い道や効率的な排水路、そして最低限の生活水準を保証する、より強力な計画力を都市改造にもとめる声が強まっていった。

しかし、無秩序と不快感を引き起こした十八世紀末の建築ブームに対する反感だけでは計画的な開発が強調されたことの十分な説明にはならない。ピーター・ボーゼイが主張してきたように、都市計画への衝動は、イングランドでは明らかに都市環境がひどく悪化するジョージ王朝期の後半以前にすでに存在していたし、都市だけでなく農村地区でも再開発計画は起こっていた。それは新しい洗練された美意識や、新たに獲得された自信に裏打ちされた近代的な規準にそって環境を秩序あるものに改善しようとする、広い文化的な熱狂に支えられていた。[24]「古さ」は「醜さ」を意味し、過去の遺産は例外なく非難された。古い通りや建物は狭く曲がりくねり、また暗くて不便であり、無秩序に混在したかたまりをなしていた。こう

したものは、調和と秩序が美には不可欠だとする当時の想定を侵害するだけでなく、都市環境の社会的な機能についての有力な前提とも相容れなかった。作家や建築家、そして裕福なパトロンは、彼らの理想とする古典古代の都市やルネサンスといったものに影響されていた。また都市景観を意図的に操作することで秩序ある美しい魅力的な枠組みが作られ、その中で洗練された「都会的」な社会が形成されると信じていた。

古典的モデルにおける社会的アリーナとしてのジョージ王朝期の都市像は、開発における私的な重要性より公共性を強調するものであり、個々人が無計画に作っていた以前とは対照的であった。過去においては、

おそらく、人々はどんな場所であれ、どんな形のものであれ、自らの目的に一番合う最良のものを作った。町の外観を考慮することなく、またはその後、公共社会にどんな結果をもたらすかを想像することなく、自分の選んだ場所に自分好みの建築スタイルを取り入れた。

つまり、個人の好みや利便性が優先され、コミュニティ全体の美しさや実際的な要求は二の次であったのだ[25]。しかし都市がある種の社会的地位をもつには、公的にも私的にも、有益でかつ豪華な建物が、広くまっすぐで管理の行き届いた通りにそって慎重に配置されていなければならなかった。それは印象的な「眺め」を住民に提供するよう特別にデザインされた建築や彫刻にまで達した。十八世紀の整然とした庭園の並木道が、遠くにある華麗な寺院礼拝堂（temple）や噴水に目を向けさせたのと同じように、都市の通りや小路も美的な満足を与えることを期待された。もっとも、都市では寺院礼拝堂よりもむしろ教会が一番

目を引きつけるものではあったが。そういった印象的な光景をもたないロンドンの中心部では、議会がセント・ポールの眺めを損う邪魔な建物を買い上げ、壊して景観の不備を埋め合わせるべきである、という厳しい苦情や要求がしばしば寄せられた。都市景観の質への関心は首都の威信を示す重要な場所に限ったことではなかった。一七三〇年代にウィリアム・ボーンは、ニューカッスルのセント・ニコラス教会周辺の建物を取り払えば「……この町のすばらしい装飾品がその姿を完全に現し、見物人に畏敬と驚嘆の念を与えるだろう」と言った。またジョン・ウッド*は寺院（abbey）の眺めをよくするために、バースのハイ・ストリートから邪魔なものをすべて一掃したがった。(26) 都市環境の建て直しを成功させ市民的で文明化された価値観を表現するために、景観を積極的に管理することが不可欠なのは明らかであった。

＊ ジョン・ウッド（一七〇四—一七五四）：建築家・都市計画者。バースのノース・パレードなどの開発を手がけた。

「有益にして不可欠かつ優美な開発」

こうして、ジョージ王朝期が進むにつれて、実利性の追究を考慮するだけでなく美的なメリットについても審議されるようになり、ますます多くの都市開発計画が例外なくその点を引き合いに出したことも驚くにはあたらない。とはいえ、そういった計画の背後には、経済成長や人口増加の圧力がもたらした都市環境の急速な悪化が大きく働いていたと結論せざるを得ない。清潔で安全で、そして何といっても効率的な交通手段が緊急に必要とされ、それだけでも支出を増加させていた。(27) 都市化が進展するにつれ、歩行者や車が直面する問題がいっそう深刻になり、もっとも大きくにぎやかで裕福な町からそこそこの大きさのコミュニティにいたるまで、開発は徐々にはずみをつけて広がっていった。都市自治体や教区会という既

存の行政機関が主導権を握ることもあったが、開発には特に決まったパターンはなかった。リヴァプールやグラスゴーでは都市政府が積極的に都市問題に介入する強い伝統があったが、コルチェスターでは都市自治体は何の役割も果たさず、開発は改良のための法定委員会に任された[28]。また改善の推進力もばらばらで、破壊的な火事をきっかけに開発に乗り出した都市もあったし、都市環境をよくして裕福な旅行者を惹きつけるために、積極的に「開発」を利用する都市もあった。その結果も同様にばらばらで、都市ごとに、そして同じ都市の中でも通りごとに異なったのは驚くべきことではない。しかし、開発計画が完全に成功することはまれであったとはいえ、これらの改良の積み重ねがジョージ王朝期の都市特有の外観を作るのに大きく貢献した[29]。

おそらく、最大の成功は高度な視覚的まとまりを達成したことであろう。単なる個別の建物の寄せ集めではない、ひとつのまとまりをもった建築物群が通りの一体感を強めた。古典的な簡素さ、高さを揃えたファサード、統一性への社会的圧力を強調することが流行し、それが変化の重要な要因となった。既存の建造物の正面部分は都市古典主義の影響をうけ、控えめで優美なスタイルに建て替えられた。新たに建てられる建築物は近くの建物をモデルにし、その結果、通りに面した部分は全国いたる都市で当局からの干渉をうけることなく、建築上のまとまりを獲得することになった。その視覚的効果は、「歩道」との境界をはっきりさせる目的で設計されたさまざまな街路設備が大通りに広く導入されることによってさらに強まった。歩行者を車から守るために道の片側には杭が並べられた他に、道路に面した建物のドアや階段や地下室から歩道を区別するために柵や鉄製の手すりがつけられた。ドアや窓、手すりはほぼどこでも白または「薄い灰色」に塗られ、まとまりのある通りを作るのにどれも一役買っていた。

こうした小規模ながらも重要な意味をもつ都市景観における変化は、当然のことながら、人と車が自由

に行き交いできるほど広くまっすぐな道路であればもっとも大きな効果を発揮した。もちろん、計画に関わる投資家たちが価値ある建築地を更地にするのにかかる高額費用を回収できると見込んでいたところでは、広くて通気性のよい便利な道路を新しく計画することも可能であった。王政復古期のロンドンをまねて、火事の後に広くまっすぐな道を作るよう強く要求した都市もある。一七一七年にシュルーズベリーにやってきたある旅行者は「不揃いな建物は火事でしか除去できない」事実を嘆いていた。[30] そうでないと、自分たちで再開発しなければならず、地道な努力の積み重ねで障害物を除去するほかなかった。すでに建物がある土地を戦略的に買い上げ、その場所を完全に更地にするか、または外壁を残して改築しなければならなかったのだ。ヨークの市会は一七二〇年代からこの方針を取り入れ、角地の買い上げに精を出した。この傾向は十九世紀初期にはさらに広域に及んだ。人口一八〇〇人のデヴォンシャーの小さな町チュドリーでは、大都市で見られるひどい混雑は経験しなかったが、それでも住民は一八〇八年に大通りの幅を三二フィートまで拡大する改修法を獲得している。多くの場合、実際の道幅を狭くしていたのは障害物であり、それらを単にどかすだけでも劇的な効果があった。バースでは、多くの都市で見られたように、道幅を広げアクセスを改善する要求に屈して、とうとう昔の市壁が壊された。ノリッジでは、十八世紀の間、日曜日と夜間は市門を閉鎖する慣習をなんとか維持していたが、市会の決議によりそうした習慣を一七九〇年代はじめに完全に撤廃し、中世から残っていた市壁も崩れるがままに放置された。

とはいえ、激増する交通量に応えるために広い道路が明らかに必要であるからといって、常に地方政府が即座に効率的に行動を起こしたと考えるのは誤りである。都市環境を作り替えるどんな試みがなされようと、長期的な視野に立った公益は、改善によって利益を脅かされる私的財産の所有者と対立することとなった。道路の改良事業も例外ではなかった。多くの市民は、ウィリアム・ハットンのような公共精神を

もっている者でさえ、何の抵抗もせず自分たちの家や店が壊されるのを見ていたわけではない。それらの買い上げ費用は大規模再開発にとってかなり大きな障害であった。理論上、地方政府は地方税を課す大きな力をもっていたが、実際には自分たちや仲間の市民に重い負担をかけたくなかったというのは当然である。ブリストル橋の改築資金を集めるために新しく課せられた通行料をめぐって、一七九三年には暴動が起こったが、そのような極端な反応は珍しいとしても、どんな市会も舗装委員会も高額な費用をともなう開発計画を強要できなかった。たとえばオックスフォードでは、道路の改良は行なわれたが、市街地の広範囲を再開発するホークスムーアの計画は却下された。当代一流の古典スタイルの都市、西洋の「新しいローマ」という基本計画にそってバース中心部を再開発しようとしたウッドの計画を市会が拒否したのも同様の理由によるものだった。ナッシュ*によるロンドンのリージェント・ストリート開発は、大規模な公的援助をうけて建築に統一性をもたせたイングランド最初の都市計画であったが、これも一八二〇年代まで進まなかった。

＊　ジョン・ナッシュ（一七五二―一八三五）：イギリスの都市計画家で建築家。ロンドンのリージェント・パークやマーブル・アーチの設計を手がける。

人々から賞賛されたジョージ王朝期の壮大な都市改造計画ですら、強い商業的圧力に左右され、頻繁に元の方針に変更を加えざるを得なかった(31)。一七二〇年代のロンドンでは、投機的な開発業者が壮大なパラディオ様式に投資することを渋ったため、グロヴナー・スクエアを開発するキャンベルの野心的な設計は却下された。エディンバラのニュー・タウンの開発では、市会ははじめのうち広い舗装道と建物の並びを一直線にする以上の細かい規制をほとんどしなかった。高さを統一する指示は出されず、そのためセント・アンドリュー・スクエアとプリンセス・ストリートの南側に無認可の建物が作られ、元の計画の統一

性は台無しになった。怒った市民は市会と上院の怠慢を非難し、もっと干渉を強める政策をとるよう強くもとめるにいたった。しかし一七九〇年代にシャーロット・スクエアの開発が市民の間に同じような物議をかもすまでは、建築の統一性を強制する試みは実際には見られなかった。

結果として、大規模な改造ではなく、むしろ小規模な改良を行なうことが一般的であった。多くの都市では旧市街地がほとんど手つかずのまま残されたため、旧市街地の混雑ぶりと、その周囲に発展した近代的な建物や通りを備える「新市街」との差は歴然としていた。小さな町で新しい改良が行なわれるとしても、通り二―三本程度であった。もっとも、個々の建物に手を入れる機会がもっと多かったことは確かである。さらに、多くの小都市では、古い教会の敷地や小路、市場の改良は、都市主導ではなく個人資本で行なわれていた。ベリー・セント・エドマンズのエンジェル・ヒルが再建され流行の正面をもつ家屋に囲まれた「スクエアもどき」になったのはその一例である。一七九三年から一八一六年の間に数々のスクエアやクレッセントが作られた。ウィズビーチのように荒れ放題であった中世の城跡が洒落た住宅地に生まれ変わったところもあった。このようなケースでは、改良・開発業者が真の意味での「改造計画」を意識していたかどうかは疑問である。彼らは新しいものを作り出そうとしたのではなく、むしろいくつかのファッショナブルな要素を既存の景色につけ足した。ジョージ王朝期に古典様式で作られたバースの風景は多くの賞賛をうけ模倣者が続出したが、そこですら大部分はばらばらの開発が集まった結果であった。実のところバースでまとまりのある単位として計画的に作られたのはエーヴォン川の東側にあるパルトニー氏のバースウィック地区だけであり、その他の場所にできた美的な調和や秩序は全体的な方向性もないまま達成されたものであった。

これとは対照的に、市場と大通りに限定されていたとはいえ、都市環境の基礎的インフラの改善は徐々

に公共サーヴィスの中心と考えられるようになっていった。多くの都市は多額の資金を投入し、絶え間ない往来に耐えられるよう、通常は「車道」に勾配をつけ、小石を底に厚く敷きつめることで、大通りの表面を硬く水はけのよいものにした。舗装された歩道には広く平らな敷石が敷かれ、一段高くした縁石か支柱によって車道から区別された。「歩行者」は長い間ひどい道に苦しんできたが、便利で安全で比較的清潔な道路が与えられ、そのようなものを見慣れない外国人旅行者は好意的なコメントを寄せた。

街灯もまた、どの場所に導入されても心から祝福された。街灯は油を燃料としたものが開発されたことで広く普及していったが、一六八〇年代に真っ先にロンドンで出現した。十八世紀半ばまでには大半の大都市だけでなく、多くの小都市でも、利用者に課税するやり方に後押しされ、公共の街灯が設置された。背の高い木製または鉄製の街灯が大通りにそって設置され、油をつぎ足し芯を揃え、日没直前に点灯させる作業を請け負う人が雇われた。ケンドールのような人口六〇〇〇人ほどの大きさの地方都市でさえ、市会は一七六七年に通りの照明用として四ダースもの球状のガラスランプのかさをロンドンに注文するなど、積極的な態度をとった。公共の街灯の数は一七二〇年代のヨークで一〇二、一七六〇年のコルチェスターで二〇〇という具合で、現代人の目には少なめに映るが、日が暮れた後は室内にいるかうす暗がりの中を歩きまわるのが常であった当時の人々にとって、これらの街灯が生み出す効果は感銘を与えるものだった。住民も旅行者もこの新しい都市世界に開かれた好機を大いに喜んだ。とりわけファッショナブルな社会では劇場やアセンブリ・ルームや店の営業時間が延長され、毎日の決まったイヴェント・スケジュールも組み直されることになった。通りは利用されればされるほどさらに明るくなった。というのも、夜間活動が増えた結果、公的資金で設置された街灯に加えて、階段や戸口を明るくするための個々の世帯が維持する外灯、店の窓から舗装道に漏れる光や、貸し馬車のランタンや灯持ちが運ぶ松明によって、街はいっそう

明るさを増したからである。

時代が進むにつれ、増加する都市人口に新鮮な水を供給する事業計画にたくさんの大きな個人投資が行なわれ、都市環境の向上に貢献しはじめた。イギリスの都市にはじめて水道管による給水が出現したのは一六九〇年代のことである。ジョージ王朝期には水道会社が次々に設立されたが、全部が全部直ちに成功したわけではなかった。シェフィールドで三件、リヴァプールで五件の試みがあったが、そうした会社は多くの技術上、商業上の問題を克服しなければならなかった。事業のほとんどは、近くの川や泉から、貯水池や町の高い部分にあるウォーターハウスまで水を汲み上げるものであり、木の幹をくり抜いた地下の配管から、通りにある共用の消火栓や各出資者の家に向かう鉛の配管につながっていた。十九世紀のはじめまでにロンドンのニュー・リヴァー・カンパニーは通りの地下に四〇〇マイルもの長さの木製の水道管を敷設した。配管が直接家庭の台所に行っていようが、共同水栓に供給されようが、「われわれの首都が世界でもっとも健康的で偉大な都市である理由のひとつは間違いなく豊富な量の水道水だ」と当時の人たちは考えていた。水圧も高く、裕福な世帯は自分たちのバルコニーやルーフガーデンに噴水を取りつけれるほどであった[32]。一八二〇年までに、グラスゴーに設立された二つの水道会社は、配管網に合計三二万ポンドの投資を行なったが、しかし大半の都市世帯にとって水道水は高価で手が出ないものであった。

人や動物の出すゴミは増え、通りはそれらで埋め尽くされるかもしれないという脅威を与えた。そうした通りの掃除をめぐって尽きることのない争いが起きたが、制約となったのは費用の面であった。リヴァプールの市会が一七一九年、週に二回、各通りや小路のつきあたりに作られたゴミ捨て場からゴミを収集するよう、一一年契約で二つの請負会社に依頼したのは当然であった。しかしこうしたことも、契約を守っているかどうか、とりわけ大通りからはずれた路地や空き地の責任を誰がとるのかをめぐってきまって

激しい議論となり、うまくいかなかった。というのも、ゴミのたまる速さは例外なく、有能とはいえない契約者の能力をこえていたからである。

人間のはき出す汚物を処理する技術の向上は、一方で新しい環境問題をもたらした。十八世紀末までに、ロンドンや主要地方都市の多くの高級住宅街には、共用配水管が設置され、水洗トイレが新しくでき、それらを利用する人への特別課税によってまかなわれた。グラスゴーでは一七九〇年にはじめて共同下水溝ができて以来、下水道のネットワークは急速に広がっていった。しかし、どんなに排水システムが成功しても、通りの外に排出し、川に注ぐだけで問題を解決することはできず、しばしばひどい結果をもたらした(33)。テムズ川は一八二二年の時点ではまだ最高級のサケが生息する川として評価されていた。しかし一〇年後にはサケは見られなくなり、ヴィクトリア時代のイングランドで最悪の伝染病といわれるコレラの温床になった。一八三一—二年にはじめて起こったコレラ感染は何百もの町や村に急速に広がり、三万一〇〇〇人の死者を出したが、伝染病の蔓延と水の供給状況の関係を示唆したのは、エディンバラで発行された匿名のパンフレット一冊だけであった(34)。ジョージ王朝期の都市では、どんどん濁っていく河川から立ちのぼる悪臭は、病気の前兆としてではなく、むしろ単に迷惑なものとしてだけ捉えられていた。とりわけブリストルではそうであり、浮桟橋を請け負った建築業者がエイヴォン川に作ったダムが町の真ん中にあったあらゆる排水溝や下水溝の汚物を集めるよどんだ貯水池と化し悪臭を放つことになった。

分裂する景観?

しかしながら、ここまで結果をはかり間違えた改良事業を行なうことはまれであり、ジョージ王朝期

のほとんどの都市では、都市の成長やビジネスの拡大が引き起こす最悪の結果と闘う中で相当な改善がなされたことは明らかである。[35] 通りの改良に際しては古典主義が強調され、都市景観の中心には通りがあり、どんな壮大な建築物であっても、もしそれが混沌とした、不潔でひどく悲惨な状態の中にあったならばその輝きが失われてしまうことを十分承知していた。空間はもっとも公共的なものであり、社会全体で責任を負うべきであるという重要な原則が確立され、その第一歩は課税システムを通してその責任を果たすことであった。実行できる以上に期待の方が急激に高まってしまったが、こうした期待そのものがジョージ王朝期の都市の景観や環境に新しい一体感を与え、後の世代が基準を設定するのに役立った。

しかし、ジョージ王朝期の都市の人々が夢見た、美しさと実用性を兼ね備えた都市景観が完璧に実現されることは決してなかった。とりわけ、この時期、都市内の洗練された地域と貧困な地区の間には、前例がないほどの大きな隔たりができてしまった。十九世紀のはじめにマンチェスターの批評家は「貧富の差がこれほど大きく、その壁を越えることがこれほど難しい場所は世界のどの都市を探しても見当たらない。……ある地区では広い空間や新鮮な空気があり、健康対策がなされている。しかし別の場所では、あらゆるものが暮らしに害を与え、悪化させている」と評した。[36] ジョージ王朝期の末には、都市の大通りはより広く清潔になり、舗装もよくなった。そこには街灯も設置され、背の高い家や贅沢な店舗が等間隔に並んでおり、膨大な交通量の最低レヴェルには対応していた。大通りは遊歩道に似せて作られ、都市の裕福な人々が服や靴を汚すことなく、以前にはひどく悩まされた無秩序な光景や騒音や悪臭にわずらわされることなく、自分の時間を楽しめた。都市設計者や開発業者に大いに好まれたこの幅広い開放的な道路の唯一の問題点は、風や雨にも同様に開放的であったことだったが、それは即席の傘市場を作り出すことになり、十八世紀の後半には傘はどんどん普及していった。

こうした改良事業を大掛かりに進められなかった主な原因が巨大な資本投資と高額な維持費であったことは間違いない。結局のところ経費を負担するのは有力な納税者であり、彼らから積極的な支持を得ずに改良事業に着手できる地方政府はほとんどなかった。したがって、特に十八世紀末から十九世紀初期にかけて成長が急速に高まった時期、裕福でファッショナブルな住民があまりいない都市では、改良事業計画はゆっくりと、しぶしぶ取り入れられることになった。バースのようなリゾート都市では、旅行者が一七六六年に驚きをもって報告したように「室内にいるように……容易に歩けた」のに対し、工業都市のバーミンガムでは一七九二年になっても「敷石がないため足を悪くして一週間歩けなくなった」ほどであり、舗装水準の格差はかなりのものだった。[37] 時には新たな浸食をうけ、既存の道幅を保持することすら難しかった。一七九〇年代のマンチェスターでは近代的な家が建てられたが、張り出した階段の列が邪魔して歩行者は舗装道路の外側に追いやられている、とある観察者は書きとめている。さらに、裕福な納税者は当然のことながら自分たちの身近な環境にもっとも関心を寄せていたし、自分の利益にもならない改良事業に出費する提案には反対した。たとえば一八一〇年、ベリー・セント・エドマンズでは、いくつかの小さな通りを舗装するために六〇〇〇ポンドをつぎこむ計画を立て、それを無理やり通すために議会法を必要とした。結果として、もっとも良好な改良はきまってファッショナブルな都市住民の厳しい基準にはじめから合わせて設計した新しい住宅開発に見られた。一七九〇年代のマンチェスターの記述にもあるように、改良事業は「たいへん好都合なものであった。しかし……優雅さと便利さを合わせもったのは、より近代的な通りのみであった」。[38] ヨークシャーのベヴァリーの例が示しているように、新しい建物と古い建物、富める住民と貧しい住民との間の差は車道と同じくらい狭く、小さいものであった。ベヴァリーでは、ヘンゲートの南側地区は徐々に価値が高くなっていったが、その北側は無視され、家の価値が低下するに

つれその地区の価値もどんどん下がっていった。

都市人口全体からすると、通り全体の安全性が高められ、心地よくなり、混雑が解消されることはほとんどなかった、と結論せざるを得ない。つまり都市の成長規模や速度が改良の度合いを上回っていたのである。ジョージ王朝期の都市では社会的に不利な地域にまで改革が浸透することはほとんどなかった。当然のことながら貧しい地域の通りは舗装されず、街灯もないままに放置された。住民は自宅に水道管を引くだけの資力をもたず、飲み水を共同栓、または給水車にさえ依存しなければならなかった。それどころか新しい下水道システムにもつながっていなかった。そのような地域の、特に狭い小路や裏通りでは、汚物収集人はほんのたまにしか来ることがなく、長い間あらゆる種類のゴミが腐ったまま放置されていた。時代が進むにつれ、確実に状況はかなりひどくなっていったが、とりわけ周囲に不快感を与える仕事が都市の大通りから追放され、社会的にあまり重要でない地区に集中していったことがその原因としてあげられる。一八四〇年までには、急速な都市部の発展は物理的にもモラルの点でも危険な環境を作り出すことが認識されるようになったが、そのひとつは汚物と貧困が一緒になり、無秩序と病気の温床を生み出すというものであった。富める者と貧しい者の格差の拡大と、この分裂する風景に具体的に示される社会的排除の強化は、明らかに伝統的な市民のアイデンティティや社会観を脅かしていた。

第六章　帰属意識とコミュニティ

都市生活の伝統的な理想はひとつの共同体、すなわち住民がまとまって一体となった社会である。以下の詩はそのようなジョージ王朝期の住民を描いている。

そこでは慎み深い陽気さが目の前に見られ、
社会的調和が心を温めた。
節度ある豊かさは、あらゆる家が祝福されていることを示していた。(1)

社会的な優位をめぐってしばしば起こる争いは時には非常に厳しいものであったし、女性や賃金労働者は公的な社会構成からほぼ完全に除外されていた。にもかかわらず、十八世紀の大方の時期において、地域の諸制度は都市コミュニティの広範な支持を依然として集めていた。都市の儀礼や公的行事であればいかなるものも、ヒエラルキーや地位といった厳しい規則を元にして組織されるのは当然とされていた。新しく作られたクラブやソサエティも、何世紀もの間続いてきた都市自治体や手工業ギルドも、全てが伝統的な社会的、政治的価値観からなる秩序の下にあり、行列を組んで街中を歩き、神に祈りを捧げ、饗宴にふ

けっていた。

既存の秩序が広く受容されていたのは、市民組織が都市社会の基盤を支えるインフラやサーヴィスを与える重要な役割を果たすとされていたからである[2]。したがって市民全体による貧民の援助は必要不可欠なセーフティ・ネットとみなされており、裕福な市民は「すべての人間に……人類愛という好意を等しく受け取る権利が与えられている」と考え、キリスト教徒としての義務を受け入れていた。寛容さが社会の安定のために必要な条件であることも認識されていた。ニューカッスルのセント・ジョンズ慈善学校の創始者は、一七〇二年に「都市自治体の卓越した慈善は疑いなく、[町が]長く繁栄し、敵からのあらゆる攻撃から守る手段となってきた」と認めている[3]。それゆえ、慈善行為と実用性は同じ目的に向かって都市を引っぱってきたのである。貧民への寛大な物資の供給は、都市民を分断する、ますます広がっていく明らかな不平等を緩和し、コミュニティをまとめ、社会的結合を強めるものであった。

都市教区の救貧についてはまだ広く研究されていないので、一般化には注意を要する。ジョージ王朝期のイギリスでは、都市社会の貧困層への対応姿勢に統一性も一貫性もなかった。しかし全体として見ると、イングランドでもスコットランドでも、貧民は旧救貧法の厳格な解釈よりももっと寛容に扱われてきたように思われる[4]。教区の委員は自分たちが世話する「貧民」と同じ込み合った通りに住み、困窮者にきめ細やかに対応していた。絶えず顔をあわせる緊密な関係はしばしば強い同情を生み出し、都市の貧民に特徴的な労働パターンや家族構成に適した福祉政策を公的機関が取り入れるよう促していた。たとえばエディンバラでは、移住して間もない者や失業している成人労働者といった多くの都市住民は救貧をうける権利をもっていなかったが、教区総会は援助をもとめる「援助に値する」あらゆる者たちを助けるべく最善を尽くした。同様の精神はロンドンでも多くの教区で見られ、老齢、若齢、または病気で生活費を稼げ

ない者にだけでなく、世帯主が「稼ぎ手」として働けても貧しい家族には毎週、生活手当てを与えていた。手当ての総額もまたこの時期を通して少しずつ大きくなっていった。たとえば、セント・マーティン・イン・ザ・フィールズでは、教区の扶助料は一七〇三年には週一八ペンスに上がり、一七二〇年までにはさらに二〇ペンスほどに上昇した。一〇〇年後のサザクのセント・ジョージ教区では、生活手当てはひと り当たり週三シリングにまでなっていた。それに加えて、賃金補助の適用範囲はかつてなく広がり、燃料、家賃、医療費、学費、靴やメガネなど日常必需品にまでいたった。困窮にあえぐ家族には、時に、既製服や家具まで与えられることがあった。

こういった福祉の措置は、遠く離れた中央政府から都市の貧民に単純に手渡されたわけではなく、重要なことに教区役人と彼らの世話をうける者との間で活発になされた交渉を通じてもたらされた。さらに、交渉では両者とも、社会的調和は権利と義務の緊密な相互関係に依存するという深い信念を共有していた。都市社会では、「富裕層」は貧しい者に対し、社会秩序の中で目上の者の権威に従うようもとめたが、それと同様に底辺層は、「富裕層」が貧しい者に対する共同の責任を自覚するようもとめた。おそらく、ほとんど無意識のレヴェルで、貧民は市民エリートが享受している富と権力の正当性と自分たちの救貧に対する「権利」とをつなげていた。

コミュニティの利害関係における同種の感覚によって、都市政府はコミュニティの平和を維持するだけでなく、社会の安定が民衆の不満によって脅かされる際には、調停者として介入すべきとみなされた。周期的に起こる騒動は、事実、都市生活の一部として受け入れられており、「条件」についての決着は折衝の伝統に訴えるものであり、民衆に対しても同様に組織立った秩序ある対応を促した。通りや市の立つ場所は、イギリスのどこにおいても、何世紀にもわたりさまざまな種類の暴動・抗議・デモが自然に発生す

る場所であった。とはいえ、これらの抵抗には地域社会に対する広範な社会層の不満が表現される傾向があった。一七二八年にリンカーンで起きた怒りのデモは、主席司祭と司教座聖堂参事会が教会の一部を取り壊すという噂に扇動されたものであった。前職の市長は「自分たちの尖塔を守ろうと、人々は周囲二〇マイルほどを取り囲み、これには〔リンカーン〕州のジェントルマンも加わった」としてデモ参加者の行為を正当化した。この事例では、指導的な市民が町の境界線の内側と外側の住民を含む広範なコミュニティの「公益」を公然と支持し、大聖堂の聖職者に象徴される狭い宗派の利益に反対したといえる(5)。

「自分たち」の大聖堂を守る運動の中で、リンカーンの住民は市民としての十分成熟したアイデンティティを表現したが、それはコミュニティの利益だけでなく、町の伝統への誇りに基づくものでもあった。たとえばジョナサン・バリーは、ブリストルの住民が町の歴史的記念碑や公共建造物を商業の成功と独立の具体的なシンボルとみなしており、名誉ある過去をもち、今なお繁栄するブリストルのイメージを作り上げるのに大きな役割を担っていたと論じている(6)。長きにわたって都市に確固たる地位を築いてきた一族は、都市の既存の組織と過去に対する強い思い入れとがきわめて密接な関係にあることをもっとも強く意識していたに違いない。ニューカッスルの議員ウィリアム・カーは、一七一八年に「祖先と私自身のために、ニューカッスルを愛する気持ちを抑えきれないと告白したい」と従兄弟に手紙を書き送っている。一方、急激に発達中の工業都市に移り住んで間もない者たちは、新しい工業都市の躍動的な活力と長い歴史をもつ都市に蔓延するといわれる「怠惰な停滞ムード」との差に夢中になり、熱狂的な郷土愛をいだくこともあった(7)。

都市社会の下層の人々が、どの程度、こうした市民の誇りを大事にする文化に真の関心をもっていたかはっきりしない。ジョージ王朝期の都市の内部に存在した対立グループは、確かに、自分たちこそが「生

まれながらにして自由なイギリス人」であるとともに、真の「市民」であると熱心に主張し、民衆の権利や伝統を守るための市民の誇りというレトリックや比喩的表現にとびついた。「親愛なるマンチェスター」や「ノッティンガムのすばらしい市民」に捧げられたバラッドやコミック・ソング、たわいもない詩の人気ぶりもまた、市民としての強いアイデンティティが特権的エリートに限られていなかったことを示している。都市社会の中で「自分がどこに位置するかを知る」ことは、体制に対する敬意と恭順の単純な関係よりもずっと広い意味をもっていたのである。

都市の隣人関係

結局のところ、
人がどのように生活するか、私はわからない、
隣に住む人でさえ、まだ見知らぬ人、
お互いの名前も知らない、とよく言う。

ウィリアム・ワーズワース（一八〇五）(8)

新しい町にはじめて足を踏み入れた当時の人々の多くが「不安で頼るものもない」と感じたのは、地元への明確な帰属意識と場所に対する思い入れからくるものであろう。ウィリアム・ハットンは一七五〇年にバーミンガムに着いたときのことを「何千もの顔が通り過ぎるのに、奇妙にもひとつとして私の知った顔はない。新しい世界に入ってきたというのに憂鬱な生活を送っている。静けさと涙の生活だ」と伝えて

いる。[9] こういったコメントは農村の共同体的生活が温かいものであるのとは対照的に、都市社会の匿名性と疎外感の証拠としてしばしば引用される。しかし、そうした評価は昔から住んでいた人々のものではなく、はじめて都会にやってきた移住者の、いわば見知らぬ町に来た「よそ者」の第一印象であった点が重要である。彼らの感情に与えた衝撃はよりなじみ深い「故郷」と暗黙に対比したものだが、その故郷とは農村であったかもしれないし、また都市であったかもしれない。ウィリアム・ハットンにしてもバーミンガムに来る前、ダービーやノッティンガムという都市でずっと生活していたわけだが、そこでは同様の憂鬱や孤独感を感じたことはなかった。

また、都市、とりわけロンドンやエディンバラなどの首都に住む下層の人々は「ひとつの場所に定着せず次々に引っ越すような流動的な状況にいたので、最古参の住民ですら仲間の教区民一〇〇人に一人ほどしか知らない」といわれる。[10] しかしこうした当時の報告は注意深く評価されねばならない。都市の不動産のほとんどは賃貸されており、そのことが流動性を大いに高めたことは間違いなかった。人々は賃金が上がり、家賃が下がり、家族数が増えればより大きい物件に移り住み、状況が逆転すると再び安い物件に容易に住み替えた。シュルーズベリーの理容師、ウィリアム・ヒュームは、一八一八年から一八四一年の間に、少なくとも五回、町の中心部で住まいを替えた。しかし、個人としての顔をもたない、移動性の高い集団という都市の貧民像は、ジョージ王朝期の都市の日常生活の現実というよりはむしろ、富裕者や有力者の心配の種をより大きく映し出していた。これらの都市のほとんどは、実際には人口が一万人に満たず、現代の水準からすると非常に小さいものであり、市街地もきわめて狭かった。十八世紀のほとんどの都市は一五分も歩けば町を縦断し、再び農村に出ることができたのだ。

さらに、どの都市も緊密な隣人関係、すなわち住民がお互い顔なじみで、よそ者の存在が直ちにわかっ

てしまうような「農村のごとき都市」をつなぎ合わせたようなものだった。[11] 一七八〇年のゴードン暴動の扇動者でユダヤ教徒に改宗したジョージ・ゴードン卿は、一七八八年にバーミンガムのダドリー・ストリートの下宿屋で逮捕されたが、そこはフロッジェリー〔カエルを食べるフランス人に対する蔑称が転化したもの〕として知られる大きなユダヤ人社会の中の奥深いところにあった。ゴードン卿は最大の努力を払って周囲に溶け込もうとしたにもかかわらず――彼は信仰だけでなく、外観も正統派ユダヤ教徒の姿をしていた――また彼の新しい隣人も明らかに彼に大きな敬意を払っていたにもかかわらず、ボウ・ストリート〔初期のロンドン警察〕の手先がゴードン卿を見つけだすのは割合簡単であった。大都市ロンドンでさえ、ウィリアム・ゴドウィン〔一七五六―一八三六〕の小説『ケイレブ・ウィリアムズの冒険』（一七九四）に登場する不運なヒーローが発見されるという苦い体験を味わったのも、見慣れない顔が注意を引いたからである。どの地区も入り組んだ通りや小路に囲まれたかなり小さい区画からなっており、農村と変わらない程度の数の人々しか住んでいなかった。さらに、そこに住む者たちが絶えず移動していたとしても、はるか遠方に引っ越した者はおらず、その地域のパブや店、教会のある範囲内に住む傾向があった。たとえばフランシス・プレイスは一七九一年から一八三三年の間にロンドンの住所を八回も替えたが、フリート・ストリートのセント・クレメント・デーンズ教会から一キロメートル以上離れて移動したことは一度もなかった。[12] このような同じ地区をぐるぐる回る移住パターンは、なじみの環境となじみの顔への愛着心の強さを示している。つまり隣に住む者同士がお互いにまったく知らないことはほとんどなかった。

仕事を通じた友情や忠誠心は都市で生計を立てなければならないあらゆる人々の生活の中で重要な役割を果たしていたが、それ以上ではないにしても、インフォーマルな隣人関係の社会的ネットワークも生活の質を決定する際に等しく影響力があったことは明らかである。隣同士の義理立てはそれぞれの地域が独

自の性格とアイデンティティをもつことによって強められた。なかには、関連業種につく人々が集まって住むことによってこれを決定づけることもあった。ニューカッスルの肉屋は十八世紀の前半、ブッチャー・バンクや精肉市場の周辺にまとまって住んでいたし、一方、エディンバラの市会は「反抗的」な蠟燭職人らをキャンドルメーカー・ロウに閉じ込めようと試みた。十八世紀も後半になると、新しく建てられた繊維工場や鋳造所はそこで働く労働者を居住させる「居留地」を発展させ、市街地のはずれには新しい職業的な隣人関係が作られた。一八四一年の国勢調査によると、ノッティンガムシャーのニューアークのスピタル・ローやスケールズ・ローにはいずれも織布工だけが住んでいたし、一方、グラスゴーのアンダーストンやカールトン地区の住人の大半は紡績工と織布工であった。イングランド中部のスメジックでは、一八三〇年代にグラスハウス・ローとスコッチ・ローの二つの通りがダンバートン・ガラス会社の閉鎖によって住居を失った労働者に住宅を与えるために設計され、そこには合わせて六七名のガラス職人とその家族が群がって住んでいた。

出身地域や同郷のつながりは、多くの都市内の隣人関係の中に存在していたのは明らかである。というのも、都市に入ってきたばかりの移住者は、乗り継ぎ用の馬を交換する宿屋やパブ、礼拝所のような出身地と関連をもつ場所の周辺に集まる傾向があったからである。ロンドンのスピタルフィールズ地区やエレファント・アンド・キャッスル地区は、両方ともエセックス州からやってきた多くの移住者が定住地として選んだ場所として有名であったし、また、グリニッジはケント州出身者が高い割合を占めた。ウォッピングやライムハウスの河岸地区には、マイル・エンドやステップニー、パディントンと並び、ロンドンには独自の社会を作る大きな黒人コミュニティがあった。一方、コヴェント・ガーデンやセブン・ダイアルズとその周辺ではアイルランド移民が増えており、地域における彼らの影響力は一七三〇年代にすでにい

ちじるしいものがあった。一世紀後には、セント・ジャイルズの安アパートは「リトル・ダブリン」とか「ホーリー・ランド」といったニックネームをつけられていた。マンチェスターでも一八二〇年代、三〇年代には、アイルランド移民がニュー・タウンに流入し、「アイリッシュ・タウン」として知られる地区が作り出された。しかしながら、グラスゴーほどアイルランド系住人の割合が高かった場所は他のイギリス都市を探してもないであろう。一八四一年には、人口の約三人に一人がアイルランド移民の第一世代またはアイルランド系のいずれかであった。アイリッシュ・パブはローマ・カトリック教会と並び、何世紀にもわたって、イギリス都市生活の特徴のひとつであり、両方とも広大なアイルランド人コミュニティの社会と文化の中心地として機能していた[13]。スコットランドのゲール系の教会は、高地地方（ハイランド）や諸島部からの移住者に同様の中心地としての機能を与えていたし、ウェールズとの境界に近いイングランドの都市では、急速に発展しているロンドンやバーミンガム、マンチェスターと同様、ウェールズ語が話される教会が大きな役目を担っていた。ロンドンのグッドマンズ・フィールズやマンチェスターの中心部を含むユダヤ人地区も、その大きさと人口両方の点で、十八世紀後半には明らかに成長していた。

既存の隣人関係に融合する利点はとりわけ人種的、宗教的少数派にとって明らかであるが、この時期の都市社会のはっきりとした分裂状態や流動性が「よき隣人関係」の重要性をより広く認識させるのに大きく関わったともいえる。ジョナサン・バリーによると、この時期、都市の中間層の経済的、社会的、政治的多様性は拡大していたが、それゆえに、相当数の人々がクラブやソサエティ、ボランタリ組織に向かい、「結社という方法でこれらの分裂を調和（あるいは少なくとも規制）」しようとしていた。しかし、このような結集の推進力がミドリング・ソートの公的な結社に限られた現象であったと推測するのは間違いであろう。逆に、コルチェスターの社会関係を検討したシャニ・ドクルーズの主張は、都市民それぞれが、異

なるレヴェルで異なるタイプの人々に同時に働きかける多種多様な結社や協調関係を、公式にも非公式にも発展させたというものである。[14] 都市社会の富裕層がより幅広い選択肢をもち、選ぶ際にはより大きな自律性をもっていた点では、富や地位はこれらの関係に影響を及ぼしていた。都市の大多数の人々にとって、自分たちの生活に最大の影響力を与えたのは隣人関係の中で作動する社会的ネットワークの強さと多様性であった。

隣人関係のネットワークは、明らかに、都市の中で移住者が労働者のコミュニティに溶け込むのに重要な役目を果たしていた。〔外国からの〕移民は、この時期に都市に入ってきた多数の人々の中の少数派であったが、その多くが、既存の隣人関係に落ち着き、そこですでに良好なつながりをもっている親戚と一緒に住むことで、都市生活への参入を容易にした。出身地や文化、信仰、職業を共有する友情の絆を頼りにすることで足がかりを得る者もいた。多くの事例が示すように、「職人仲間」は、同職組合や職業クラブ、友愛協会といった公的な組織に属していない者であっても、仕事仲間なら助ける義務があると感じていた。たとえば一七四一年のバーミンガムでは、一銭の金も持ち合わせない逃亡中の徒弟であったウィリアム・ハットンがよそ者であることはすぐにばれてしまったが、二人の「エプロン——勤勉な下層民の印——をつけた男性」は「食いつめた旅人になることがどういうことか」を個人的経験から知っていたので、その場で食事を差し出した。[15] 彼らはハットンのために近くの下宿屋に一夜の宿を探してくれたが、これは移住者が近隣地域に溶け込む重要な第一歩であった。宿屋やパブの経営者はしばしば庇護をもとめてきた者に対し「仮の親族」として行動し、近隣の社会的ネットワークや活動を紹介するだけでなく、求人情報を与え、服や道具を購入する代金の支払いを猶予した。

ハットンが偶然出会い、彼の生活を世話した知人の手まわしのよさは、都市の隣人関係を示す典型的な

行動であろう。ジョージ王朝期の都市の下層民が住む地域の特徴ともいえる、いいかげんな建てつけでぎっしりと詰め込まれた家の中には、プライヴァシーというものはほとんど存在しなかった。たとえば一七四四年のエディンバラの新教会総会では、ある女性が下宿の薄い壁を通して隣人の咳が聞こえたと証言している。エールハウスでも仕事場でも道端でも、活発に社交やビジネスが行なわれていたが、そこではいかなる人々の性格や行動も隠されることがなかった。隣人の評判は日々の生活を律する暗黙の規則を破った者に重くのしかかった。地元の大勢の者たちがすすんで「内輪のもめごと」の解決に首を突っ込む中で、敵意を帯びた悪口は、公的な場での侮辱や実際に人を傷つけるまでにエスカレートすることもあった。

そういったおせっかいでひときわ目立っていたのは女性である。彼女たちは「ハウスキーパー」という役割とはうらはらに、ほぼ毎日のように外出し通りや市場に行ったが、同時にそういった家庭の外での「女性の仕事」自体が、隣人ネットワークにより緊密に関わらせることになった。加えて、女性は、生活が厳しいときに都市社会の底辺部を支える友情や協調をうち立て維持することに大きな個人的関心をいだくこともありえた。都市生活の犠牲者や病人、老齢者、身よりのない子供の面倒を見る負担は、不釣り合いに大きく女性にかかってきた。さらに、低賃金で不定期という典型的な女性の仕事自体が、彼女たちが人生のある時点で外からの援助に依存せざるを得ないことを意味した。こうした背景から、マーガレット・ハントは「女性にとって、友人や隣人、親戚、仕事の中に深く身をおくことは、家族の中でも社会の中でも圧倒的な力をもつ男性とバランスをとるもっとも効果的な方法だった」と言っている[16]。

しかし、男性もまた相互扶助の地域ネットワークの中に深く埋め込まれていたことを理解しなければならない。彼らの存在は隣近所でよい評判を保てるかどうかにかかっていた。というのも、それがないと仕事を見つけることも、借金することも、物を質に入れることさえも難しかったからである。ジョージ王朝

期の都市では、教区救済や私的な慈善行為は比較的寛容ではあったが、市民の大半は何よりもまず、自助や、家族や友人の寛大さを頼りにしていた。[17] 実際、一八一九―二〇年と一八二六―七年にグラスゴーで深刻な困窮が蔓延したとき、貧民への公的な物資の供給は財政が逼迫する中で完全に断ち切られそうになった。よき隣人とはこうした危機で頼りにされた者であった。逆に、悪しき隣人は自分勝手で乱暴な行動をとり、壊れやすい社会的連帯のバランスを崩す者たちであった。彼らこそは危険な厄介者であり、しかるべき扱いをうけた。したがって、ある意味、隣人関係のモラルと物質的な強さは新参者を快く迎えるだけでなく、その排他性にも左右されていたといえる。

都市の政治

都市社会の多様性と分裂性はジョージ王朝期の都市の非公式な組織だけでなく、公的な機関にも大きな影響力を与えた。都市の住人は農村コミュニティの住人よりも洗練され、自意識が強く、高度に組織化される傾向にあり、自分たちの活発な政治世界を作らないではいられなかった。[18] 大都市は競合する独立した政治的ネットワークを発達させがちであったが、どんな小都市であっても権力の行使は、対立、交渉、妥協の絶えざる過程に左右された。したがって都市で地方政府システムを機能させ続けるには単なる強力なリーダーシップだけでなく、対抗する利害集団のバランスをとり、狭義の都市エリートをはるかにこえて広がる政治的影響力と社会的結束を強める、絶え間ない努力が必要であった。

このシステムの中心にあった公的諸機関をひとつのモデルで説明することはできない。スコットランドでは一八三三年のバラ・リフォーム法、イングランドとウェールズでは一八三五年の都市自治体法が通過

する以前には、明らかに大都市といえるほどまでに成長していた多くの都市も、制度的構造の観点からは依然として、公式には「村」であった。こうした観点から見てもう一方の端にあったのは、一八四一年の国勢調査では人口二〇〇〇人を数えるのがやっとであったノーサンプトンシャーのブラックリーや北ウェールズのコンウィーのようなロイヤル・バラや昔ながらの特許都市である。当時の多くの著述家はまさに、これらの都市の歴史的性格とエリート市民の特権が変化に適応する能力を弱めていると論じた。彼らが言うには「特許状と都市自治体は都市のいちじるしい不利益となっていた。というのもよそ者を排除し、商工業の成長を止め……創意や改良を妨げるからである」。しかしながら、「都市自治体の専制」があらゆる都市を「みすぼらしく、貧しくひどい住環境におき」続ける運命を避けがたいものにしたという、法人化と都市の停滞の間にあったとされた明快なつながりは、実際には思ったほど単純なものではなかった。都市自治体という公式の機関をもたない多くの都市は、事実「人口、富、商工業のどの点をとっても繁栄して」おり、この点ではマンチェスターやバーミンガムが例としてもっとも頻繁に引用される。その一方で、グラスゴーやリヴァプールが法人格をもっていたのに、なぜ同じ時期にほぼ同様の急激な発展をとげたかを説明するのは簡単なことでない[19]。

ここ数十年間、都市政府に関する研究が明らかにしたことは、市民文化と統治の長い伝統をもつ都市と、自治行政システムを受け継いでこなかったのにダイナミックな発展をとげた新しい都市の間に存在するとされる非常にはっきりとしたコントラストが、実際よりも理論の上で過大に評価されてきたことであった。当時の人々はこの時期の都市政府が直面する問題に、もっと柔軟に対応してきたように思われる。既存の制度が効果的に機能する都市では、それを変える必要はなかった。しかし、都市の発展が急速に進み新しい問題が生じたり、党派抗争や寡占、ちょっとした腐敗等によって地方自治活動がうまくいかなくなった

場合には、地方行政機能の多くがさまざまな法定委員会やボランタリ・アソシエーション、個人の事業にとって替わられた。したがって、古くからのバラも上昇傾向にある「村」も、十八世紀には都市行政を間に合わせの分権システムに発展させたが、それらは市民を代表していなかったにもかかわらず、効果的で信頼できるものであった[20]。確かに、十九世紀はじめの数十年間、改革家たちは看過できない既存の制度の非効率や腐敗をあばいてきた。しかし、一八二〇年代までにイギリスの都市に蓄積された問題の多くはそう簡単に解決できるものではなく、どんなに賢明でエネルギッシュな都市のリーダーであっても、変化する環境に適応するには限界があることがわかってきた。また多くの「改革家たち」が、都市政府の強みや弱みをバランスよく分析することよりも、自分たちの政敵の評判を落とすための証拠集めにより大きな興味をいだいていたことにも注目すべきである。たとえばアバディーンやエディンバラが経験した厳しい財政問題は、グラスゴー市会の慎重な財政対策や効率的な行政に対する評判を棚上げにして強調されている。十八世紀を通じて市会を牛耳り居座り続けたエリートは一八三〇年代の改革の結果追い払われたが、それまでの行政システムの多くはヴィクトリア時代まで続いた。

これらのシステムは実際には教区と市民組織が複雑にからまって動いていたのだが、これによりかえって、ある意味、批判の対象になりやすかった。全体をまとめて統率する強い一元的な権力はなく、支配権の重複や内部のライヴァル関係が、十九世紀初頭の多くの地方自治を襲った機能不全をいっそう悪化させることになった。無給のボランティア役職者に大きく依存していたという事実は、繁栄を疎外するまた別の要因であった。こうした環境では勤勉で信頼できる行政が保証されるはずもなかったのである。しかし、そうしたシステムがなかったとしたら歳入は徴収されなかったかもしれないし、救貧システムのような重要な公共サーヴィスも壊れ始めたかもしれない。一方で、多くの都市住人の地方組織への活発な参加は、

市民行政がより大きな都市コミュニティからの幅広い協力と支持に依存していたことを意味する。教区や都市自治体の役職は、「ミドリング・ソート」全般に人気があった。たとえばイプスウィッチでは、一度に約一六〇人の市民がそのような役職につき、大法廷への出席者数は平均五〇人程度であったと推定されている。彼らが行なう業務の大半は時間を浪費するばかりのお決まりの仕事であったが、これらの職務は、ほどほどに羽振りのよい商工業者や職人がコミュニティ内で享受していた地位や影響力を大いに高めた。彼らはそうした職務を通じて都市の基礎的な結束を支える連帯意識や総意の理想を実際に表現することができた。

都市社会の裕福な女性は、もちろん、公式には市民政府や行政への積極的な参加からは除外されていた。しかし、上級行政職についている都市の商工業者の多くは、市会や教区会に参加するからといって店を留守にするわけにはいかず、妻や娘の協力を頼りにしていたことは重要である。近年、公式に役職につくことよりも、むしろ影響力や権力の源泉としての非公式な政治的ネットワークが強調されており、こうした観点から女性の政治的役割に学問的関心が向けられるようになった。たとえば都市選挙区の利益を「大事にする」ことはさまざまな戦術を駆使しなければならない連続するひとつの政治的プロセスであり、そこには候補者の妻を賢く利用することも含まれた。貴族の女性は「市会議員やその妻、そしてその多数の縁者に対し、最上級の礼儀作法で応対せざるを得ない」ことを知っており、あまりに尊大で傲慢な態度をとったり、またさらに悪いことには姿を見せないことで都市エリートの繊細な感受性を傷つけることを恐れた(21)。女性が公的な場で活発に党派の活動を行なうとでしゃばりだと非難されかねなかったが、多くの男性選挙人が実際には「妻によって支配」されていたと、選挙運動員が残したメモは示している。したがって、女性は選挙時の遊説や毎年の改選時に催される大パレードに参加しなかったものの、明らかに政治プロセ

スにおいては消極的にただ見ているだけの存在ではなかった。

同じことが、コミュニティ内では貧しいがゆえに十分な市民的権利も政治権も認められていない都市に住む多くの男女についてもいえた。能動的な市民権からの排除は、都市社会の下層民が市民行政への真の参加をいかなる形であろうとも否定されていたことを意味する。「下層」の中での政治活動は、いつもきまって彼らの従属を正当化し、既存の市民的秩序を守ろうとする観点から、権力者によって描かれたことは否定できない。平和的でうまく組織されたデモ隊も、「無分別な畜生ども」の破壊的暴徒として描かれたし、一方、彼らは比喩的というだけでなく文字どおり、〔都市コミュニティの〕部外者として扱われた。たとえばリンカーンの市長は、一七二八年の抗議行動は「リンカーンという一都市でなく、〔都市を越えた〕リンカーンシャーの暴動だ」と言ったし、また、一七四〇年のニューカッスルのギルドホール暴動では「〔ニューカッスル市民でなく〕ウィア川の炭鉱労働者がもつ乱暴な気風」が非難された[22]。しかし、自己主張や独立心の強い都市労働者は自らの権利が正当に認められるべきだと感じていた。また同様に、彼らが自分たちの利益に関係する政治決定に対し、非公式ではあるが大きな影響力をもったことも明らかである。

さらに、近年の研究では、都市の大衆が「急進的」または進歩主義的な運動を擁護していただけでなく、既存の社会、政治、宗教秩序を支えるために尽力したことが強調されている。都市貧民の中でも政治的、文化的な分裂が見られたが、これは都市エリートをライヴァル同士に、時にはひどく反目しあう派閥に分裂させる根深い闘争を反映していたように思われる。ジョージ王朝期の政治についてはもっぱらパトロン関係と私欲という観点から長い間描かれてきたが、今では多くの歴史家が「イギリスの大半の場所で、異なる宗派グループ間にある敵意、少なくとも不信の念が中心的な経験であった」というジェレミー・ブラ

ックの主張に賛同している。[23] イングランドでもスコットランドでも、国教会がモラルや社会・政治秩序の究極の守護者とみなされていたので、そのために戦うことは大いに価値があるとされていた。教会は行政権力の行使についてのイデオロギー的な論争に信仰と不可分な情熱的な信念を吹き込みながら、支持者を集めるのにとても効果的であった。ジョージ王朝期の都市には相当数の宗教的少数派がいたので、政治的な戦場にならざるを得なかった。

都市の選挙人は十八世紀の選挙の結果に大きな影響力をもっており、都市選挙区だけでなく州選挙区の結果をも左右していた。その結果、彼らの利益は、潜在的候補者と貴族のパトロン両者により注意深く高められた。ノーフォークの州選挙区の候補者たちは、州の農村に住む選挙人だけでなく、ノリッジやグレート・ヤーマス、キングス・リンの市民を手なずけなくてはならず、競馬大会に参加し、市民にワインや食事をご馳走し、地域基金に貢献し、公共の建物や施設を作るために寛大な寄付を行なっていた。十七世紀半ばの内乱期に現れ、その後長きにわたった政治的、宗教的分裂の伝統は、間違いなく都市を社会的誇示とイデオロギーをめぐる闘争の場にした。実際、一七二〇年代のヨークでは、対立するトーリーとホイッグの集会が異なる日に開催されたため一挙両得であった。

ピーター・ボーゼイは、十八世紀前半の「ファッショナブルな都市文化が政治的無関心、または反政治的でさえある気質を発展させた」と論じ、ヨークでは一七三二年に「イングランドで最高の舞踏室」を五〇〇〇ポンドかけて造ったのを皮切りに、二つの党派のアセンブリが融合したと指摘した。[24] しかし、この上流階層の奥ゆかしい合意は一時的な休戦でしかなく、最終的な平和が訪れたわけではなかった。一七六〇年代には、イギリス中の都市で激しい政治的反目が起こったからである。宗教論争が党派抗争に大きな影響力を与えていたノッティンガムでは、アメリカ独立戦争は「この都市の住人の間に敵意をかきたて、

友人や仲間の市民の間に期待される調和」をもたらさなかった[25]。ホイッグがアメリカ独立戦争の勝利を祝福し、トーリーの「愛国者」に対する嫌悪感を顕わにするとパブで喧嘩が起こった。社会的な活躍の舞台や文化的な催しを政治運動に利用することは、広く普及していた現象の一部であった。どんな形でイニシアティヴをとろうとしても都市の競合する「利益集団」の中のどれかと結びつかざるを得なかったため、党派に偏らない行動を奨励することはきわめて難しかったのである。たとえば慈善基金や改良事業のための団体が寛容さや公共精神の単なる表明であることはめったになかった。そうではなく、それらの団体はしばしば内在する政治的、宗教的対立を反映する、対立しあうエリートが自己を主張する演壇として利用された[26]。

当時の人々が恐れていたのはこのような対立が強まることであり、彼らの公的な場での対立はエリートの評判をおとしめ、社会関係のまさに根幹を傷つけかねなかった。社会の上層と中間層の富と福利はかつてないほどの勢いで増加していく一方で、都市貧民は急激に増加し、このことは下層の人々の政治参加に対する態度を疑いなく分裂させていた。下層民が秩序や社会的規律を脅かすとの認識が強まるにつれ、伝統的な都市の儀式でさえも大衆の参加が徐々に廃止された。社会環境の変化は一八二一年の戴冠式の日にはっきりと示された。この日、イギリス中で都市政府が準備したすばらしいパレードや贅沢な祝宴は、不快感を示す敵意で迎えられ、時には乱暴や破壊的な衝突にまで発展した。このぎくしゃくした分裂社会の中で、大衆は、狭い派閥利益をますます表明するようになっていった。よく知られた例としてあげられるのは、「勇敢なダドリーの少年」をたたえる一七九〇年代に人気を博したバラッドである。このバラッドは労働争議において、ある一部の地元労働者の利益を拡大させるために市民のプライドと帰属意識のレトリックを使っており、調和と総意の伝統的理想とはかけ離れていた[27]。

貧しい都市住民や女性の市民意識が都市エリートのものとは異なってくるにつれ、都市エリートは、「群衆」が積極的な役割を担ういかなる形態の抵抗や示威運動をもますます許容したがらなくなっていった。一七八〇年のゴードン暴動も、一七九一年のプリーストリー暴動も、民衆の暴行の主な対象となったのは裕福なカトリック教徒と裕福な非国教徒であり、これら二つの宗教的少数派の一般庶民ではなかった。一七八〇年六月七日、首都から外に向かう道路は「大騒動を恐れてロンドンを脱出する大量の四頭立て馬車」で大混乱していたといわれる。「通りは人や騒ぎで埋めつくされ、混乱や恐怖があらゆるところを支配していた」。また別の観察者は「ロンドンのいかなる場所でも残忍な敵による略奪がなされ、彼らのなすがままであった」と思い起こしている[28]。この「残忍な敵」が都市の貧民とますます結びつけられるようになり、こうした同一化の見方は一八三一年にブリストルとノッティンガムで勃発した選挙法改正法案〔一八三二〕を支持する暴動の「大事件」によって強められこそすれ、弱められることはなかった。ますます悪化する環境とともに、この時代の後半に都市生活の表層下にとどろきはじめた暴力の脅威は、上品な者たちの定住地として急速に成長する都市の魅力を損なうものと考えられただろう。都市社会の富裕層は、暴力や恐怖の「無限に広がる深海」の上に築かれる都市にいる「危険な階層」に囲まれた生活をますます望まなくなっていた[29]。

社会的区別：ジェンティリティ

ノッティンガムやプレストン、ダンディーのような町は、急激な経済成長によって、一世代のうちに都市の性格を変化させてきた。新しい富裕層ではあるがひどく粗野な製造業者の引き起こす社会的脅威は、

都市環境の悪化や都市労働者の自己主張の強さと並んで、上層の人々の農村への逃避を促す大きな誘因となった。プレストンのある良家出身の住人は、魚屋が最高級のカレイを綿紡績業者に売っているのを目撃し、「激怒して」数時間のうちに町を出て行ったといわれている。彼の娘によると「これは彼の威信を傷つける行為」であった。[30]「誇り高きプレストン」の支配エリートの突然の激怒は、ピーター・ボーゼイが大いなる説得力をもって『イギリス都市ルネサンス』で描いた世界とは異なるものを示す。すなわちそれ以前の社会で見られた農村ジェントリと都市ジェントリとの、言い換えれば礼儀正しい文化と市民文化との調和が、ほぼすべての主要な都市で一七七〇年以後の数十年間に蓄積された人口的、経済的重圧を切り抜けられなかったということである。

十七世紀後半から十八世紀初頭の「ルネサンス期」にきわめて多くの都市に行き渡っていた明らかな調和は、目上の者たちにしかるべき敬意を払い、社会関係のさまざまな側面に広がっている位階や地位の微妙な差異を守ろうとする都市中間諸階層の自覚的態度によるものであった。一七五五年にフランスからの旅行者が「イギリス人はいつでも、生まれや位階、特に一緒に行動する者の資産を正確に評価する一対の秤をもち、状況に応じて自分たちの言動を調整している」と観察している。しかし十八世紀初頭に普及していた「都市の上品な階層の男女」の定義には、商工業や専門職に活発に従事する多くの男女が含まれていた。したがって、ポール・ラングフォードが主張したように、礼儀正しい社会の価値観を都市経済に支配的な商業上の責務と結びつけることは依然として可能であった。[31]

この特権社会に入れるかどうかの分かれ目は卸売商と小売商の間にあった。カウンターごしに接客する職業はいかなるものでも特権的な社会のメンバーとは認められなかったし、肉体労働者も完全に埒外にあった。しかし実際のところ、ジョージ王朝期の都市は小さく、このような区分は適用できなかった。とい

うのも、そうするとジェンティリティを自負する数少ない地元住人を孤立させてしまうからである。大都市や洗練されたリゾート地では数百人もの人々が年間行事表の定期的な区切りになる「華やかな」社交の場に出席したが、そこそこの大きさの地方都市では裕福な住人はどんな者であれ、見つけられる範囲の「仲間」で間に合わせなければならなかった。その結果、エリザベス・ギャスケルが『妻と娘たち』の読者に再認識させたように、都市の多くの上流婦人は「今晩のパートナーと翌朝、カウンターで握手をするはめに」なるのである。エリザベス・モンタギュー*は一七三八年のケントで開催されたそうした集まりについて次のように記している。

数を揃えるために、[サネット夫人は] 牧師や徒弟、商工業者、薬剤師、農夫、婦人帽職人、婦人服裁縫師、小間物商、部屋付女中のすべてに、謙虚に声をかけることを厭わなかった。想像はつくだろうが、最高に奇妙な混じり合いであった。敬虔な牧師が堂々と歩いているかと思うと、徒弟が軽快にスキップをしているし、また農夫が飛び跳ねている。みんなが自分の職業意識を顕わにしており……靴職人は靴がすりきれるまで躍らせるし、呉服屋はガウンを汚すし、薬剤師は背後の窓を開けて病気にさせようと仕向けていた(32)。

口うるさいことで有名なダービーのアセンブリ・ルームに出席した夫人たちでさえ、小売店主たちを厳しく排除したものの、町の大食料雑貨商、フランシー氏の家族だけは受け入れようとした。

＊　エリザベス・モンタギュー（一七二〇—一八〇〇）：文筆家、社交界の指導者。ロンドンの社交と文壇の中心となるサロンをロンドンのメイフェアに開く。

しかし、一七七〇年代から一七八〇年代にかけて、「立派な社交界の人間」を自負する都市の人々の態度は硬化しはじめ、格下の相手を和ませるような謙遜の態度はなくなった。「商工業」活動にどっぷりつかっているいかなる者に対しても、顕わな敵意を示すようになったのである。とりわけこの傾向は、「礼儀正しい上品な生活様式」を支えるのに必要なかなりの年収を稼げる人々が増え、もっとも変動の激しい、発展中の都市部でいちじるしかった。一八〇三年の『ハル商工業者人名録』には、「エスクワイア」という上位の肩書きで呼ばれていた五〇人程度の銀行家や船舶保有者、裕福な商人に加え、一五〇人をこえる富裕な都市住民が「ジェントルマン」として掲載されていた。このような上層エリートの広がりはさらに大きな憤りを生んだ。というのも都市のレジャー活動が商業ベースにのって増加するにつれ、以前は排他的であった多くの社交行事がチケット代や年会費を払えれば誰の手にも届くようになったからであった。アセンブリ・ルームや劇場、競馬場の特別観覧席を作ったり貸し出したりする企業家は、顧客の富の源泉が何であれ、彼らを退けることはできなかった。

したがって十八世紀が終わりに近づくころには、社会的排他性は、実際に達成することは依然難しかったが、伝統的都市エリートに強く望まれるものになった。彼らは真のジェンティリティを区別する境界の敷居を上げる手段に出たが、そこではたくさんの富をもっていることはあまり重視されず、教育や洗練の程度、高尚な趣味といった微妙な指標が強調された。するのは、支出の大きさではなく質であった。[33]アクセントもまた社会的指標としてより大きな意味をもつようになった。それまではどの社会階層でも地域なまりをもつことは許容されていたが、都市社会の富裕層は今や、一般大衆以上に名声を高めるためにも、自分たちの子供には教養があり洗練された言葉とアクセントを身につけさせようとやっきになった。その結果、より多くの子供たちが学校に送り込まれたり、

言葉遣いが上品な男女の家庭教師による教育をうけることになり、悪影響を及ぼす「町の商工業層」の娘や息子から切り離されることになった。それと平行して、都市社会の上層は、ジョージ王朝期の都市に特徴的であった公共の場での娯楽にも足を向けなくなった。個人的な舞踏会や夕食会では招待状によって参加者が制限されていたので、広範な社会層からなる伝統的なアセンブリの参加者よりもずっとおだやかな社会的環境をかもしだした。

おそらく「成金的」繁栄や「どこの馬の骨かわからない」生まれ、といった都市の中間諸階層への皮肉をこめた非難に対する仕返しとして、中間層の人々はますます貴族の文化や価値観に対して敵意を示すようになり、有閑層を怠惰な「金のばらまき屋」と表現した。ジョン・ブルーアが主張しているように、都市の商工業者は位階や流行や「単なる資産」によってではなく、合理的知識や実践的な経験の重要性を強調しながらジェンティリティを再定義しようとした[34]。この解釈によれば、礼儀正しい文化は有用な目的、すなわち進歩や発明や都市改良を促進するものに結びつけられる限りにおいて敬意を払うに値した。しかしほとんどの場合、虚栄や浪費、堕落しか促さなかった。それは正確には悪徳であり、繁栄する中間層が、都市労働者の生活を支配する古く習慣的で秩序のない行動パターンと結びつけるものであった。したがって、ブルジョワの合理主義やレスペクタビリティは、都市社会の中間層を、多くの都市の公的な生活をいまだに支配していた「怠け者」の貴族の少数派からだけでなく、多数派の平民からも区別したのである。

社会的区別：レスペクタビリティ

社会環境のこうした変化が伝統的な市民の理想を圧迫するのは避けられなかった。十八世紀も終わりを

迎えるころになると、旧市街地の貧困地区には都市問題が多く集積するようになり、一七八〇年以前の都市を特徴づける家父長制と服従とを結びつけていた伝統的な寛容さを侵食しはじめた。増大する貧民の数が今や洗練された社会の存在を脅かし、市会や改良委員会の財源を圧倒していた。彼らはどんなによく見ても費用がかかる、そして最悪の場合はかなり危険な存在であり、詐欺やひどい無秩序を引き起こす犯罪者にもなりかねなかった。たとえばグラスゴーでは、アイルランド移民、すなわち「近代が生んだこれらの野蛮人」は古くからの都市中心部に住みつき「毎夜、病気を撒き散らし、あらゆる種類の嫌悪感や犯罪を都市にもたらしている」といった、人種差別的でヒステリー気味のイメージが人々の不安をかきたてていた。[35] 一八四〇年代までに、「危険な諸階層」への恐れは、イギリス中の都市の財産所有者の間に広まり、脅威を与える社会の最底辺から自分たちを分離する社会的境界または差異を強く望むようになった。

レスペクタブルなミドルクラスがとった明らかな解決法は、混雑した都心部を捨て、市街地のはずれに新しく作った郊外に移り住むことであった。一八四〇年までに見られたはっきりとした兆候として、とりわけもっとも急速に発展する商工業都市では、社会の両極化が地理的な分極化を促した。これらの新しい住宅開発は流行の住居だけでなく、より大きなプライヴァシーや安全を住民に与えたが、この開発の魅力は、ごく近いところに洒落た邸宅がまばらに集まり、ちょっとした通りをもった、よりいっそう小さく安定した都市が富裕層向けに特別に作られたことであった。たとえばニューアークでは、一八二〇年代に、十九世紀初頭に発展した小規模な郊外の工業地区の反対側の端にサウス・パレード地区が作られた。アベリストゥイスでも一八二〇年代に、明らかに流行を追った名前——マリーン・テラス、ローラ広場、ノース・パレード——をもつ通りと洗練された住宅の小さな集まりが新しいアセンブリ・ルームのそばに開発され、ファッショナブルとはまったく言いがたい港周辺と切り離された孤立した飛び地〔特別な地区〕が

作られることになった。

排他性は、この時期の都市の社交の中心であった多くのクラブやソサエティ、宗教組織の中で、入会条件を厳しくして「望ましくない」要素を排除することによっても達成できた。ピーター・クラークは、一八〇〇年以前のイングランドのクラブでは、階層に基づく排他的な会員募集はほとんど行なわれていなかったと論じている。もっとも、クラークは、スコットランドのクラブではこの時期を通して社会階層による分化が見られたことを認めている。しかし一方、新規に会員になるには既存の会員による紹介をうけて選挙が行なわれたが、場合によっては屈辱的な拒絶をも辞さなかったため、大半の中間層社会の構成は平等主義というよりずっと排他的なものになった。たとえば、一八一〇年にロンドンに移り住んだトマス・カーターという仕立屋の職人は、彼の家主の紹介で文芸協会のディベートへの出入りを許可されたが、「一般」会員として選出されるまでには、一五年も待たねばならなかった。一八三〇年代のリヴァプールのユダヤ教シナゴーグでは、俗物根性や利己心が「小貴族」を鼓舞して「会員の限定されたサークルであり続けるために」入会金を値上げしたといわれている[36]。

社会的排他性は、民衆文化の多くの側面に対する不寛容さの高まりと密接な関係があったとされている。熊掛けのような残酷なスポーツが非難されたのは、それらが野蛮で粗野だという理由だけでなく、都市の労働者階層が苦労して手に入れた収入を酒やギャンブルにつぎ込ませ、病気や老齢による貧困に陥りやすくさせたからである。同様に、工業の盛んなランカシャーのウェイクも、道徳改良家たちから非難された。それは合理的改善の逆を行くもので、労働者は倹約や真面目さ、品位、貞節、自己抑制というブルジョワの中心的な価値観を意図的に拒絶したように思われる。下層の人々の「放蕩ぶり」はとりわけ心配の種になった。というのも多くの都市の隣人関係は、厳格に文字にした法律ではなく、ミドルクラスのレスペク

タビリティ観念とはまったく異なる道徳規範によって成り立っていたことは明らかであったからだ。よき隣人とは、友情と同情、実際的な援助を自分の周囲の人々に対して与える者であり、逆に真面目さや控えめさはさほど高い価値を与えられていなかった。したがって、家族のために一生懸命働き、友人を公正に扱う女性は、非嫡出子をもちパブで飲んだくれていたにもかかわらず、コミュニティ内では「振る舞い全般において立派である」とみなされたのである。(37)小売店主や親方職人の家族でさえ、泥棒や盗品売買人、娼婦と別け隔てなく交わり、一方で子供たちは通りで一緒に遊んでいたといわれている。

しかし一七七〇年から一八二〇年ごろには、レスペクタブルな労働者階層とふしだらな貧民の間にくさびを打つ断固たる努力が行なわれたが、それは女性の性行動に焦点が当てられたように思われる。裕福で社会的野心をもつ商工業者には礼儀正しさの厳格な基準が適用された。彼らは路上での自由で気楽な不品行を拒絶し、社会的ステータスは妻や娘の節度や貞節、洗練さ次第であるという考えを吸収し、行儀の悪い一般大衆と自分たちとを差異化したのである。十八世紀後半に夜の通りを巡回するために雇用された治安官や教区小役人、夜警の義務は、十九世紀初頭の新しい警察の訴訟記録に第一の任務として現れているような窃盗や暴力犯罪に立ち向かうためではなく、むしろ望ましくない行為の抑制にあった。とりわけ規則に従わない子供は、日曜日の路上から怠け者をなくすミドルクラスのキャンペーンの対象になった。たとえばティヴァトンでは、通りで遊んでいる「ふしだらな」子供を駆り集めて日曜学校に送り込むために、規律促進協会が一八三二年に設立された。大都市の路上で商売に精を出す娼婦は、いっそう大きな道徳的な憤激を買った。彼女らは大きな港の海岸沿いや工業都市のいかがわしい地域に群がっていたが、紛れもなくファッショナブルな都市中心部にもいて、当時の人々を不安にさせた。たとえば一七八〇年代のロンドンを訪れたある外国人女性が劇場の外で馬車を待たないように注意されたのは「自分よりもずっとよい

ものを着ていて、とても美しく見える、身持ちのよくない女性の集団」のひとりに間違えられるという理由からであった。エレガントなテラスハウスの階段部分に疲れ切った娼婦が座り込む光景は、古典的な都市の審美眼的理想だけでなく、ブルジョワのレスペクタビリティ精神を大きく傷つけるものだった。

一七八一年一二月の『ノッティンガム・ジャーナル』が解決策としてあげたのは、そういった「尻軽女」に矯正院で厳しい労働をさせる判決を下すことであり、そうすれば「自由の身になったとき（誠実で勤勉な仕事につくことで）めいっぱいこの世の生活のありがたさを享受できるだろう」というものであった。[38] 同様に、彼らが都市下層社会の生活の厳しい現実を意図的に見ようとしなかったことは、教区単位の救貧行政担当者たちの懲罰的な態度にも明らかである。一七九〇年代と、一八二〇年代の危機の時期に再び救貧制度の経費は急激に上昇し、一見して悲惨な状況にある貧民の「無知とモラルの欠如」を非難する傾向が強まった。その結果、救貧費用を減らし、「救貧に値する」レスペクタブルな貧民と最底辺の「救貧に値しない」と烙印を押された貧民とを明白に区別するやり方が、エリートの中で徐々に主流になっていった。道徳改良家たちは救済をまったく与えないか、あるいは潜在的な救貧の請求者たちに昔ながらの救貧に対する「権利」を思いとどまらせるような屈辱的な状況を課すことが、長い目で見れば貧民にとって利益になると心から信じた。とても安定していた上品な州都市、ベリー・セント・エドマンズでさえ、救貧税納税者は一八〇〇年に貧民に「バッジ」をつけることを強く主張し、生活保護をうける貧困者の右肩に「P」の文字をつけることを強制したし、また一八〇九年には、公共の慈善事業に出資する者たちの数は数年の間に徐々に減っていると記されていた。しかしこれらの厳しい懲罰的な態度は、改革を強要された人々による暴動や治安を乱す行動を引き起こす危険をともなった。一八三八年のニューカッスルのタウン・ムーアで催された大規模なチャーチスト集会で、ある演説者が、もし都市当局が新救貧法を実施に

移すようであれば、四万人以上の人々に武器をとらせ、市中を焼き討ちすると言ったとき、レスペクタブルな人々の最悪の悪夢が現実になったように思われた。

したがって、一八三〇年代までには、市民としてのアイデンティティや都市コミュニティ観は、新しい水平的で階級に基づく社会の分化を示すようになったが、これは一七七〇年代以来、首都や主要地方都市ではすでに顕著であった。収入と地位における相対的な不平等がより明らかになるにつれ、そして高まる消費者の期待が不公平にしか働かず、変わりやすい「進歩」なるものによってくじかれると、「慎み深い心地よさ」や「社会的調和」は不和や対決に向かって傾いていったようである。しかし強調されるべき重要なことは、社会関係は依然としてあいまいで大きく変動する面も残しており、むしろ激しい暴力をともなう憤慨のパターンは定着しなかったということである。最近の研究は、「社会的秩序と一般的な生命力という点において、［ジョージ王朝期の］都市が……批評家が恐れるほど暴力的でもなかったし、犯罪も多くなく無秩序でもなかったこと……。したがって、都市の成長は社会の病理学的な崩壊の予兆ではない」というペネロピ・コーフィールドの評価を裏づけている[39]。

家父長制や服従といった古い社会秩序が平和で豊かな黄金時代であったわけではないことは、まず理解されねばならない。そうでないとレトリックと現実を取り違える誤りを犯すことになろう。事実、一六八〇年から一七六〇年の都市ルネサンス期には、拡大する社会的エリート内での文化的合意はすでに社会の両極化に大きく左右されており、とりわけミドリング・ソートは「立派な社交界の仲間」の定義から都市の大衆を除外することで「第一級のジェントルマン」の仲間入りを果たすことにとても熱心であった。また、旧市街地での社会的混交の大きさを過度に感情的に評価するのも間違いであろう。というのも、比較的安定していた伝統的な都市コミュニティの内部にさえ、通りごと、また別の場合では同じ建物内のフロ

アごとに、社会的分化や分裂の大きさを示すはっきりとした証拠があるからだ(40)。

同じ理由で、一八四〇年以前の社会変化の大きさを誇張するのも間違っているだろう。エディンバラのニュー・タウンの建築は社会的分化の有名な例であるが、それにもかかわらず、裕福な中心地区から貧しい郊外へと放射線状に広がる工業化以前の社会的に混交する隣人関係のパターンは、十九世紀に入っても、イギリス中の都市に残っていた。同様に、道徳とイデオロギーの観点から民衆文化を抑圧する奮闘努力が一貫して続いていたとする確かな証拠もない。一七九〇年代または一八二〇年代に始まる激しい抗議は、十六世紀や十七世紀の改革家が述べた不満と、その口調も内容もほとんど差がないように思われる(41)。民衆に特有の習慣や行動を抑圧したのは、しばしば混雑する都市の路頭で競馬や牛追いをすることがますます破壊的で危険になったというきわめて現実的な理由によるものであった。一七九五年の『リーズ・マーキュリー』が伝えているように、酔っ払って大騒ぎをしながら歩きまわり街灯に発砲するのは明らかに犯罪行為であったし、一方、バーミンガムで毎年開催される競馬への民衆の支持は、見物人が殺されて以降、一七七〇年代に急激に落ち込んだ。伝統的な形をとる多くの民衆娯楽がこの時期に衰退したのは上からの圧力ではなく、むしろ民衆文化の内部での変化から生じているとするヒュー・カニンガムの議論は、十八世紀最後の二〇年間に関していえばますます説得力のあるものになった(42)。

ジョージ王朝期の都市には、家父長主義的な慈善の伝統的水準を維持しようとする強力な圧力団体も残っていた。たとえばベリー・セント・エドマンズでは、貴族のマナ裁判所は後により厳しい基準をもとめる大多数の小規模商工業者に屈したが、はじめは貧民にバッジをつける提案に反対していた。同様に一八三〇年代初期には、サザクのセント・ジョージ教区の役人が、地域の治安判事はしばしば救貧の支払い額を引き下げる努力を台無しにする、と不満をもらしている。教区の救貧に法的な権利をもたないことが明

らかな娼婦やアイルランド人の家族でさえ、定期的に生活補助を与えられていた。救貧は常に寛容策と締めつけ策を交互に繰り返していたが、十九世紀初頭の都市貧民には影響力のある多くの庇護者がいた。たとえば聖職者のトマス・ダイクスが「あなた方の中で罪なき者は、間違った人を真っ先に非難しなさい〔ヨハネ八─七〕」という聖書の一節を説教したところ、レスペクタブルなハルの会衆から次のような不快な質問を受けることになった。

立派で高徳な隣人の中で育つ代わりに、有害な煙がたちこめる、天使のような光をも腐敗させかねない道徳的に堕落した路地で幼少時代から過ごしたとしたら、そんな環境の下で彼らがどんな人間になるか、あなたはわかりますか？(43)

排他的ではない都市への帰属意識やコミュニティの定義は都市の成長と社会的分化の圧力の中でしっかりと生き残り、それどころか、ジョージ王朝期が終わりに向かうにつれて、その力を強めていった。

第七章　都市と変化

彼の脳裏に突如、浮かんだ。廃墟の時代は過去のものとなり……、人々は美よりも有益さを大事にするようになった。……しかし、正確に理解されるならば、マンチェスターはアテネと同じく、人間が生み出した偉大な創造物なのだ。

ベンジャミン・ディズレイリ*（一八四四）(1)

ジョージ王朝期のイギリスにおける都市の成長と社会変化との関係は、長期にわたる、そして時には激しい議論を引き起こした。概して経済史家は、楽観的な当時の観察者が称揚した富、進歩、文明社会についての肯定的なイメージを支持しがちであり、都市がこの時期、国民経済の発展を先導する決定的な役割を果たしたと主張した。一般的に都市は、フェルナン・ブローデルの言葉を借りれば「数多く存在する変圧器」と伝統的にみなされ、「緊張を増大させ、交換を促進し、人間生活をいつまでも攪拌してやまない」ものであった。そのため、都市の成長が産業革命に付随する経済的、社会的変容の重要な原因となったと結論するのも当然のことであった。それどころか、都市民のエネルギーと進取の気性はそれ自体、変化の決定的な動因であり発生させるもののひとつとみなされた。一七四一年にバーミンガムをはじめて訪

れたウィリアム・ハットンは次のように述べている。「私はこれまでただずっとぼんやり想像するだけであった。しかし、今、私は現実の人々の中にいる。彼らは軽快な足どりで道路を行き来し……これまで見たことのない活気を帯びていた」[2]。

＊ ベンジャミン・ディズレイリ（一八〇四—一八八一）：ロンドン出身の政治家、小説家。一八六八年と一八七四—八〇年までイギリスの首相であった。ユダヤ人の歴史家を父にもつが、一三歳でキリスト教の洗礼をうけた。一八七六年に伯爵位を授けられ、ビーコンズフィールド伯爵を名乗った。

文明社会の担い手？

しかしながら、ジョージ王朝期の都市を経済的、社会的変化両方の原動力として描く、好意的で媚びているようにさえ感じるこうした捉え方は、もうひとつの強力で伝統的な考え方から攻撃された。それは、都市生活を繁栄や進歩というよりはむしろ物理的、道徳的堕落や破壊と絶望とに結びつける考え方である。こうした悲観的な解釈は、当初、ロンドンに焦点が当てられていた。ロンドンは「巨大で、みだらで、手に負えない、大きくなりすぎた都市」を、不潔で危険な迷宮として描く際の古典的モデルとなり、ロンドンの住人は「教区教会に祈禱書の代わりに銃をもっていかなければならない状況下にあった」といわれた[3]。都市の発展が速度を増すにつれ、この道徳的批判の対象は、拡大し続ける保養地とレジャー・リゾート地を含むまでに広がり、暴飲暴食、ギャンブル、売春の温床というおなじみの言葉で糾弾された。デイヴィッド・イーストウッドが主張したように、都市文化に対する批判についていえば、「都市の下水という目に見えるものが、深く汚染された精神の象徴となった」のである[4]。

一方、十八世紀後半に商業と産業を主導した都市のがむしゃらともいえる拡大は、都市に反感をもつ者たちの考え方に急激な変化をもたらし、住人の悪徳や浪費よりも都市の構造的な問題を強調するようになった。ノッティンガムは一七八〇年にある旅行者によって「私が見たロンドン以外のすべての都市の中で……もっとも立派で整然としていた」と評されていたが、その後の環境のいちじるしい劣化はこの町を汚物、病気、極度の困窮の代名詞にしてしまった。一八一〇年にある人物が「ここでは建物がよみがえって、いる。まるで偶然、原っぱにマッシュルームが投げ出されたかのように立ち並んで」おり、貧困にあえぐ靴下編み工が「腐った肉についたウジやチーズに群がるコナダニがこれ以上ひっつくことができない」くらいにひしめいていた、とうんざりするように記していた[5]。十九世紀初頭の市街地中心部のスラムにはコレラと革命の恐怖がはびこっており、進歩や改善といった観念とは相容れなかった。「なんという場所だ！　地獄への入り口が現実のものとなった！」とは、「世界の煙突」たる「すすけた」マンチェスターを訪れた旅行者の誰もが示す反応であった[6]。

しかしながら、都市文化の擁護者は、「正確に理解されるならば」マンチェスターのような都市の創造的なエネルギーが本来的で必然的な進歩であると主張し続けた。こうした楽観的な都市礼賛者たちは、伝統的な慣習と不合理で偏狭な偏見に無条件で従うことから生じる愚鈍で単調な停滞した生活と、都市の経済的な活力、社会的魅力、文化的な多様性とを対比させた。彼らの主張によれば、商業と産業の拡大によってさまざまな可能性が明らかとなり、そのことがもっとも優秀で優れた若者を必然的に都市に惹きつける要因になった。都市では、能力のある野心的な労働者が田舎よりもずっと高い稼ぎを受け取ることができた。都市生活の挑戦的で競争的な風潮は、新しい試みを行ない現状を改めるよう都市の労働者を刺激した。さらにまた、彼らは富を蓄積するだけではなく、市民社会の優れた道徳的、文化的価値観を身につけ

たのである。

都市の変化を促す都市環境の力について、一八二六年に出版された〔ノッティンガムシャーの〕ワークソップ史の書物の最終段落には次のように述べられている。その力は「自由で幅広い交流が循環する媒体」にたくわえられ、そのことが「個人の地位や家族の名声による区別」を徐々に破壊し、「相互の独立」(mutual independence) という新たな概念を作り出した。(7) 一八二〇年代のワークソップ――一八四一年の国勢調査の時点でかろうじて人口五〇〇〇人をこえる程度――は、大都市の活力や畏敬の念を起こさせる巨大さとは無縁の世界だったであろう。しかしこの地方による市民社会の定義は、スコットランド啓蒙の哲学から直接、引き出されたものであった。だからこそ、この著者も社会的美徳の啓発が「近代的」で自由な価値観の発展、ひいては道徳の改善と密接に関係していたと確信していた。マンチェスターのピーター・ギャスケルやロバート・ヴォーン*、リーズのエドワード・ベインズ**のような、一八三〇年代と一八四〇年代に都市の美徳を擁護した著名な作家はすべて、都市社会が育んだ開かれた討論や論争の重要性を強調した。彼らは特に、ひとりよがりの満足に異議を唱え、進歩的な理念を普及することが重要だと述べた。「お互いが仲間を刺激しあえば、優れた包括的な知性を備えることになる。商店、工場もしくは市場、地元のアソシエーション、ニューズ・ルーム、宗派の集会などすべてが、この活気ある心と心の接触を促進する」のであった。(8)

* ロバート・ヴォーン(一七九五―一八六八):会衆派の聖職者。神学、歴史、哲学など幅広く執筆活動を行なった。ロンドンのユニバーシティ・カレッジで歴史を教え、ホイッグ派の主導者たちとも交友を深めた。

** エドワード・ベインズ(一七七四―一八四八):ランカシャー出身の著作家。プレストン在住の商人の息子であり、彼自身はプレストンで印刷業の徒弟修業を行ない、その後、リーズに場所を移した。リーズの改革を訴え、メカ

ニックス・インスティチュートの設立やその他の都市改良に尽力する一方で、議会改革などの国内の多様な問題に関するコラムを新聞に掲載した。

その結果、ジョージ王朝期のイギリス中の都市が知的活動と社会的革新の中心になった。発展する製造業都市や商業都市がその地方で新しい科学や技術、財政に関する知識を広め、新しい教育的、芸術的、知的基準を形成することに主要な役割を果たしたのは明白であろう。多くの事例からひとつを取り上げると、ニューカッスルのウィリアム・ターナー*は一七八四年にハノーヴァー・スクエア教会で、イングランド北部においては、はじめての試みとなる二つの日曜学校を始めた。彼は十九世紀初頭に活動をさらに広げ、貧民の子どもたちのためのロイヤル・ジュビリー・スクールと子ども向けの図書室、そして成人労働者の教育要求に応えるためのメカニックス・インスティチュートを創設した。一八二五年にニューカッスル文芸・哲学協会（彼が中心となり一七九三年に設立）は、新しい立派な建物に引っ越したが、そのときまでに同協会は八〇〇人の会員を擁し、女性を受け入れたはじめての「文芸・哲学協会」となった。そして五年後には、前年度に設立された自然史協会を含む三つの科学団体を有することになった。同様に進歩的な指針をもったクラブやソサエティが、大都市以外の、たとえば人口一万人以下のヨークシャーのホワイトビーのような比較的小さな都市にも見られた。とりわけ討論協会は十八世紀後半に人気となり、政治的問題から社会的、倫理的そして哲学的な問題にいたるまで幅広く議論された。一七八六年六月一二日にチェスターフィールドでは、一〇〇名の男女が参加した「イギリス国民にとって贅沢は利益をもたらすのかそれとも不利益になるのか」という議論が、合理主義的な経験主義を多少意識しすぎる雰囲気の中で、三時間にもわたって行なわれた。(9)

＊　ウィリアム・ターナー（一七六一―一八五九）：ニューカッスル出身の長老派の聖職者（ユニテリアン）。ウォリ

ントン・アカデミーやグラスゴー大学に学び、特に科学への関心を高めた。五九年もの間、ニューカッスルで牧師を務め、ニューカッスルの文化的発展に大きく貢献した。

独立心に富んだ考えや集団主義的活動によるこの新しい都市世界は、とりわけ政治改革を目指す急進的な運動と結びつけられた。一七八〇年以降、民衆の急進主義は、ロンドンと南部の繊維産業都市からミッドランドと北部の産業都市へと、北方に急速に広がった。そこは政治的主張のために世論を動かす「近代的な」運動の展開と遂行にとって理想の地であった。たとえば都市の活動家は、奴隷貿易に反対する運動を先導し、「自由と博愛があまねく普及すること」に賛同する世間一般の感情だけではなく、奴隷制が時代遅れで不適切な経済的システムのなごりだという、説得力があり影響が増大しつつあった感覚にも訴えた。一八二〇年代後半から一八三〇年代はじめまでに、すべての階層から前例を見ないほど多くの男女が、イギリス全土の都市の市庁舎、アセンブリ・ルーム、教会、礼拝堂、パブに集まり、奴隷制に反対する大量の小冊子、パンフレット、ビラ、新聞を読み、奴隷制廃止の請願書に署名した(10)。その数はチャーチズムなどの比較しうる他のどの問題よりもはるかに多かった。一八三〇年代までに大英帝国のもっとも辺鄙な田舎でさえ、黒人奴隷が全人類の家族の一部であり、したがって「人権」をもっているという主張が正当だと一般的に受け入れられるようになった。ブリストルのユニテリアンが、一八三三年にレヴィンズ・ミードの教会で説教してもらうためにヒンズー教の改革者ラジャ・ラモハン・ロイを招待したということも、同様の急進的で理想主義的な精神に基づくものであった。

「進歩」の限界

しかしながら都市内部で、保守的で伝統的な価値観、すなわち「啓蒙のプロジェクト」と称されたものに対抗する価値観が強い力をもち、訴え続けていたことを軽視するのは間違いであろう。都市の多くの急進主義者は、政治改革や奴隷制の廃止、宗教的寛容を支持することと、愛国主義的な市民や臣民としてのアイデンティティとの間に何の矛盾も感じてはいなかった。一八三〇年代に奴隷制廃止主義者の大規模集会で演説した人々は、聴衆に向けて話す際に、言葉でたとえるだけでなく時には実際にユニオン・ジャックを体に巻きつけた。にもかかわらず、彼らの敵対者は自由で進歩的な運動をいまだイギリス社会の政治的、文化的、宗教的な結合を脅かす危険な破壊活動と捉えがちだった。一七五三年のユダヤ人帰化法の通過は、イングランド中の都市で「われらが救世主の公然たる敵をわれわれの社会に植え込むことだ」として反対する怒りのデモ行進を引き起こした。一七九〇年代にはプロテスタント非国教徒でさえ疑われ、彼らは政治的急進主義やフランス革命の非道な行為と密接に結びつけられた。ある王党派のバラッドは「争乱が彼らの本来の狙いだ」と一七九一年にブリストルの住民に警告していた。

羊は偽りの姿であり本当は狼の群れなのだ。
われわれはどうして信じることができよう。
J・プリーストリー*は火薬となり、
王座を血で染めよう。

偉大さと善は、
粉塵の下に埋まるだろう。[11]

一八二〇年代と一八三〇年代の自由主義的な風潮の中にあってさえ、都市社会のローマ・カトリックへの態度は、リンダ・コリーが「偏見に満ちた広大な上部構造」と特徴づけたものによっていまだ形作られていた。[12] その時期にグラスゴーやスコットランドの低地地方西部の発展中の都市に移住したカトリックのアイルランド人には、偏見と偏狭な態度が向けられたが、これはジョージ王朝期の都市ではどこでも見られたものだった。一七八四年にマンチェスターに設立された急進主義的な日曜学校は、国教徒、カトリック、非国教徒の子どもをともに教育することを目的としており、厳しい宗教上の分離が通例であった中では稀有な例外であった。マンチェスターは実際に激しい宗派対立で有名であり、政治的な激情が高まったときはいつでも、全宗派を統合する普遍主義を奨励するいかなる試みも失敗に終わった。

＊ ジョセフ・プリーストリー（一七三三―一八〇四）：長老派の聖職者（ユニテリアン）。神学、哲学、歴史、政治、言語、教育、科学など幅広い多くの著作を発表しているが、特に科学に関する造詣は深く、酸素の発見者としても知られている。彼は奴隷制廃止運動に参加し、数多くの宗教的、政治的問題に関する論争的な論文を発表し、宗教的寛容や政治的自由を訴えた。そうした彼の思想は急進主義的として危険視され、バーミンガム在住中に二度の焼き討ちにあい、アメリカに渡り、晩年を過ごした。

さらに、人々は国家と教会のもつ古い秩序を支持することによって自身の力を強化した。カトリック救済法の通過によって引き起こされた一七八〇年六月のゴードン暴動によって、エリートの政治サークルの中にあった偏狭な反カトリック感情を訴える力が弱められることになった。しかしながら保守的な新聞は、

この破壊的な市民暴動の爆発と「偽りの愛国主義的言説」とをすばやく結びつけ、政治改革運動が「首都に火を放ち、血で染める新たな動乱」や「オリバー・クロムウェルを独裁者の椅子に据えるような新たな反乱」さえをも導くことは避けられないと主張した。[13] 十七世紀の政治的、宗教的な分裂は、啓蒙の時代にも長い影を落としており、その影は急進主義的なユニテリアンの科学者であり知識人でもあったジョセフ・プリーストリーと、一六〇五年の火薬陰謀事件とを結びつけるという前述の当時の感覚からも明らかであった。この時期、一貫して既存の政治的、宗教的体制を擁護していた群衆が起こした暴力的な「教会と王」暴動と、議会改革を要求して一八一九年の八月にピータールー広場に集まった六万人の平和的なデモは、ともにそれまでの都市の経験の中から生み出されたものだった。それどころかブリストル、ダービー、ノッティンガム、マーサ・ティドヴィルで起こった一八三一年の改革暴動、一八三六年から一八三八年にかけて北部産業都市で吹き荒れた新救貧法の導入反対運動、一八三九年のニューポート蜂起はすべて、保守勢力だけが暴力的だったわけではなかったという不安な事実を示していた。

外国人旅行者は、機会があるごとに「自由への激しい感情も生粋のイングランド人暴徒の荒々しいいらだち」も見たところでは抑えきれないお酒への渇望によってたきつけられたことを記述した。ヘンリー・フィールディング*の時代からチャールズ・ディケンズの時代まで、作家たちは「特に民衆のアルコールに対する飽くなき渇望」をことさら嘆き、彼らの飲酒の習慣を貧困と都市環境の悲惨さとに結びつけた。しかしながら、フィールディングは暴飲が都市エリートの中にも広がっていたことを十分知っていた。延々と繰り返される乾杯や誓いの言葉を言いながら「お酒を強く勧める」ことは、パブや酒場での内輪の集まりだけでなく、クラブの集会や私的な夕食会でも広く行なわれており、「礼儀正しい」社交界ではいつでも大量の酒が消費されていた。[14] 啓蒙期のエディンバラでは、エディンバラ名誉ゴルファー協会のような社

会的に選ばれたグループでさえも、一七六七年まで彼らの集会は普通のエールハウスで行なわれていた。酔っ払いながらの議論や口論によって、同業クラブや討論協会の進行だけではなく、競馬や舞踏会、アセンブリもがたびたび中断された。一七六三年一月に、バースのウィルトシャー会館で行なわれた洗練された文化の象徴ともいえる女王誕生日の舞踏会で「ちょっとした騒動」がもちあがった。真夜中にさしかかるころダンスが突然終わりになり、「ジェントルマンたち」が、ニガース（温かいワインにお湯や砂糖などを加えた飲み物）の新しい杯をすぐに用意できなければ鏡やシャンデリアを壊すと脅すやいなや、それを待つことなく酒の大杯を壊し、ワインを部屋中に投げつけた。[15] 六年後、新しい儀典長の選挙が引き起こした大衝突の後、市長は統制の回復のために部屋で暴動法を読み上げなければならなかった。

＊　ヘンリー・フィールディング（一七〇七―一七五四）：サマーセット州出身の小説家。イートン校、オランダのライデン大学で古典を学び、ミドルテンプル法学院で法学を学んだ。一七四八年にはウェストミンスターの、一七四九年にはミドルセックス州の治安判事も務めた。代表作は『トム・ジョーンズ』。

ギャンブルもまた、都市社会のあらゆるレヴェルに蔓延していた。労働者や小規模な商工業者は一週間分の賃金をホイストやクリベッジなどのトランプゲームや、スキットルズやコイン投げなどの賭事に使った。その一方で、デヴォンシャー公爵夫人ジョージアナのような貴族は、カードめくりやクリケットの試合の賭に大金を無駄に費やしていた。特に闘鶏は、非情で残忍なものとして次第に糾弾されるようになっていたものの、一八四九年に法律で禁止されるまで幅広い社会階層の男性たちに支持され続けた。ピーター・ボーゼイが確信したように、「動物の試合における人々の攻撃性や競争心は、とりこになるほどの楽しみであったことの証であり、たくさんの賞金や賭金によって高められた」。[16]

こうした例からいえることは、一八三〇年代半ばに「イングランドの優美さの向上はゆっくりとしたも

のであった」と言ったファニー・トロロープの認識に異議を唱えることは難しいということである。伝統的な態度や慣習の多くは新しい都市世界の中にも明らかに生き残っており、変化する環境にゆっくりと、しぶしぶ適応していった。『シェフィールド・アドヴァタイザー』は一七九〇年に、「特に下層の人々の中で」頻繁に行なわれている女房売りが、実際には違法であることを読者に気づかせる必要があると考えていた。[17] 公式、非公式を問わず、多くの社会的機能がいまだ、伝統的な季節の祭典や都市の儀礼や祭式と結びついていた。「都市ルネサンス」を象徴する新しい形式の催し物や文化的活動でさえ、流行の温泉や海辺のリゾートでの「仲間」意識を高める儀式ばった行動に見られるように、伝統的な要素を時おり取り入れていた。新しい活動の推進者が執拗に主張し反対要求を行なったにもかかわらず、この時期に医学的な処方として宣伝された水治療法は、「近代」科学の進歩だけではなく、神聖な泉のいやしの効果に対する伝統的な信仰にもよっていた。

したがってこのいわゆる理性の時代にも、非合理主義は社会のあらゆるレヴェルで強力な訴える力をもっていた。全国紙も地方紙も、田舎の貧民の「迷信」を一貫して非難していたけれども、実際には魔女、魔術師、あらゆる種類の魔法使いが都市を拠点に活動し、幅広い顧客からの尊敬をほしいままにしていた専門的サーヴィスを地域の人々に提供し続けていた。一八四〇年代初頭にイングランド北東部に住んでいたある農場主は、牛疫に悩んでおり、農場で働く労働者の妻が家畜に邪悪な目を向けていたことを疑い、高名な「魔術師」であったニューカッスルのブラック・ジャックに助言を求めた。ブラック・ジャックは、もし元凶を突き止めたいのなら真夜中に健康な若い雌牛の心臓を止めるようにと農場主に指示した。「恐ろしい物音が時おり聞こえていたことを……覚えている」と後に労働党の庶民院議員となった人物は日記に記している。また「それがどのように説明されるかは別にして、牛疫がなくなったのは事実である」と

も書かれていた。[18] 最近の研究は、魔術信仰だけでなく正統な宗教の持続的な力についても示す方向にあり、歴史家に都市の成長と世俗化の進展とを結びつける伝統的な捉え方に疑問をいだかせるようになった。宗教に対する無関心というよりはむしろ宗教的な情熱が、都市啓蒙の鍵となる多くの特徴をもたらしたのである。もっとも影響力のある知的、道徳的、政治的改革運動の多くは宗教に基礎をおいていた。[19]

都市における文化的発展の速度がかなりの地域的多様性をもっていたこともまた重要である。州都市や司教座都市には、教育をうけた知的好奇心をもつ人々が集中して住んでいたと想像されるが、しかしそういった都市やそのすぐそばでさえ、「近代的な」考え方が影響力を及ぼすには時に苦労がともなった。十八世紀初頭のスタンフォードでは、尚古家であったウィリアム・スタックリー*が「聖職者であろうと俗人であろうと、学問と発明に何らかの興味や愛着をもつ者はひとりとして見つけ出せなかった。だから私は実際、誰ともつきあいがなく、棺の中で死んでいるのも同然だった」と述べている。サミュエル・ジョンソンが「哲学の都」と絶賛したリッチフィールドでさえ、都市の知的で文化的な集団はかなり限られており、一七七〇年代にエラズマス・ダーウィンの植物学協会の集会に出席したのはたった二名か三名程度であった。[20]

＊ ウィリアム・スタックリー（一六八七—一七六五）：リンカーンシャー出身の尚古家。ケンブリッジ大学で医学を学び、医者となり、一七一九年にはケンブリッジ大学から医学博士の学位を取得した。その一方で、尚古協会の設立に尽力し、九年間事務局長を務めた。

ジェンダーと社会的な差異はともに、都市社会の少数派が変化を生み出し、維持する上でかなりの制約となっていた。たとえば、女性はしばしば、知的、文化的ソサエティの一連の活動から完全に排除されていたし、女性の識字レヴェルはかなりゆっくりとしか上昇せず、一貫して男性の識字レヴェルよりも低い

ままだった。他方、十八世紀の後半以降の多くの商工業都市が急速に拡大したので、これらの活動的な都市では都市化のとてつもない速さとその大きさが生み出した障害を克服するためには、「進歩」の力をもってしても大変な苦労を必要とした。十八世紀の前半では都市が民衆の識字の砦であった――事実、都市生活は一般的に、あらゆる層の人々により高い識字能力を身につけさせることを促した――ことは確かであったが、十八世紀後半から十九世紀初頭にかけての識字率の上昇はとてもゆっくりとしていた。古くからの市場町や州都市は田舎に対する指導的地位を保持し続けたけれども、グラスゴーやエディンバラ、ボルトン、ベリー、ハリファックスのような急成長した都市では、田舎からやってくる読み書きのできない移住者の流入や劣悪な環境の中で生き残るための日々の苦闘によって、識字率は停滞するかあるいは衰退さえしていた。十九世紀の初頭に人口が三倍になったアシュトン・アンダー・ラインでは、自分の名前を書ける者の割合は一八二三年の四八パーセントから一八四三年の九パーセントにまで急激に落ち込んだ。対照的に、ロンドンの識字率は、ジョージ王朝期のイギリスのどこよりも高く、新しい世紀に向けて首都独特の大都市としてのアイデンティティを支えるものとなった[21]。

文化の伝播：ロンドンの影響

ロンドンから直接の影響をうけない地域では、文化的・知的活動の歴史が浅い上にその内容も偏っていたことから、イギリスの地方都市の影響力がこの時期に実際には縮小したと確信している歴史家もいる。地方都市はその後背地の社会的・経済的変化を自ら先導するのではなく、むしろ首都の単なる衛星に落ちぶれてしまい、ロンドンの流行をただひたすら模倣し、ロンドンの価値観を都市のヒエラルキーを通して、

下に位置する諸都市に伝えたのである。これを読むと、国中どこでも、地方都市の最大の関心事は「自分たちが位置する王国の一部たる小ロンドン」として認知されることであり、ヨーロッパ最大の都市ロンドンとは富の大きさと洗練の程度だけが違っていたことになる[22]。

確かに、ロンドンがイギリスのその他の地域に与えた大きな影響を否定することは難しいであろう。ロンドンに近接する東南部の後背地から遠ざかるにつれ、ロンドンの巨大な市場と無数の生産者のもつインパクトは目に見えて弱くなった。しかし一八二七年にスコットランドのダムフリーズのミッド・スティープルに設置された道標は、その地がロンドン圏に含まれる確かな証拠であった。道標はギャロウェイ家畜市場の家畜商にロンドンのスミスフィールド精肉市場が三三〇マイル離れた南にあることを思い起こさせた。ロンドンはまた、文化の中心として、同時に情報や批評の生まれる地としても卓越していたが、これは国の社会的、政治的エリートのかなりの部分が少なくとも毎年ある時期にはロンドンに居住していたせいであった。芸術、文学、音楽における主要な革新のほとんどはロンドンで生まれたが、新しい消費パターンや建築の新しい流行、「洗練」された立ち居振る舞いの新しい基準が最初に広くとり入れられたのもロンドンであった。エディンバラは十八世紀において独自の文化をかなりの程度保持し続けたが、それでもスコットランド社会の富裕層は「ロンドン嗜好」をもち、冬の社交シーズンにはエディンバラではなく、むしろロンドンに行っていたことはすでに明白であった。

しかし、「ロンドンは変化をとげる礼儀正しい文化の中心ではあったが、その推進力ではなかった。ファッションや趣向のあらゆる変化が見られたが、その本質を決定しているわけではない」というポール・ラングフォードの観察には注意を払わなければならない[23]。国民の文化的統合が進み始め、それはいわゆる「ロンドン嗜好」が実際どこから始まったかなどという詮索をほとんど不可能にしてしまうほどであった。

加えて、ジョージ王朝期のイギリス史に記述の重点をおく特徴をもっていた当時の著述家は、首都の文化的優位に疑問をはさむことなく受け入れていたように思われる。しかしながら、これらの著述家の圧倒的多数はロンドンに本拠をおいた者たちであり、ロンドン中心の世界観をもっていたことを頭に入れておくべきである。ジョン・ブルーアは「地方都市の文化は、ロンドンから見るとわずかな影響力しかもたず、ロンドンで最優秀と認められたものの供給にもっとも役に立った。……文化の伝達は地方から発せられるのではなく、ロンドンから一方的に外に出て行く」と指摘した[24]。しかし、アイディアや革新というものはただ単にロンドンから地方都市へ流れていくというよりは、むしろ双方向的なものだと考えることも明らかに可能であった。ロンドンへの移住者は、現実には地方都市で教育をうけ、経験を積んだがゆえに注目に値しないような未熟者として退けられるような人々ではなかった。たとえば、〔地方都市の〕リッチフィールドがデイヴィッド・ギャリックとサミュエル・ジョンソンの二人の知的研鑽に大きな役割を果たしたのであり、それは彼らがロンドンに引っ越して経歴を積むずっと以前のことであった。地方都市の製造業者の「発明の才、能力、勤勉さ」は技術の分野だけでなく美的センスでも発揮されており、靴下や繊維工業に見られた絶え間ない革新や「バーミンガムの工場で真っ黒になって働く芸術家」の活動がその好例を示している[25]。

ダイナミックで捉え所のない社会変化の過程を、文化的模倣のモデルの中で満足いくように説明することはいかなる場合でも難しい。同時代の多くの批評家は、生意気な家事使用人から野心に燃える地方商人にいたるまで、大半の者たちが自分たちの隣人よりもまさりたいという激しい競争心だけでなく、つまるところ貴族やジェントリからなるロンドン社会の一員になることに夢中になっていたと、何の疑問もなく考えていた。しかしこれらの批評家は決して客観的な観察者ではなかったし、地方都市の男性や女性がロ

ンドンの「優れている」文化や物質的な豊かさを取り入れることに熱中しているという批評家の強調は、都市の大多数の人々の動機や欲望ではなく、むしろ批評家自身の社会不安を表していたことを歴史家は忘れてはならない。新しい消費財やレジャー活動の多くは、ロンドンとのつながりに関係なく、市民自身の目的に合ったために幅広い層の支持を得たと思われる。たとえば、カーテンや窓の日よけはますます混雑していく都市環境にとっては歓迎される革新であり、ロンドンの最上級の家で見られるような最新の織物と最新のスタイルでできたカーテンを所有することから得られる社会的威信というよりも、明らかに実用性ゆえに評価された。もちろん「邪悪な都市」の悪評高い贅沢や浪費と大差ない流行に対しては、ある程度の文化的抵抗があったかもしれない。スタナ・ネナディックは、エディンバラやグラスゴーの中間層の消費者は地元で作られた消費財を買う傾向があり、多くはロンドンの最新の流行品を追いもとめるのではなく中古品を入手していたと主張した。本章の冒頭で引用したディズレイリの言葉の繰り返しになるが、ネナディックの研究は、「多くの家財の所有や利用への強い実用的なアプローチ」、すなわち地位や美しさではなく有用性を強調したのである(26)。

さらにロンドンだけが、ジョージ王朝期のイギリスが提供したファッショナブルな近代化の模範ではなかった。意欲的なリゾート都市であるアベリストゥイスは、十九世紀はじめの数十年間に市内の主要な通りを改名する際、確かにロンドンの有名な通りや場所の名前を使い首都の威信を借りることを望んだ。すなわち、バック・レーンはグレイズ・イン・ロードになり、バーカーズ・レーンはクイーン・ストリートに替わった。スタッフォードシャーの製陶業都市のハンリーでも似たような経過をたどり、町の二つの大通りのイメージを改善するためにピカディリーとパルマルという名前をつけた。しかしアベリストゥイスのマーシュ・レーンは、バースのノース・パレードの名前にちなんで命名されたが、その視点は「バース

とチェルトナムに張り合う遊歩道」たるマリーン・テラスといった当時の人たちの言葉の中にも表れている。[27] 温泉都市や海岸リゾート都市は、事実、しばしば建築の流行の最前線をいったが、その理由の一端は革新的なデザインが都市の魅力や格式の評価を高めるのにもっとも重要であると認識していたことにある。とりわけバースはジョージ王朝期の建築の見本となり、投機的な改良事業の質の高さと規模の大きさは見た目にもその斬新さで違いがはっきりとわかる景観を作り出し、旅行者に感銘を与えていた。またバースは、他のリゾート都市が張り合い、または可能であるならそれをこえるためのひとつの目安となった。たとえばバクストン、クリフトン、ブライトンはバースのロイヤル・クレッセントを意識し、お互いにイギリスで最長かつ最大のクレッセント〔三日月形の街路〕を作ろうと競争しあった。結果は、海岸線にそって八四〇フィートの長さをもつ一八二〇年代に計画されたブライトンのルイス・クレッセントに軍配があがったが、元になったロイヤル・クレッセントの四分の一の長さでしかなかった。

したがって、ジョージ王朝期の都市の間で行なわれた比較と競争は、ロンドン優位の社会的・文化的ヘゲモニーが主張するよりもずっと広く複雑でもあった。アベリストゥイスは頂点に立つロンドンのミニチュアになりたいと本気で望んでいたわけではなかった。そんな比較は、一八四一年の国勢調査時に依然として五〇〇〇人足らずの住民しかいなかったウェールズ西海岸の小さな港湾・リゾート都市にとってはまったく現実的ではなかった。この都市は上述のように自分たちよりも大きくファッショナブルな海岸部の都市と張り合うことを望み、「ウェールズのブライトン」とせいぜい称する程度であった。地元の一番熱心な開発業者でさえ、本当の競争相手がテンビーやリントンといった、高級ではあるが小規模なリゾート都市であることを知っていただろう。[28] 意欲的な港湾都市はリヴァプールをモデルにし、意欲的な金属工業都市はシェフィールドやバーミンガムの偉業に見ならい、意欲的な繊維工業都市はマンチェスターやグラ

スゴー、リーズを模倣した。さらに、これらの成長地域にある都市のどれもが、商業や製造業の市場としてだけでなく、文化的資本の投資を通して強い競争心を顕わにしつつあった後背地にそびえ立っていた。マンチェスターの綿紡績業者は文化的に無教養であるとの評判であったが、地方都市の啓蒙のモデルになったのはロンドンを本拠にした王立協会や尚古協会、工芸協会よりもむしろマンチェスター文芸・哲学協会であった。

イングランド北西部の工業地帯におけるマンチェスターの圧倒的な地位は、全国的な市場の開設や全国的な協会の創設のいずれもが、ダイナミックな都市を中心とした地域への強い帰属意識の出現にかなうものではないことをはっきりと示している。イングランドのミッドランドや北部の一部では、スコットランドの低地地方と同様に、全国的なものと地域的なものとが相互に手を携えて発展する新しい形が生まれてきたように思われる。(29) その直接的な結果として、当時の多くの人々は地方都市を抑えこむロンドンの伝統的なヘゲモニーが十九世紀初頭の数十年間にはじめて深刻な挑戦に直面していたと感じていたし、その挑戦はおそらく一八四〇年代に頂点に達しただろう。ドロア・ワーマンは「人々の集合的な経験の中で、はじめて、「ミドリング・ソート」――都市であれ農村であれ――が選択の可能性をもつにいたった」と語った。すなわち、ロンドンを中心とする「洗練された」文化を採用するか、それとも「この外部からの侵入」に対抗して自分たちの独立した地域の基準や価値を主張するかであった。(30)

事実、主要な地方都市には、首都の文化と対抗する市民文化の持続的な活力や魅力を示すたくさんの証拠があった。(31) ジョージ王朝期に書かれた都市史は、首都の貴族文化に傾倒し「文化的屈服」と呼ばれるような兆候を示すのではなく、地方都市が長きにわたって享受してきた独立心と行動の伝統を強調する傾向があった。明らかにその読者は、地方都市の当時の繁栄が自分たちの伝統の保持と固有の文化の強さに依

拠しているという結論にたどり着くよう仕組まれていた。たとえばニューカッスルはローマ時代、帝国の北の辺境に位置しており、住民はデフォーのいう「古物商向けの多くの商売」に囲まれた生活をしていたが、彼らは自分たちの町がローマ帝国と完全に対等だと感じていた。たとえば十八世紀の前半に建設されたタインサイドへ石炭を運び下ろすための木製の軌道が、ローマ帝国のアッピア街道に匹敵するものとして賞賛されたのである。事実、これらの精巧で高価な炭車の軌道が「石炭業全体のごく一部」でしかなかったという理由で、「大きな新星」たるニューカッスル市民の業績はローマ時代の自分たちの祖先をこえていると論じられた(32)。

熱心な郷土愛は、洗練された首都に対する畏敬の念と必ずしも両立するものではなかった。ブリストルを訪れたある貴族は、市民が彼の地位に敬意を払うことなく通りで彼に向かって帽子を脱いで挨拶しなかったことに怒り、市民がまるでローマの元老院議員をきどっていると不平を述べた。地方都市の目からすると、洗練された文化は「邪悪な都市」の贅沢、怠惰、そして浪費と常に結びつくものだった。一方、自分たちの伝統は敬虔、博愛、自制といったキリスト教の一般的な美徳だけでなく、「産業精神やビジネスへの周到な応用」を促すものであった。たとえば一七六〇年代初期に、ノッティンガムのエリート市民の中で大きな影響力をもっていた一団は、町の常設劇場の建設に対し「大衆の注目を集めすぎると人類のモラルに害を与え都市の製造業〔利益〕に反するとして、宗教的理由からも商業的理由からも」反対した(33)。数カ月後、セント・メアリーズ・ゲート劇場に登場した主役の男優のひとりは、アディソンの愛国的な悲劇『カトー』を上演したという理由で、浮浪者取締法により逮捕された。市の長老たちは変化を大いに望んでいたが、しかし、その変化は自分たちのもとめる条件でなされなければならなかった。

文化の伝播：都市と農村

多くの人々は農村風景を好み、ちょっとした景色にさえ満足している。

トマス・フェアチャイルド（一七二二）[34]

最近の歴史地理学が強調する市民文化の弾力性は、明らかに、大都市が発するあらゆるファッショナブルな革新を熱心に取り入れたがっている地方都市民、という伝統的なイメージに挑戦状をつきつけている。しかし、地方都市がその狭い後背地の人々にくまなく影響力を行使することができたと誇張するのもまた同様に間違っているだろう。十九世紀初期のランカシャーの小都市ロッチデールの住民は彼らの拡大し繁栄するコミュニティを「世界の中心」とさえみなしていた。しかし地域の誇りからくるこの自信に満ちた主張からは、彼らの「世界」が、ランカシャー農村部の農業経済と都市とを結びつけていた周辺の小さな定住地からなるネットワークの中に、実際のところどれくらい浸透していたかはよくわからない。[35]

一六六〇年から一七八〇年の時期におけるブリストルの文化的影響を研究したカール・エスタブルックは、ブリストル市民が「首都の悪影響」に抵抗したのと同様、サマーセット州の村民も市民文化の農村への侵入に対して抵抗を示したと述べている。彼は「規模の大きさ、高い人口密度、雑多な喧騒ぶりが都市を際立ったものにしている。しかしこうした特徴によって、都市が農村の経験の中心にあったとは考えられない」と主張する。[36] 対照的に、彼は村民も都市の新しい移住者も、農村生活の物理的環境や社会構造、文化的慣習へ強い愛着をもっており、この愛着が都市のさまざまな観念の浸透に対して彼らを敵対させた

ことを確認した。この文脈では「都市ルネサンス」に関わる変化は、実際のところ、都市と農村のメンタリティの溝を深め、二つの世界観を分離させる目に見える境界と見えない境界の両方を強めたのかもしれない。これらの境界がようやく崩れはじめたのは十八世紀がまさに終わろうとするころであり、教区制が崩れ、郊外化が農村部にまで広がってきたときであった。この解釈によると、地方都市が農村部における社会的・文化的変化のエンジンとしての役割を果たしたという主張は、かなり疑問だといわざるを得ない。

　農村＝都市関係についてのこの挑戦的な見方は、都市の主導的な役割も、都市文化の本質的な優越性もこの時期には当然なことでなかったことに注意を促している点で有益である。しかし一方で、エスタブルックの発見は、さらなる地域研究によって裏づけされない限り、全面的に受け入れられるものではない。たとえば、ブリストルとその隣接する村との境界は、ブリストルをグロスターから、あるいはスタントン・ドリューをペンズフォードから隔てる境界とは質的に異なるとはいっても、決して確かなことではない。地域への帰属意識といった地元への帰属意識はジョージ王朝期のイギリスでは強く残り続けた。ブリストルとその後背地との関係は例外的であり、イングランド、スコットランド、ウェールズの他の場所では、洗練された都会（または市民）社会と農村社会の結びつきがむしろ典型的であったのかもしれない。十八世紀のブリストルは商業や植民地貿易の大きな中心地であり、大西洋圏と向き合い、国際的にも国内的にも「西の首都」であった[37]。対照的に、時期は少々早いが、一六六〇年から一七四〇年にかけてのシェフィールドとその隣接地についてのデイヴィッド・ヘイの研究は、都市と農村の利益を統合する「地域的な社会システム」の発展を強調している。ジョン・ストバートもさらに広い地域の他の町や村に住む家族や友人を都市民と結ぶ強い人的ネットワークがイングランド北西部にあったことを発見した[38]。

　このように数千人の人口しかいない小都市の多くが、ブリストルで見られたように、周囲から切り離さ

れることは本来的にはあり得ない。アンソニー・リグリーが指摘したように、都市は農村との関係の強さに依存していたので、都市部が孤立すればするほど、その経済を支えるのに必要な供給者や顧客、移住労働者をうまく惹きつけられなくなるのだ。(39) したがって、都市と農村の際立った文化的・社会的な溝は、変化の担い手としての都市の影響を制約するだけでなく、都市の人口成長率を弱めることになるであろう。これは、ジョージ王朝期のイギリスの都市の大部分が、農村出身者が流入したことによって拡大していたという証拠とは相容れない。

しかしこのことは歴史家が社会的、文化的変化の単純なモデル、すなわち合理的で世俗的な近代化の理念を粗野でまったく気乗りしない農民に植えつけることによって都市が「農村的なイングランドを先導する」というモデルに立ち返ることができるということではなかった。(40) 洗練された都会文化と市民文化の間の複雑な関係が示すように、文化の伝達は一方通行の過程である必要はなく、農村風景や農村の伝統がこの時期の都市人口の大半にかなり大きく影響し続けたという証拠もたくさんある。

たとえば、農村のイメージが十八世紀中に見違えるほど向上したことは明らかである。(41) 湖水地方やピーク・ディストリクト、スコットランドの高地地方などの人里離れた山間部について、シーリア・ファインズやダニエル・デフォーと同じ時代に生きた者たちは、野蛮で荒涼としており、魅力のかけらもないと切り捨てていた。しかし自然界のよさが新たに発見され、旅行の目的地として人気が出てきた。農村の野趣に富んだロマンチックな風景は、新たに見出された絵のように美しい風景への礼賛を呼び起こしたが、それは十八世紀の後半にますます混雑していった都市部の状況と対比された。しかし、農村の風景や娯楽に対する都市エリートの熱狂ぶりは、急激な発展をとげた製造業都市や商業都市で見られた環境の悪化が最悪の状態になる以前から起こっていた。マンチェスターやバーミンガムにはともに、十八世紀の中ごろに

は年会費でまかなわれる、都市が保有するキツネ狩り用の猟犬の一群がいたし、一方で伝統的な農村スポーツや娯楽が流行していたことは魚釣りやガーデニング、アーチェリーが国中の都市部で見られたことからもわかる。

都市環境を評価する際、当時の流行として、この自然の再発見が大きく影響していた。ロンドンのウェスト・エンドの整然としたスクエアやテラス〔連続した住宅の町並み〕、エディンバラの優雅な「ニュー・タウン」に見られるジョージ王朝期の古典様式の建築スタイルが生んだ整然とした均一性は、一七六〇年代にすでに批判されはじめていた。建築家のジョン・グウィンは当時最新のセント・メリルボーンの開発について「けたはずれに長い、素っ気ないレンガの壁しか見るべきものがない」と不平を述べた。イーグルシャムにあるレンフリュー伯の小さな綿紡績会社と並んで、アシュトン・アンダー・ラインやミルフォード・ヘイヴン、ペンブローク・ドックのような小さな町は、依然として伝統的な様式にそって設計されていたが、「その魅力ある不規則性」は今や都市計画にふさわしい理想であった。実際、十九世紀のはじめにジョン・ソーン卿*は、最新の開発に見られる「うんざりするような無味乾燥さと退屈な単調さ」を厳しく非難し、エディンバラの入り組んだ不揃いでひどく不潔な旧市街が、実際には「整然として洗練されたニュー・タウンより美しく、またさほど不便でもない」と述べている(42)。

＊　ジョン・ソーン卿（一七九二―一八三三）：イギリスの建築家。代表作にイングランド銀行がある。

重要なことは、都市に住む大半の者はどんなに裕福でファッショナブルであったとしても、都市を捨てて農村に逃げ出そうとは思っておらず、都市内にもっと「自然な」風景を作り出そうとしていたことである。理想をいうなら、都市の中の農村を表現することにあったと要約できる。すなわち農村の中からいくつかの要素を選択し、ジョージ王朝期の都市風景の中にそれを取り入れることであった。並木道や公園や

個人の庭園が十七世紀末から十八世紀はじめにかけて増加したが、これは市民社会の本質的に都市的な理想の追求と自然界への賞賛とを調和させる努力を示す際立った証拠である。都市のスクエアは「農村的な楽しみを考えさせる」ために「田舎風」に設計されなければならないといわれていた。(43)牧歌的な静けさに合うように、ロンドンのキャヴェンディッシュ・スクエアでは「すすで汚れた顔とやせこけた体つき」のおどおどした羊の小さな群れが連れてこられたし、バースのロイヤル・クレッセントの下にある斜面では羊や家畜に草を食べさせていた。

ロイヤル・クレッセントはバースのその他の開発事業と同様、イギリスの卓越した保養地が提供する洗練された社会的、商業的サーヴィスや医療サーヴィスを住民が簡単に手に入れられ、同時に周辺農村の美しい眺めを楽しむことができる都市の中の農村という理想を表していた。十八世紀の都市に住む男女にとって魅力的であったのは、泥にまみれた、時には厳しい田舎の生活の現実ではなく、自然の眺めであった。事実、当時の観察者はキャヴェンディッシュ・スクエアの羊の窮状に同情を寄せ、少々皮肉めいて「都市の中に農村を作る次のデザイナーは、すべての羊にペンキで色を塗るべき」で、ついでに「もしボール紙の水車やブリキ製の滝をつけ加えたならば、田舎の風景が完成するだろう」と言った。(44)

郊外化はこの種の混成をほんの少し、都市の中心部から外側に向かって広げただけのことである。というのも都市社会の上層は町から外に出て行く――または町の中に入ってくる――大通りにそって「田舎風の別荘」を作ったからである。都市の裕福な人々が欲しかったものは広大な所領に念入りに作られた農村の美しさのお手ごろ版であり、ロマンチックで絵のような美しい風景を遠く離れた地にもつことではなかった。一七九四年から一八三四年にかけてなされたロンドンのセント・ジョンズ・ウッドの開発はその手本を示しているが、明らかに自分の庭園の中に一戸建てや二軒ひと続きの別荘を自然のままに配置したも

のであった。この様式はナッシュがより入念な形でリージェント・パークに取り入れたが、同時に一八二〇年代のチェルトナムの急激な発展やバーミンガムの南西部の端にあるエッジバストンの開発にも疑いなく影響を与えたものである[45]。

したがって、郊外の開発は都市中心部から移されたものであり、都市から逃げ出したものというわけではなかった。「美しく飾られた別荘」や「オルヌ風〔フランス北西部〕コテージ」は完全に都市的なものではなかったし、また完全な田舎風でもなかった。それどころか、それらの建物は長期にわたる都市文化と農村文化の交渉の結果であり、従来考えられていたような対立よりは、むしろ相互依存関係を強調するものであった。ジョージ王朝期の都市が、田舎の無知や迷信に絶え間なく抵抗し続ける啓蒙の輝かしい灯台であったと主張するような、美しい農村と不潔な都市とをはっきりと線引きするのは実態にそぐわないであろう。

結　論

自然と農村に対する都市世界の反応のあいまいさは、一六八〇年から一八四〇年にかけて都市社会が全体として示した柔軟性と弾力性を典型的な形で象徴している。合理化や世俗化、近代化といった「進歩的」価値観の明白な勝利はなかったが、急速な都市化の避けがたい圧力に直面し、都市社会が病理学的な崩壊をとげたわけではなかった。「農村から見ると、目覚ましい変化をとげている都市は避けるべきものを一目で示してくれる格好の教材であった」というエスタブルックの主張にもかかわらず、都市社会は魅力的であり続けた[46]。調和や秩序から、対立や混沌へと必然的に滑り落ちていったわけではなかった。さら

に、イギリスの都市に対する反感は明らかに広がっていたが、急速に成長し、ますます影響力を強めつつあった都市という少数派の力を消し去ってしまうほどには広がっていなかった。

古典的な伝統の中で育てられた聖職者や道徳改良家、知識人は、都市生活について敵意をもって描写するのが常であったが、都市に自由やチャンスを期待する、それと同じくらい強い民衆の伝統があった。都市は住民にとっては魅力的であったが、道徳改良家たちにとっては悩みの種であった。というのもまさに都市の市場が、孤立した農村村落が享受できる以上に、独立した生活を営むより大きなチャンスを住民に与えたからである。ジョージ王朝期の都市ではどこでも雇用の機会が集中し、広範囲にわたる商品やサーヴィスが手に入ったが、そのことは男性にも女性にも、勤勉と怠惰、悪徳と美徳、成功と失敗の、まさしく消費者としての究極の選択を可能にした。

ウィリアム・ホガースのもっとも有名な版画のひとつである『ジン横丁』は、都市の腐敗をこれ以上ない形で明瞭に表す表象としてしばしば単独でも複製される。しかしホガース自身は、姉妹編の『ビール街』と一対のものとして鑑賞されることを意図していた。『ジン横丁』の中では、餓死しかけている乞食とみすぼらしい呼び売り商人が貧困、窮乏、荒廃の中で生き残ろうと必死にもがいている。泥酔して自分の子供を落として死においやった「放蕩」女性もまた絵の中心に陣取っている。それとは対照的に『ビール街』では、肉づきのよいかわいい女性使用人が裕福な小売商人のグループとなれなれしくふざけあっている一方で、二人の着飾った魚売りたちが漁業をたたえるバラッドを読むのに一生懸命である。そのうちのひとりは泡の吹き出たビールのジョッキを手にしているが、彼女が「邪悪な都会生活」を送っている「みだらな街娼」であることは示唆されていない。(47)もちろん、どちらのイメージも都市が経験していた捉え所のない「現実」を代表しているわけではない。それらはともに、際立った対照をなす首都の典型的

な生活を描いていた。しかし、これら二つの風刺画の根底には、都市には明らかに道徳的な世界があって、市民が男女ともにそれを選択する力をもっていたことがある。この場合には、よきイギリス製のビールかまたはひどい外国産のジンかの選択であり、彼らはその結果、自分の人生がどうなるのか十分承知していた。『ビール街』は平和とあり余るほどの物の豊かさと社会的調和を、『ジン横丁』は公私にわたる災難を表していた。

しかし、実際の生活の中では、道徳改良家たちが考えるようにはっきりと選択できることはきわめてまれであったことを認識しなければならない。おそらく、ジョージ王朝期の都市に住む男女ひとりひとりが周囲で起こっている重要な社会的、文化的変化に対して柔軟で偏見のない態度を発展させ、市民的、都市的、田園的な文化の競い合う主張がお互いに排除しあうものでないことを認識していた。ワーマンが主張するように、「おそらく明瞭な選択をしようとする……すべての人々の中に、心を決めかねている二人の人間がおり」、異なる文脈の中では異なるどの選択肢も正しいという多元的モデルの中で、国家、地域、近隣への帰属意識という明らかに矛盾するものを調和させていたのである(48)。

したがって、この時期の都市社会は互いに相反する、ダイナミックな社会であり、それは経済変化やその過程において生まれる軋轢から形成されたものであった。そしてその活力が多様な伝統の結合から生じたものであり、ジョージ王朝期イギリスの社会的、文化的変化の複雑な過程の中心にあったのである。

『ビール街』（ウィリアム・ホガース，1750-51 年）

『ジン横丁』（ウィリアム・ホガース，1750-51 年）

付表1　イギリスの大規模都市，1680-1841年*

17世紀後半**		1700年ごろ		1801年		1841年***	
ロンドン	311,000	ロンドン	575,000	ロンドン	959,000	ロンドン	1,948,000
エディンバラ	50,000	エディンバラ	50,000	マンチェスター	95,000	マンチェスター	311,000
グラスゴー	18,000	ノリッジ	29,000	リヴァプール	82,000	リヴァプール	286,000
ニューカッスル	15,000	ブリストル	20,000	エディンバラ	81,000	グラスゴー	261,000
ノリッジ	14,000	グラスゴー	18,000	グラスゴー	77,000	バーミンガム	183,000
ヨーク	14,000	ニューカッスル[a]	18,000	バーミンガム	71,000	エディンバラ	164,000
ブリストル	13,000	エクセター	14,000	ブリストル	61,000	リーズ	152,000
アバディーン	12,000	アバディーン	13,000	リーズ	53,000	ブリストル	125,000
ケンブリッジ	11,000	ヨーク	12,000	シェフィールド	46,000	シェフィールド	111,000
オックスフォード	11,000	ケンブリッジ	10,000	ニューカッスル	42,000	ウルヴァーハンプトン	93,000
エクセター	10,000	グレート・ヤーマス	10,000	プリマス	40,000	ニューカッスル	90,000
イプスウィッチ	10,000	コルチェスター	9,000	ノリッジ	36,000	プリマス	70,000
グレート・ヤーマス	9,000	プリマス[b]	9,000	バース	33,000	ハル	67,000
カンタベリー	8,000	バーミンガム	8,000	ポーツマス	33,000	ブラッドフォード	67,000
ダンディー	8,000	チェスター	8,000	ウルヴァーハンプトン	31,000	ダンディー	65,000
コルチェスター	7,000	ダンディー	8,000	ハル	30,000	アバディーン	63,000
ハル	7,000	イプスウィッチ	8,000	ノッティンガム	29,000	ノリッジ	62,000

ソールズベリー	7,000	マンチェスター[c]	8,000	アバディーン	27,000	サンダーランド	55,000
シュルーズベリー	7,000	オックスフォード	8,000	ダンディー	27,000	バース	53,000
ウースター	7,000	ポーツマス	8,000	サンダーランド	26,000	ポーツマス	53,000
チェスター	6,000	シュルーズベリー	8,000	ペイズリー	25,000	ノッティンガム	52,000
コヴェントリー	6,000	ウースター	8,000	ボルトン	18,000	ボルトン	51,000
ケンドール	6,000	カンタベリー	7,000	エクセター	17,000	レスター	51,000
ブラッドフォード・オン・エイヴォン	5,000	コヴェントリー	7,000	グレート・ヤーマス	17,000	プレストン	51,000
キングス・リン	5,000	ハル	7,000	グリーノック	17,000	ストックポート	50,000
ポーツマス	5,000	リーズ	7,000	レスター	17,000	ブライトン	49,000
ロチェスター	5,000	ソールズベリー	7,000	ヨーク	17,000	オルダム	48,000
				コヴェントリー	16,000	ペイズリー	48,000
				パース	16,000	マーサ・ティドヴィル	43,000

＊　人口の合計の数字は，1801 年と 1841 年も，概算であることを強調するために切り捨てられている.

＊＊　17 世紀後半の都市名がゴチックになっているものは，1841 年のリストにはないものである.

＊＊＊　1841 年の都市名がゴチックになっているものは，17 世紀後半のリストにはないものである.

a. ニューカッスルの数字はゲーツヘッドのものを含む.

b. プリマスの数字はデヴォンポートのものを含む.

c. マンチェスターの数字はサルフォードのものを含む.

出典：P. Corfield, 'Urban development in England and Wales in the sixteenth and seventeenth centuries', in J. Barry (ed.), *The Tudor and Stuart Town: A Reader in English Urban History, 1530–1688* (1990), pp. 35–62; J. Langton, 'Urban growth', in *CUHB*, ch. 14.

付表２　主要５都市の商工業と職業

マンチェスター1772年		エディンバラ1774年		バーミンガム1777年		ニューカッスル1778年		シェフィールド1787年	
140	イン（宿屋）	217	商人	248	イン（宿屋）	175	イン（宿屋）	206	刃物師
75	ファスティアン織製造業者	188	法廷弁護士	129	ボタン製造工	55	肉屋	174	酒類販売業者
58	問屋	171	法廷外弁護士	99	靴製造工	50	仕立屋	58	はさみ師
49	チェック織製造業者	169	食料雑貨商	77	商人	36	食料雑貨商・茶商	55	食料雑貨商
46	行商人	141	法廷外弁護士付事務員	74	仕立屋	35	かつら師	31	卸売商
44	小物製造業者	110	ワイン商	64	パン屋	32	事務弁護士	28	やすり工
27	靴製造工	94	法廷弁護士付事務員	56	玩具製造工	32	家具製造工	27	肉屋
26	床屋	86	パン屋	52	めっき工	31	靴製造工	27	仲買商
25	仕立屋	80	船主	49	肉屋	27	教師	20	商人
24	聖職者	79	靴製造工	48	大工	22	リネン商	19	パン屋
24	食料雑貨商	64	大工	46	床屋	21	チーズ商	16	大工・指物師
23	大工・指物師	61	醸造業者	46	真鍮鋳造工	21	粉屋	16	銀・真鍮細工商
23	帽子製造工	56	教師	39	バックル製造工	20	石炭調達人	14	教師
21	法律家	52	仕立屋	39	商店主	18	麻商品仕上げ工	14	靴製造工
17	紡糸業者	46	床屋	36	銃製造工	18	庭師	14	外科医
15	肉屋	45	婦人帽製造工	35	宝石細工商	18	毛織物商	13	ボタン製造工
15	リネン商	45	鍛冶屋	26	麦芽業者	17	水先案内人	13	聖職者

14	穀物商	45	厩番	24	毛織物商	16	パン屋	13	刃物類製造工
14	ファスティアン織染色工	39	内科医	23	庭師	16	桶製造工	13	床屋
13	ファスティアン織艶出工（圧布工）	35	聖職者	21	金物商	16	帽子製造工	13	リネン商
13	玩具・金物商	33	外科医	21	配管・ガラス工	15	貸し馬車業者	11	仕立屋
12	パン屋	30	銀行家			15	鍛冶屋	10	麦芽業者
11	家具製造工	24	画工・塗装工			15	外科医	10	銀製刃物師
11	庭師	21	書籍商			13	聖職者	10	ヴィゴボタン製造工
		21	宝石・金細工商			13	金物製造工		

出典：*Manchester Directory* (1772); *Williamson's Directory of Edinburgh* (1774); Peason and Rollason, *The Birmingham Directory* (1777); *Whitehead's Newcastle Directory for 1778*; Gales and Martin, *A Directory of Sheffield* (1787). 都市人名録の利用法として，以下を参照．P. J. Corfield and S. Kelly, 'Giving directions to the town: the early town directories', *Urban History Yearbook* (1984), pp. 25–35; E. P. Duggan, 'Industrialization and the development of urban business communities', *Local Historian*, **11** (1975), pp. 457–65.

解題

松塚俊三

1

本書の原題は *The Georgian Town 1680-1840* である。これを字義どおりに訳せば、「ジョージ王朝期の都市　一六八〇―一八四〇年」となるが、イギリス史の概説をひもとけば直ちにわかるように、表題は明らかに矛盾している。政治史上のジョージ王朝期はドイツのハノーファーからやってきたジョージ一世の統治が始まる一七一四年からジョージ四世が死去する一八三〇年までを指しているからである。しばしば建築史上「ジョージ王朝様式」といわれる時代もほぼこれと重なる。ジョージ王朝期をあえて前後に拡張した事情を、著者のエリスは都市史に限らず「変化の諸原因と諸結果がたいていの場合、たいへんゆっくりと長時間かけて姿を現す」からだと説明している。また著者は同じ理由から、タイトルにある一六八〇年も一八四〇年も都市史の「明快な分岐点ではない」と述べている。こうして選ばれたエリスの「長い」十八世紀は、スチュアート朝の後期（一六六〇―一七一四）からヴィクトリア期の開始時まで含みこむことになった。一六六〇年から一八四〇年までともなれば、「長い」十八世紀ももはや「世紀」とはいわれない長さに達するが、イギリス都市史のコンテクストからすれば、故なきことではなかった。エリスが都市史の長い十八世紀の開始を十七世紀の半ばとしたのは、長きにわたって激しい論争をくり広げて

きた、いわゆる「都市衰退論争」を踏まえてのことである。イギリスの「都市衰退論争」は衰退の時期区分から衰退の「危機」そのものを否定する議論まで多岐にわたり、その複雑さはエリスが述べているように「不案内な旅人が道に迷う危険を覚悟しなければならない学問的な地雷原」に近いものがあった。しかし、今日、多くの研究者が一致して認めていることは、十七世紀の中ごろになって衰退に終止符が打たれ、イギリスの都市がゆっくりと確実な成長過程に入ったことである。疫病や経済危機からの脱出、宗教改革や内乱からの回復、華やかな都市文化の再生を強調したピーター・ボーゼイの『イングランドの都市ルネサンス』(P. Borsay, *The English Urban Renaissance, Culture and Society in the Provincial Town, 1660–1770*, 1989) が一六六〇年を叙述の起点にしたのも決して偶然ではなかった。

一方、「長い」十八世紀の終点に一八四〇年が選ばれたことについては、さほど異論がないように思われる。もちろん、十九世紀都市への移行は都市衰退論争同様、継承と断絶をめぐってさまざまな議論がなされているが、一八四〇年はほぼ妥当な分水嶺であろう。記念碑的な作品である『ケンブリッジ都市史』の第三巻 (*The Cambridge Urban History of Britain*, vol. iii, *c.1840–c.1950*, 2000) に長い序文を寄せたマーティン・ドーントンも、一八三〇・四〇年代を長い十八世紀のイギリス都市システムが臨界点に達し、危機的な様相を強めた時代と位置づけている。その最大の理由は未曾有の人口増加、都市環境の悪化にインフラの整備が追いつかなかったことにあった。十九世紀の都市が莫大な資金を調達してインフラを整備し、十八世紀の都市システムに替わる、文字どおり「自治体」が重要な役割を果たす新しいシステムを構築していくのは一八七〇・八〇年代のことである。

本書が扱う十七世紀の後半から十九世紀の前半にかけての時代はイギリス史上まれに見る上昇と変化の時代であり、これまでさまざまな角度から研究がなされてきた。戦後いち早く研究に先鞭をつけたのは社

会経済史研究であったが、その後、研究は産業革命、農業革命、商業革命、消費革命、近代資本主義世界システム、帝国史、財政＝軍事国家、ナショナリズム、公共性、文化史など、研究の領域と視野を広げ、時代にふさわしい豊かな成果を生み出してきた。研究の背後にあったもっとも重要な歴史的事実は、十七世紀にはヨーロッパの二流国にすぎなかったイギリスが十八世紀の末に世界をリードする近代資本主義世界システムのヘゲモニー国家に成長したことである。十分な説明はなされていないが、本書の根底に据えられているのもこの事実である。長い十八世紀の間にイギリスの都市は人口を急激に増やしただけでなく、社会を全体として都市化し、農村とははっきり区別される都市的な文化を生み出した。この変化はヨーロッパ的な視野から見ても驚嘆すべきものがあった。そのことは、一七五〇年から一八〇〇年にかけて起こったヨーロッパでの都市人口増加分の、およそ七〇パーセントがイングランドで生じたことからも明らかである。一七〇〇年に全人口の七分の一を占めるにすぎなかったイギリスの都市人口は、一八〇〇年には三分の一にまで達した。この単純な事実とヘゲモニー国家への成長とはどう関わっていたのか。このダイナミックな変化は人間の生きた空間からどう説明されればよいのか。こうした課題に立ち向かったのが本書である。本書を通じてわれわれは、長い十八世紀の都市史研究の到達点を包括的な視点から概観することになる。

ピーター・クラークによれば、イギリスの都市史研究の成果は個別の都市あるいは特殊なテーマに関するモノグラフとそれらを総合した研究とに大別された（P. Clark, 'Introduction,' in *The Cambridge Urban History of Britain*, vol. ii, 2000）。両者は交互に盛んになることもあれば、重なることもあった。この三〇年間についていえば、全体を見通す総合的な研究の中でもっとも影響力が大きかったのは、多くの研究者が必ずといってよいほど引用する、ペネロピ・コーフィールドの *The Impact of English Towns 1700–1800*,

1982（坂巻清・松塚俊三訳『イギリス都市の衝撃』三嶺書房、一九八九）であろう。コーフィールドは十八世紀の都市を製造業都市、港湾都市、交通の要衝、軍需工廠都市、リゾート都市など、さまざまに専門分化していく都市機能に着目して十八世紀の都市史を個性豊かに描き出しただけでなく、都市発展の原動力を市民の意識、アイデンティティ、文化に表れる市民の主体性・能動性から捉え直した。人口史や制度史に偏ることなく、都市の機能に着目した彼女の研究はその後の研究に大きなインパクトを与えた。そのことは、『イギリス都市の衝撃』をひとつの出発点に研究を開始したエリス自身が本書の序章で語っているとおりである。しかし、一九八〇年代以降、都市史研究は膨大な量に達し、研究の対象や主題を小都市、女性、貧民、移住者、商人、ミドリング・ソート、専門職、都市の政治・文化など、一挙に広げるとともに、言語論的転回の影響をうけて、都市のイメージや表象を扱うようになった。また、イングランドの都市に偏りがちであった研究がスコットランドやウェールズを含むブリテンの都市史として、さらにはヨーロッパとの比較から叙述されるようになったことも一九八〇年代以降の大きな特徴であった。本書はコーフィールド以降、およそ三〇年の間に蓄積された新たな研究の成果を渉猟し、改めてこの時代の都市の全体像を描こうとしている。

2

コーフィールド以降の研究成果をふり返るとき、そのもっとも重要なポイントとして浮かび上がってくるのは都市システム（ネットワーク）という捉え方である。人口は都市を分類し、成長や衰退を跡づけるもっとも重要な指標であることに変わりはないが、都市の定義の難しさが象徴しているように、必ずしも十分なものではなかった。人口統計は都市の盛衰を示すことはできても、その原動力や原因に迫るには役

不足だった。一方、自治体＝法人格の有無を重要な指標とする制度史も後述する都市政治の重層的なあり方から見て、必ずしも十分な説得力をもたなかった。都市自治体の規制が産業の発展を阻害し、その制度的な規制が及ばない地域に工業が発展したことを強調する見方はもはや遠い過去の話である。

十七世紀半ばに着実な成長過程に入ったイギリス都市のヒエラルキーは、あらゆる意味で突出していたロンドンを頂点に、およそ四層の構造をなしていた。十八世紀を通じて全人口の一〇パーセントから一一パーセントの人口を占めたロンドンに続く都市は、エディンバラ、ノリッジ、ブリストル、グラスゴー、ニューカッスル、エクセター、ヨーク、アバディーンなどの主導的な地方大都市であり、これらの都市のほとんどが海外交易と結びついていただけでなく、それぞれが周辺の後背地をしっかりと統括する地方の中心都市であった。ヒエラルキーの第三層を構成したのは人口五〇〇〇人から一万人の約三〇の都市であったが、このグループは古くから州の中心地として栄えた州都市（county towns）と急速な工業発展によっていわば成り上がった都市との混成グループであった。長い十八世紀を通じて都市のヒエラルキーに大きな変動をもたらしたマンチェスターやバーミンガムなどの新興工業都市はこのグループに含まれる。都市ヒエラルキーの最底辺には人口二五〇〇人から五〇〇〇人を擁するおよそ五〇〇の都市が控えていた。これらの小都市（small towns）は商業を中心にさまざまな機能を担っていた。

従来の都市史研究はこうした階層秩序をなす都市の消長、なかでも急速に頭角を現す新興工業都市に関心を集中させてきたが、本書が展開する都市システムはロンドンから小都市にいたるすべての都市を、さらにはエクセター、ヨーク、オックスフォード、ケンブリッジ、イプスウィッチといった地位を低下させた都市をも含めて、さまざまな運命をたどる都市を地域的なネットワーク＝有機的なシステムとして捉えようとしている。長い十八世紀のイギリス都市は厳しい競争環境の下にあり、諸都市は得意な部門に専門

特化することで相互の競争を回避し、市場の隙間を埋める形で生き延びようとした。都市システムは大小の諸都市が相互に役割を分担することによって共存をはかるシステムでもあった。たとえば、ヨークシャーのウェスト・ライディング地方にその典型的な姿を見ることができる。繊維工業を中心に発達したこの地域は、リーズの毛織物、ハリファックスとブラッドフォードのウーステッド（薄手の毛織物）、ハダーズフィールドのカージー織、バーンズリーの針金製造、シェフィールドの刃物、ポンティフラクトの園芸、ネアズバラやハロゲイトの温泉、ドンカスターの瀟洒な住宅地といったように、それぞれの都市が大小を問わず、独自の役割を担いつつ都市間に、クモの巣のような有機的なネットワークを形成していた。同じようなネットワークはグラスゴーを中心都市とするスコットランド低地地方西部、バーミンガムを中心とするミッドランド西部、北西部ランカシャーにも見ることができた。これらは典型的なものであるが、どのような規模の都市も、多かれ少なかれ有機的なネットワークをさまざまな形で形成していたものと考えられる。都市システムはこうした地域的なまとまりをもついくつもの波紋になぞらえることもできるし、ピーター・クラークがいうように、振幅の異なる大小いくつもの波が形を絶えず変化させながら、ひとつのうねりを形成していたと見ることもできた（P. Clark, ibid）。あるいはローズマリー・スウィートの巧みな表現に従えば、ネットワークを構成する都市のひとつひとつが「身体の器官」として生命を維持する上で欠くことができない重要な役割を担っていたということになろう（Rosemary Sweet, *The English Town 1680–1840: Government, Society and Culture*, 1999）。従来、無視されがちであった小さな市場都市も都市ネットワークの重要な構成部分であり、農村との橋渡し役を演じながら、都市システムを全体として支えていたのである。あるいは小都市自体が都市システムの中で浮沈を繰り返していた。そして、これらを全体として統括していたのがヘゲモニー国家の首都、ロンドンであった。しかし、後述するように、ロンドン

という司令塔にすべてが一極集中していたわけでなく、ロンドンの指導的な役割は地域的な都市のネットワークとの「緊張に満ちた創造的な関係」を通じて発揮された。

およそ身体に余分な器官はなく、頭のてっぺん（ロンドン）からつま先（小都市・農村）まで血の通ったシステムと考える本書の都市論は、都市の個性を捉えたとはいえ、類型論の域を必ずしも出なかったコーフィールドの研究を一歩、先に進めるものであるといってよい。もちろん、それぞれの都市システムが内部にどのような金融・流通・人的関係を形成していたか、といった問題については十分に説明されているわけではなく、今後の検討課題である。本書の第三章以下は都市住民の帰属意識、文化や誇り、イギリス都市の柔軟性・融通性を論じているが、それらの事象もすべてダイナミックな変貌をとげる都市システムを根底に置いてはじめて説明できる事柄であった。

3

イギリスがヘゲモニー国家として獲得した世界の富は当然のことながら、都市システム間の激しい競争と都市社会内部の利害対立、軋轢を強めることになった。世界の各地から持ち込まれる富が大きければ大きいほど、都市社会内部の矛盾や利害対立も大きくなり、しばしば景気循環がもたらす経済危機とも重なって、環境の悪化、民衆の抗議行動を引き起こした。都市システムと並んで、本書を特色あるものにしているのはこうした対立や矛盾を乗り越えていくイギリス都市の柔軟性、融通性を一貫して強調していることである。都市は交通の混雑、騒音、大気や河川の汚染、公害、汚物、劣悪な居住環境、犯罪の増加など危機的な様相を強めるが、病理学的な矛盾を深めて崩壊の一途をたどったわけではなかった。都市は経済危機と環境の悪化、利害の対立や軋轢を和らげ、吸収していくきわめて柔軟な構造をもっていた。著者

はこの柔軟性をおよそ、（1）都市経済のあり方と住民の柔軟な職業選択、とりわけ女性が果たした役割、（2）都市の文化、帰属意識、（3）都市政治の重層的、多元的なあり方、から説き起こしている。

都市システム形成の原因でもあり結果でもあった都市経済の専門化はいうまでもなく分業の高度な進展なしには不可能である。しかし、分業は本質的に固定的なものではなく、むしろ景気の変動や技術の変化に応じて形を変え、職業を流動化し、多様化していくものである。したがって、都市の専門化はつまるところ複数の職業や副業、臨時の労働に従事し、状況の変化に応じて次々に職業を変えていく都市住民の柔軟な職業選択に支えられていたということができる。エリスが強調するのもこの点である。企業家から一般の庶民にいたるまで、一生涯にわたって同一の職業に従事することはリスクの高い、不確かな戦略であった。十八世紀の後半に多くの都市に登場してくる都市人名録も、その意味ではことの本質を見失いかねない不確かな資料といわざるを得なかった。

都市の経済と職業構成のあり方をいっそう柔軟なものにしていたのは女性の役割である。彼女らは夫の仕事を手伝い、時には街頭で物を売り、乳母となり、編み物や洗濯で稼ぎ、たくわえた小金を元手に融資するかと思えば、住居の一室をまた貸しするなど、さまざまな経済活動に従事した。洗濯のように、家事自体が他の女性の職業となりえたのである。女性が公的な世界から排除され、経済的にも不利な条件下にあったことは紛れもない事実であるが、男と女を隔てるコードは依然としてあいまいであり、女性は市場経済の隙間を埋め、家族の経済的な危機や収入の不足を臨機応変に補っていく潤滑油のような存在であった。エリスが強調するのは女性たちのこうした生き方が都市経済の基本的なセクターである衣食住を支えていた事実である。製造業都市、港湾都市、リゾート都市など、都市がどんなに専門化しようとも、衣食住は生活に欠かせないだけでなく、都市経済に占める比重が現代に比べてはるかに高かった。変化と競

争の激しい都市システムがもたらす経済的危機の衝撃を吸収し、都市社会に安定をもたらしていたのは、人々の柔軟な職業の選択、とりわけ女性の柔軟性が最大限に発揮される衣食住の経済セクターであった。

以上のことを踏まえることによって、都市の景観や環境、住民の帰属意識や統治の問題もよりよく理解することができた。これらの主題も都市システムや都市経済のあり方と切り離して論じることはできなかった。激しい競争と内部に利害対立をかかえる都市は景観を大きく変貌させ、あらゆるレヴェルで都市の環境を悪化させたが、都市の再開発・改造への衝動・熱気は環境の悪化や、産業革命に先行するものであった。「都市ルネサンス」で知られるボーゼイの強調点のひとつもここにあった。都市の再開発を主導したジェントリやミドリング・ソートと呼ばれる者たちにとって、自らが住む地区のインフラの整備も重要であったが、彼らが推し進めたクレッセント、スクエア、タウン・ホール、アセンブリ・ルームの建設、道路や歩道の整備は、彼らの美意識に支えられた町の誇りを象徴的に示すものであり、商工業を発展させた自信に裏打ちされた帰属意識の発露であった。古典様式に基づいて設計された壮麗で優美な建造物は視覚に訴える力をもっていただけに、その影響は全階層に及んだ。都市改造は多くの人間を都市に惹きつけるとともに、都市エリートを中心に公共の精神をも育んだ。エリートたちの都市改造が都市システムあるいは都市間の激しい競争を象徴しているとすれば、女性たちの役割はその矛盾や軋轢を緩和していたことになる。

しかし、本書をたいへん興味深いものにしているのは、洗練された都会文化（urbane culture）を称揚するのではなく、むしろその特徴と限界を冷静に見つめようとしていることである。建築物に象徴される洗練された優美な文化は後述する都市文化（urban culture）の重要な要素には違いなかったが、それによって都市文化のすべてを代表させるわけにはいかなかった。エリスにとって、都市エリートの美意識に支

えられた都市ルネサンスは、激しい競争と利害対立に満ちた都市システムを象徴的な形で示していた。都市エリートが再開発にこめた期待や町の誇りは、何よりも他の都市との比較を意識したものであった。同じ建築様式に基づく建造物であっても、その規模、壮麗さは都市ごとに違っていたし、建築材料には地元のものが使われた。同じことは消費のあり方についてもいえた。消費財のすべてがロンドンから送られてきたわけではなく、都市の住民は身近な地域から消費財を調達していた。また、都市の再開発自体も都市全体を包み込むほどのものではなかったし、統一もとれていなかった。都市の再開発は、実際には貧困な地区には及ばなかっただけでなく、個々ばらばらな改造の寄せ集めにすぎなかった。したがって、都市ルネサンスと呼ばれる現象は建築の様式、洗練された文化（urbane culture）を基準にする限り、国中を覆う流行としての普遍性をもっているように思われるが、その動機、推進力、実態から見た場合には決して均質なものではなかった。都市ルネサンスは都市文化の一部であり、都市システムという競争社会の中で都市エリートが他の都市に対する優位を追求した結果であった。エリスはボーゼイの都市ルネサンス論の過大評価を戒めているように思われる。

都市ルネサンスが都市文化（urban culture）の重要な一面である洗練された文化（urbane culture）を象徴しているとすれば、都市文化のもうひとつの重要な側面は都市エリートに限定されない、都市住民の共同体的な関係として表される市民文化（civic culture）であった。都市文化をこのように二つに分けて考えたのはジョナサン・バリーであるが、本書もほぼ同じ考え方に立っている（Jonathan Barry, 'Provincial town culture, 1640–1760: urbane or civic ?', in J. Pittock and A. Weir (eds), *Interpretation and Cultural History*, 1991）。都市の再開発は公共の精神、都市への帰属意識を高めたとはいえ、一部の街区に限られていたためにその影響も自ずと限界があった。経済的な危機、環境の悪化、社会の分裂に一定の歯止めをかけ、社

会に安定をもたらしていたのは伝統的な都市住民の社会的結合関係＝ソシアビリテに代表される市民文化であった。とりわけ貧しい者たちにとってその意味するところは大きかった。都市の下層民は教区の救貧制度、慈善団体、職場や出生地を同じくする者たちの相互扶助に見られる「よき隣人関係」を通じて都市社会への帰属意識を強めていたのである。膨大な数の移住者だけでなく、絶えず職業を変え、移動を繰り返していた下層の民が頼りにしたのは、公式、非公式を問わず、異なるタイプの人間に同時に働きかける重層的で柔軟な「よき隣人関係」であった。都市住民のソシアビリテは社会史研究の一時代を経たわれわれには目新しいものではないが、ヘゲモニー国家を支える都市システムの中にその衝撃を和らげるものとして位置づけられたことが重要であろう。いうまでもなく、先述した女性の役割もその一部であった。

都市文化や帰属意識の重層的なあり方は都市の統治＝政治にも反映された。従来の研究は腐敗と非効率の象徴であった都市自治体の寡頭支配と改革を求める急進主義との対抗を際立たせるか、あるいはマンチェスターなどの法人格をもたない都市の急激な発展を印象づける傾向が強かったが、本書の描く都市政治のイメージはそれらとは大きく違っている。もっとも大きな違いは都市行政を自治体（corporation）による一元的な統治と見ない点である。都市がかかえる諸困難は自治体によってのみ解決できるほどたやすくはなかった。都市の政治は、実際には、自治体だけでなく、救貧制度、慈善団体、アソシエーション、クラブ、教会、住民の近隣関係など、さまざまな組織によって担われる重層的、多軸的な構造を示した。こうした都市政治の捉え方は十六・七世紀のロンドンに関するV・パールの論文や坂巻氏の編著の中ですでに指摘されているだけでなく、国家をも公共社会を構成するひとつの政体（polity）として相対化する、最近の混合・複合政体論とも軌を一にしている（V. Pearl, 'Change and stability in the seventeenth century London,' *London Journal*, Vol. 5, No. 1, 1979; イギリス都市・農村共同体研究会編『巨大都市ロンドンの勃興』刀

水書房、一九九九)。本書は国家や議会、政治勢力など、より高次の政治を論じてはいないが（この点は本書の大きな欠陥）、王権、議会、国教会から末端の教区組織にいたるまでさまざまな政体が織り成す権力秩序の社会史とも深く関わらざるを得ないであろう（John Brewer and Eckhart (eds.), *Rethinking Leviathan, The Eighteenth-Century State in Britain and Germany*, 1999)。本書の都市論を国家論やさまざまな社会集団が織り成す実際の係争問題の中で検討することも今後の課題である。

エリスは都市政治のプルーラルな統治構造がとりわけ都市社会内部の矛盾と軋轢が強まる一七七〇・八〇年代にいっそう鮮明になったと主張する。しかし、伝統的な互酬関係や近隣関係に基づく都市への帰属意識は市場原理の浸透によって弛緩し、階級的な分裂が顕著になったとはいえ、イギリスの都市は制御できないほどの「激しい、暴力的な敵意」を社会に定着させたわけではなかった。十九世紀に向かう激動期にあっても、都市は暗くみじめな、いわばディケンズ的な都市のイメージ一色に塗りつぶされたわけでも、中産階級の主導するさまざまな改良・改革運動が功を奏したわけでもなかった。調和を保つ伝統的な社会が産業革命の激動によって解体し、変革の時代に入るというほど都市社会は単純ではなかった。対立と交渉、妥協を繰り返してきた都市社会は政治的に見ても、文化的に見ても多元性を生かした柔軟なものであり、こうした柔軟性は十九世紀社会にも受け継がれていったと、エリスは主張する。

さらに、この柔軟性は制度や組織が生きた人間の問題である以上、最終的には都市住民の選択にゆだねられる問題でもあった。エリスがたどり着いたのは多様な選択肢を用意する柔軟な都市社会の中で折り合いをつけて生きていく歴史の担い手（agent）の問題である。都市か農村か、優雅な品格ある文化か猥雑な民衆文化か、恭順な態度か反抗か、合理的で道徳的な態度か不道徳・背徳・悪徳かといった対立は、すべてひとりの人間の中に相反する二人の人間がいるように、絶えず両極の間を揺れ動く「心を決めかねて

いる」人間の選択の問題であった。人間の悪徳や背徳に対する想像力が欠けているために、公共性やそれを担う人間の描き方がいかに陰影にとぼしい平板なものになりやすいかはジョン・ブルーアが主張しているとおりである（近藤和彦編『スキャンダルと公共圏』二〇〇六）。スキャンダルは普段、狭い世界に生きている民衆を突然、「公民」に目覚めさせるとともに、「節度ある」「合理的で道徳啓発的な」ブルジョワ的公共性を引き立てる役割を果たした。両者はメダルの表裏をなす、公共圏に欠かせないものであった。エリスはこうした視点をホガースの『ジン横丁』と『ビール街』という二枚の絵の中に見出している。本書では必ずしも明示されていないが、視覚に訴えるエリートの洗練された都会文化と人々の日常生活を支える市民文化あるいはソシアビリテとの関係も都市民の日々の選択の問題であったのかもしれない。

4

絶えざる対立と交渉の連続であった都市政治のありようは地方諸都市とロンドンとの問にも当てはまる。最後にこの点にふれて結びとしたい。地方諸都市は相互に激しい競争を繰り返しただけでなく、ロンドンとも緊張関係を保った。どの指標をとってみてもロンドンの優位は揺るぎそうになかったが、ロンドンだけが情報を一方的に地方諸都市に発信する文化の推進力、原動力であったわけではない。そのような見方はロンドンに在住する圧倒的多数の著述家たちが生み出した言説であり、言説をそのまま受け入れてきた歴史家たちの記憶の問題でもあった。すでに繰り返し述べてきたように、地方都市は経済、政治、社会組織、文化のあらゆる領域で強固な帰属意識を保持していた。本書の中にたびたび登場する歴史家のウィリアム・ハットンや旅行家のシーリア・ファインズは地方諸都市の目覚ましい発展を、誇りをこめて語った者たちである。文化の中心地たるロンドンにいかに近いか、似ているかを諸都市が競い合ったのは、エリ

スが別の論文でも指摘しているように、ロンドンに対する単なる憧れではなく、他の諸都市を出し抜こうとする対抗意識であった（J. M. Ellis, 'For the honour of the town : comparison, competition and civic identity in eighteenth-century England,' in *Urban History*, **30**, 2003）。地域に依存する消費のパターンにも、都市改造計画についても同じことがいえた。すべての消費財がロンドンから送られたわけではなく、建築物や資材同様、その多くは地元で調達された。流行のような典型的な形をとるロンドンの文化的影響力を強調する当時の言説（記憶）と現実とを区別すべきだとするエリスの立場は、先に述べた都市文化を洗練された都会文化（urbane culture）と都市民の実生活を支える市民文化（civic culture）とに分ける考え方とも相通じるものがあった。地方都市の誇りと帰属意識を培ったのは視覚に訴える洗練された優美な文化だけではなかった。ロンドンとの緊張関係を保ち、誇りをもって多様性と柔軟性を最大限、発揮した諸都市の総和が国民の強さであったと、ひとまず総括することができよう。この「総和」という考え方を示したのはスウィートである（R. Sweet, ibid）。

本書は経験的な事実を通して対象を浮かび上がらせ、生き生きと描くことによって、その背後にある理論的な構造を暗示する方法をとっている。こうしたスタイルはイギリスの経験主義的な知性の秀逸さを感じさせる。研究成果を総合する仕事は日本ではあまり評価されないが、パッチワークに決して陥ることなく、多くの研究成果との真摯な対話を重ね、新たな作品を創造しようとする本書のような仕事はイギリスの知的伝統のなせる業であろう。坂巻清氏とともに取り組んだコーフィールドの翻訳から二〇年近くを経て、改めてその感を強くする。

最後に著者の経歴と業績を紹介しておきたい。一九五一年に生まれたジョイス・M・エリスは、オック

スフォード大学を卒業した後、ニューカッスル大学、レスター大学、オックスフォード大学で教鞭をとり、一九八八年から二〇〇五年までノッティンガム大学の歴史学科に在職した都市史の研究者である。ニューカッスルの都市史、タインサイドの地域史を中心に、以下に示す多くのモノグラフを執筆している。

- 'For the honour of the town: comparison, competition and civic identity in eighteenth-century England', *Urban History*, **30**, pp. 325–37, 2003.
- 'The 'Black Indies': economic development of Newcastle c.1700–1840', in R. Colls and B. Lancaster (eds), *Newcastle upon Tyne, A Modern History*, pp. 1–26, 2001.
- 'Regional and county centres c.1700–1840', in P. Clark (ed.), *The Cambridge Urban History of Britain*, volume 2: *1540–1840*, pp. 673–704, 2000.
- 'The stocking country : industrial and urban growth in Nottingham 1700–1840', in J. Stobart and P. Lane (eds), *Urban and Industrial Change in the Midlands, 1700–1840*, pp. 93–116, 2000.
- 'A steady state? Urban society in early modern Europe', *Journal of Urban History*, **24**, pp. 264–77, 1998.
- 'Cartels in the coal industry on Tyneside c.1699–1780', *Northern History*, **34**, pp. 1–15, 1998.
- 'Risk, capital and credit on Tyneside c.1690–1780', in K. Bruland and P. O'Brien (eds), *From Family Firms to Corporate Capitalism: Essays in Business and Industrial History in Honour of Peter Mathias*, pp. 84–111, 1998.
- 'Consumption and wealth', in L. K. J. Glassey (ed.), *The Reigns of Charles II and James VII and II*, pp. 191–210, 1997.
- 'A dynamic society: social relations in Newcastle-upon-Tyne 1660–1760', in P. Clark (ed.), *The Transformation of English Provincial Towns*, pp. 190–227, 1984.

- “A bold adventure’, The business fortunes of William Coteswrth 1668–1725’, *Northern History*, **17**, pp. 117–32, 1981.
- ‘T h e decline and fall of the Tyneside salt industry 1660–1790: A reexamination’, *Economic History Review*, 2nd ser., **33**, pp. 45–58, 1980.
- ‘Urban conflict and popular violence: The Guildhall riots of 1740 in Newcastle-upon-Tyne’, *International Review of Social History*, **25**, pp. 332–49, 1980.

訳者あとがき

エリス博士とはじめて出会ったのは一九九六年一月にロンドン大学歴史学センターで開催されたUrban History Annual Meetingの会場であった。同年一月からロンドン大学ロイヤル・ホロウェイ校で留学生活をはじめたばかりの私にとって、それはイギリスで初めて参加した学会であり、指導教授のP・J・コーフィールド教授にはじめて紹介された研究者がエリス博士であった。彼女は親切に研究分野を説明してくれたが、語学力不足と極度の緊張で何を言われているのかわからず立ちつくすばかりであった。そんな私を見て彼女は「あなたと同じような興味をもっているのよ」とやさしく最後に言ってくれた。この言葉だけは私にも理解ができ、彼女の温和さと優しさがとても印象に残った。

私がこの本を初めて目にしたのは二〇〇一年の夏、イギリスに調査に行っていた時である。早稲田大学の中野忠教授から、おもしろそうな本が出た、と言われ、すぐに近くの書店に走り購入した記憶がある。最近の都市史の動向がコンパクトにおさえられているバランスのよい本だという印象をもった。再びこの本を読んだのは二〇〇四年。中野教授を巻き込んで勉強会をしながら一冊丁寧に読み切った時、翻訳したいという気持ちが強まった。というのも一九八九年に翻訳出版されたコーフィールド教授の『イギリス都市の衝撃一七〇〇―一八〇〇』以来、イギリス都市史研究はとても進んできたというのに、そうした動向を紹介している日本語の本がなかったからである。この本が翻訳されれば、私がコーフィールド教授の翻訳書に強く惹かれてイギリス都市史研究に携わったように、日本の若い学生たちが都市史の分野に興味を

もってくれるのではないかと思った。しかし一般読者がこの本に興味をもつかどうか、まだ不安が残っていた。そこで友人の三時眞貴子さんと二人で読み進めたところ、専門外の者から見てもおもしろい本なのでぜひ翻訳をしようという話になった。また二人の共訳だと心もとないこともあり、コーフィールド教授の(前掲書の)翻訳をした松塚俊三先生にご協力をお願いした次第である。法政大学出版局が出版を引きうけてくれることになり、ようやく翻訳を開始したのは二〇〇六年三月のことであった。

訳者は三人とも十八世紀から十九世紀のイギリスを研究対象としており、松塚先生は民衆史・都市史・教育史、三時さんは教育史、そして小西は都市史が専門である。各自の興味にあわせて、序章、一章、二章は松塚、三章、四章、七章前半は三時、五章、六章、七章後半は小西の担当とした。しかし担当といってもあくまではじめに日本語にする人、という意味であり、原稿が出た後はお互いにかなり念入りに確認をし、納得のいくまで疑問をぶつけ合ったのはいうまでもない。また、イギリス都市史の知識をもっていない学部生でも無理なく読めるよう、必要に応じて訳注を入れたり意訳をほどこし、できるだけ読みやすい翻訳を心がけたつもりである。グローバリゼーションによって世界の一体化が進み、人が生きる空間としての「都市空間」に注目する必要性が大きくなっている今、都市化の先駆者であるイギリスの経験を紹介する意義は小さくないと思っている。イギリス都市史に少しでも興味をもつ人が増えれば幸いである。

最後になるが、本書の出版に際して法政大学出版の編集者の藤田信行さんにはお世話になった。初校段階でだけでなく、最終校でも相当の修正をしてご迷惑をおかけしたにもかかわらず、当初のスケジュール通り出版できたのは一重に藤田さんのおかげである。記して謝意を表したい。

二〇〇八年四月二十八日

小西恵美

33. *The Letters of the Rev. John Wesley*, ed. J. Telford (1931), vol. iv, pp. 279–80; *The Nottingham Journal; or, Cresswell's Weekly Advertiser*, 15 May 1762.

34. T. Fairchild, *The City Gardener* (1722), p. 43.

35. I. Mills, *From Tinder-box to the Larger Light: Threads from the Life of John Mills, Banker* (Manchester, 1899), p. 103.

36. C. B. Estabrook, *Urbane and Rustic England: Cultural Ties and Social Spheres in Provinces, 1660–1780* (Manchester, 1998), p. 13.

37. K. Morgan, *Bristol and the Atlantic Trade in the Eighteenth Century* (Cambridge, 1993); 本書 22 頁を参照.

38. D. Hey, *The Fiery Blades of Hallamshire: Sheffield and its Neighbourhood, 1660–1740* (Leicester, 1991), ch. 6; J. Stobart, 'Social and geographical contexts of property transmission in the eighteenth century' in Stobart and A. Owens (eds), *Property and Inheritance, 1700–1900* (Aldershot, 2000), ch. 5.

39. E. A. Wrigley, 'City and country in the past: a sharp divide or a continuum?', *Historical Research*, **64** (1991), pp. 107–20; 本書 12–16 頁を参照.

40. P. J. Corfield, *The Impact of English Towns, 1700–1800* (Oxford, 1982), p. 186.

41. 態度の変化は以下の文献に要約されている. Thomas, *Man and the Natural World*, pp. 243–54; A. Hemingway, *Landscape, Imagery and Urban Culture in Early Nineteenth-Century Britain* (Cambridge, 1992), pp. 72–5.

42. 以下の文献から引用. D. Cruickshank and N. Burton, *Life in the Georgian City* (1990), p. 3; J. Soane, *Lectures on Architecture, 1809–36*, ed. A. T. Bolton (1929), pp. 156–7.

43. Fairchild, *City Gardener*, p. 12; J. Archer, '*Rus in urbe*: classical ideas of country and city in British town planning', *Studies in Eighteenth-Century Culture*, **12** (1983), pp. 159–86.

44. J. Stuart, *Critical Observations on the Buildings and Improvements of London* (1771), pp. 10–12.

45. L. Davidoff and C. Hall, *Family Fortunes: Men and Women of the English Middle Class, 1780–1850* (1987), pp. 368–9; C. B. Estabrook, *Urbane and Rustic England* (Manchester, 1998), pp. 253–75.

46. Estabrook, *Urbane and Rustic England*, p. 279.

47. R. Paulson, *Hogarth*, vol. iii: *Art and Politics, 1750–64* (Cambridge, 1993), pp. 17–26. plates 2–3; W. Wycherley, *The Country Wife* (1675), Act 2, Scene 1.

48. Wahrman, 'National society, communal culture', p. 71.

Nonconformity in Eighteenth-Century Politics and Society (Cambridge, 1990); R. Sweet, *The English Town, 1680–1840* (1999), pp. 207–18.

20. W. C. Lukis (ed.), *The Family Memoirs of the Rev. William Stukeley, MD* (Surtees Society, 73, 1880), vol. i, p. 109; J. Boswell, *Life of Johnson,* ed. R. W. Chapman (Oxford, 1970), p. 708.

21. M. Sanderson, *Education, Economic Change and Society in England, 1780–1870* (Cambridge, 1995 edn), pp. 1–10.（原剛訳『教育と経済変化――1780–1870 年のイングランド』早稲田大学出版部，1993 年.）; R. A. Houston, *Scottish Literacy and Scottish Identity: Illiteracy and Society in Scotland and Northern England, 1600–1800* (Cambridge, 1985), pp. 42–70.

22. *Annual Register* (1761), p. 207. この議論については以下の文献で整理されている. P. Borsay, 'The London connection: cultural diffusion and the eighteenth-century provincial town', *London Journal,* **19** (1994), pp. 21–35; R. Sweet, *Writing of Urban Histories* (Oxford, 1997), ch. 6.

23. P. Langford, *A Polite and Commercial People* (Oxford, 1989), p. 71.

24. J. Brewer, *The Pleasures of the Imagination* (1997), p. 494.

25. J. Blackner, *The History of Nottingham* (Nottingham, 1815), p. 231; W. Hutton, *A History of Birmingham to the end of the year 1780* (Birmingham, 1783 edn), p. 18.

26. L. Weatherill, *Consumer Behaviour* (1996 edn), p. 83; Nenadic, 'Middle-rank consumers', pp. 132–3. また，D. Levine, 'Consumer goods and capitalist modernization', *Journal of Interdisciplinary History,* **22** (1991), pp. 66–77 も参照.

27. T. O. Morgan, *New Guide to Aberystwyth and its Environs* (Aberystwyth, 1851 edn), pp. 88–9.

28. W. J. Lewis, 'Some aspects of the history of Aberystwyth: ii. "The Brighton of Wales"', *Ceredigion,* **4** (1960), pp. 19–35; J. K. Walton, *The English Seaside Resort: A Social History 1750–1914* (Leicester, 1983), pp. 45–59.

29. J. Langton, 'The industrial revolution and regional geography of England', *Transactions of the Institute of British Geographers,* **9** (1984), pp. 145–67.

30. D. Wahrman, 'National society, communal culture: an argument about the recent historiography of eighteenth-century Britain', *Social History,* **17** (1992), p. 45.

31. J. Barry, 'Provincial town culture, 1640–1780: urbane or civic?' in J. H. Pittock and A. Wear (eds), *Interpretation and Cultural History* (Basingstoke, 1991), pp. 198–234.

32. Defoe, *Tour,* vol. ii, p. 252; British Library, Bowes MSS, Add. MSS 40747, ff. 184–5, 22 April 1721; Bourne, *History of Newcastle,* p. 159.

7. J. Holland, *The History, Antiquities and Description of the Town and Parish of Worksop* (Sheffield, 1826), p. 156.

8. R. Vaughan, *The Age of Great Cities: or, Modern Society Viewed in its Relation to Intelligence, Morals and Religion* (1843), p. 152; R. J. Morris, 'Civil society and the nature of urbanism: Britain, 1750–1850' *Urban History,* **25** (1998), pp. 289–301.

9. J. Golinski, *Science as Public Culture: Chemistry and Enlightenment in Britain, 1760–1820* (Cambridge, 1992), pp. 56–63; T. Kelly, *A History of Adult Education in Great Britain* (Liverpool, 1992), chs 6–8.

10. J. Money, *Experience and Identity: Birmingham and the West Midlands, 1760–1800* (Manchester, 1977), p. 219; S. Drescher, 'Public opinion and the destruction of British colonial slavery', in J. Walvin (ed.), *Slavery and British Society, 1776–1848* (1982), pp. 22–48 から引用.

11. M. Dresser, 'Protestants, Catholics and Jews: religious difference and political status in Bristol, 1750–1850', in Dresser and Ollerenshaw (eds), *Making of Modern Bristol,* pp. 100, 106 から引用.

12. L. Colley, *Britons: Forging the Nation, 1707–1837* (1992), p. 36（川北稔訳『イギリス国民の誕生』名古屋大学出版会，2000 年.）; C. Haydon, *Anti-Catholicism in Eighteenth-Century England, c.1714–80: A political and social study* (Manchester, 1993).

13. *Morning Post,* 12 July 1780; *Morning Herald,* 12 March 1781, H. Barker, *Newspapers, Politics and Public Opinion in Late Eighteenth-Century England* (Oxford, 1998), pp. 89–90 から引用.

14. Moritz, *Journeys of a German in England,* pp. 33; 64, R. A. Houston, *Social Change in the Age of Enlightenment: Edinburgh, 1660–1760* (Oxford, 1994), p. 222.

15. Northumberland Record Office, Carr-Ellison (Hedgeley) MSS 855/5: A. Hollier to I. Carr, 31 January 1763.

16. P. Borsay, *The English Urban Renaissance* (Oxford, 1989), pp. 177–8; K. Thomas, *Man and the Natural World* (Oxford, 1983), pp. 143–91.

17. F. M. Trollope, *Paris and the Parisians in 1835* (1836), vol. i, p. 229; *Sheffield Advertiser,* 19 Febrary 1790. これらの問題に関する概説は，P. Clark and R. Houston, 'Culture and leisure', in *CUHB,* pp. 599–604 を参照.

18. J. Wilson, *Memories of a Labour Leader* (1910), p. 64; B. Bushaway, '"Tacit, unsuspected, but still implicit faith": alternative belief in nineteenth-century rural England', in T. Harris (ed.), *Popular Culture in England, c.1500–1850* (Basingstoke, 1995), pp. 189–215.

19. J. E. Bradley, *Religion, Revolution, and English Radicalism:*

1838), p. 4.

37．A. Clark, ‘Whores and gossips: sexual reputation in London, 1770–1825’, in A. Angerman et al. (eds), *Current Issues in Women's History* (1989), p. 236 から引用．

38．*Sohie in London, 1786*, ed. C. Williams (1993), p. 112; *Nottingham Journal*, 1 December 1781.

39．P. J. Corfield, *The Impact of English Towns, 1700–1800* (Oxford, 1982), pp. 144–5.（坂巻清・松塚俊三訳『イギリス都市の衝撃』三嶺書房，1989 年．）

40．Houston, *Social Change in the Age of Enlightenment*, pp. 8, 132–46 を参照．

41．R. Hutton, *The Rise and Fall of Merry England: The Ritual Year, 1400–1700* (Oxford, 1996), pp. 111–12, 227.

42．H. Cunningham, *Leisure in the Industrial Revolution: c.1780–c.1880* (1980), pp. 15, 51; 本書 115–21 頁を参照．

43．Jackson, ‘The ports’, in *CUHB*, p. 729 から引用．また，W. H. Fraser, ‘From civic gospel to municipal socialism’, in D. Fraser (ed.), *Cities, Class and Communication* (Hemel Hempstead, 1990), p. 64 も参照．

第七章　都市と変化

1．B. Disraeli, *Coningsby* (1927 edn), pp. 160–1.

2．F. Braudel, *Civilization and Capitalism: The Structures of Everyday Life* (1981), p. 479.（村上光彦訳『日常性の構造』第 2 巻．みすず書房，1985 年，p. 210.）; W. Hutton, *The Life of William Hutton* (1817 edn), p. 111. より懐疑的な見解は，M. J. Daunton, ‘Towns and economic growth in eighteenth-century England’ in P. Abrams and E. A. Wrigley, *Towns in Societies: Essays in Economic History and Historical Sociology* (Cambridge, 1979), pp. 245–72 を参照．

3．Anon., *Hell upon Earth: Or the Town in an Uproar* (1729), p. 1; W. A. Speck, *Literature and Society in Eighteenth-Century England, 1680–1820: Ideology, Politics and Culture* (1998).

4．D. Eastwood, *Government and Community in the English Provinces, 1700–1870* (1997), p. 62.

5．K. P. Moritz, *Journeys of a German in England* (1983 edn), p. 176; F. C. Laird, *The Beauties of England and Wales*, vol. 12 (1810), p. 102; *Nottingham Review*, 17 April 1829.

6．A. Briggs, *Victorian Cities* (reprinted 1990), p. 134; *Byng's Tours*, p. 183 から引用．

Years, 1767–92 (1967), p. 216; Elizabeth Montagu, *Correspondence*, vol. 2, p. 207.

22. 以下の文献から引用. Hill, *Georgian Lincoln*, p. 40; J. M. Ellis, 'Urban conflict and popular violence: the Guildhall riots of 1740 in Newcastle on Tyne', *International Review of Social History*, **25** (1980), p. 341.

23. J. Black, 'Eighteenth-century English political history: the local dimension', *Local Historian*, **23** (1993), p. 105; 本書 183–5 頁を参照.

24. P. Borsay, *The English Urban Renaissance* (Oxford, 1989), pp. 280–1; *Passages from the Diaries of Mrs Lybbe Powys*, ed. E. J. Climenson (1899), p. 17.

25. *Nottingham Journal*, 1 December 1781.

26. Sweet, *Writing of Urban Histories*, pp. 187–235; S. Nenadic, 'The middle ranks and modernisation', in Devine and Jackson (eds), *Glasgow*, pp. 292–301 を参照.

27. S. Poole, '"Till our liberties be secure": popular sovereignty and public space in Bristol, 1750–1850', *Urban History*, **26** (1999), pp. 40–54.

28. A. Henstock (ed.), *The Diary of Abigail Gawthern of Nottingham, 1751–1810* (Thoroton Society, 33, 1980), p. 36; N. W. Wraxall, *Historical Memoirs of My Own Time: 1772–84* (1904), p. 199.

29. G. S. Messinger, *Manchester in the Victorian Age: The Half-Known City* (Manchester, 1985), p. 90 から引用 .

30. *The Diary of Frances, Lady Shelley, 1787–1817*, ed. R. Edgcumbe (1912), vol. i, p. 3.

31. J. A. Rouquet, *The Present State of the Arts in England* (1755), p. 17; G. C. Deering, *Nottinghamia Vetus et Nova* (Nottingham, 1751), pp. 75–6; P. Langford, *Polite and Commercial People* (Oxford, 1989), pp. 1–7.

32. E. Gaskell, *Wives and Daughters*, ed. F. G. Smith (1969), p. 329; *Montagu Correspondence*, vol. i, p. 29.

33. これらのテーマは以下の文献で検討されている. J. Raven, *Judging New Wealth: Popular Publishing and Responses to Commerce in England, 1750–1800* (Oxford, 1992); E. Copeland, *Women Writing about Money: Women's Fiction in England, 1790–1820* (Cambridge, 1995).

34. Gateshead Public Library, Ellison Manuscripts, A/36a/35, 9 May 1716; J. Brewer, *The Pleasures of the Imagination* (1997), pp. 510–13.

35. Devine, 'Urban crisis', in *Glasgow*, vol. i, p. 406; J. Pagan (ed.), *Glasgow: Past and Present* (Glasgow, 1884), p. 32 から引用.

36. P. Sharpe, 'Population and society, 1700–1840', in *CUHB*, pp. 492–3; B. Joseph, *Address to the Seatholders of the Liverpool Congregation* (Liverpool,

Hutton, *Life*, p. 154.

10. Houston, *Social Change in the Age of Enlightenment*, p. 162 から引用.

11. C. Lis and H. Solly, 'Neighbourhood social change in west European cities: sixteenth to nineteenth centuries', *International Review of Social History*, **38** (1993), pp. 1–30; P. Earle, *A City Full of People: Men and Women of London, 1650–1750* (1994), pp. 171–6, 210–6.

12. D. R. Green, *From Artisans to Paupers: Economic Change and Poverty in London, 1790–1870* (Aldershot, 1995), pp. 93–4; Phillips, 'Working and moving', in P. Corfield and D. Keene, *Work in Towns, 850–1850* (Leicester, 1990), pp. 193–7.

13. L. H. Lees, *Exiles of Erin: Irish Migrants in Victorian London* (Manchester, 1979), pp. 55–87; W. Sloan, 'Religious affiliation and the immigrant experience: Catholic Irish and Protestant Highlanders in Glasgow, 1830–50', in T. M. Devine (ed.), *Irish Immigrants and Scottish Society in the Nineteenth and Twentieth Centuries* (Edinburgh, 1991), pp. 67–90.

14. J. Barry, 'Bourgeois collectivism? Urban association and the middling sort', in J. Barry and C. Brooks (eds), *The Middling Sort of People: Culture, Society and Politics in England, 1550–1800* (1994), p. 89; S. D'Cruze, 'The middling sort', ibid., pp. 181–207.（山本正訳『イギリスのミドリング・ソート』）

15. Hutton, *Life*, pp. 114–15; P. Clark, 'Migrants in the city: the process of social adaptation in English towns, 1500–1800', in P. Clark and D. Souden (eds), *Migration and Society in Early Modern England* (1987), pp. 280–6.

16. M. Hunt, 'Wife beating, domesticity and women's independence in eighteenth-Century London', *Gender and History*, **4** (1992), p. 23.

17. P. Thane, 'Old people and their families in the English past', in M. Daunton (ed.), *Charity, Self Interest and Welfare in the English Past* (1996), pp. 113–38 を参照.

18. 都市行政についてのさらに詳細な議論は J. Innes and N. Rogers, 'Politics and government', in *CUHB*, ch. 16; Sweet, *English Town*, chs 2, 4 and 5 を参照.

19. T. Short, *New Observations on City, Town and Country Bills of Mortality* (1750), p. 79; D. Defoe, *A Tour Through the Whole Island of Great Britain* (1962 edn), vol. ii, p. 37; W. Richards, *The History of Lynn* (1812), pp. 783, 972.

20. P. Langford, *Public Life and the Propertied Englishman* (Oxford, 1990), pp. 437–509.

21. M. Elwin, *The Noels and the Milbankes: Their Letters for Twenty-Five*

London, 1827-31', *Bulletin of the History of Medicine*, **42** (1968), pp. 524-5.

35. より詳細な説明は M. Reed, 'The transformation of urban space, 1700-1840', in *CUHB*, ch. 18 を参照.

36. R. Parkinson, *The Present Condition of the Labouring Poor in Manchester* (1841), pp. 12-13; L. Faucher, *Manchester in 1844: Its Present Condition and Future Prospects* (rep. 1969), pp. 69-70.

37. *Letters from Bath 1766-67 by the Revd John Penrose*, ed. B. Mitchell and H. Penrose (Gloucester, 1983), p. 42; *Byng's Tours: The Journals of the Hon. John Byng, 1781-92*, ed. D. Souden (1991), p. 211.

38. J. Aikin, *A Description of the Country from Thirty to Forty Miles around Manchester* (1795), p. 202.

第六章　帰属意識とコミュニティ

1. *Is This the Truth? A Poem* (Newcastle, 1741), p. 4.

2. この問題については以下の文献で非常に詳細に議論されている. R. Sweet, *The English Town, 1680-1840* (1999), pp. 75-114; I. Maver, 'The guardianship of the community: civic authority prior to 1833', in Devine and Jackson (eds), *Glasgow*, pp. 239-77.

3. N. Ellison, *The Obligations and Opportunities of doing Good to the Poor* (1710), p. 13; J. Ellis, 'A dynamic society: social relations in Newcastle upon Tyne, 1660-1760' in Clark (ed.), *Transformation of English Provincial Towns*, p. 82 から引用.

4. T. Hitchcock et al. (eds), *Chronicling Poverty: The Voices and Strategies of the English Poor, 1640-1840* (Basingstoke, 1997); R. A. Houston, *Social Change in the Age of Enlightenment: Edinburgh 1660-1760* (Oxford, 1994), pp. 234-83.

5. J. W. H. Hill, *Georgian Lincoln* (Cambridge, 1966), p. 40 から引用. また, A. Randall and A. Charlesworth (eds), *Markets, Market Culture and Popular Protest in Eighteenth-century Britain and Ireland* (Liverpool, 1996) も参照.

6. J. Barry, 'Bristol pride: civic identity in Bristol *c.*1640-1775', in M. Dresser and P. Ollerenshaw (eds), *The Making of Modern Bristol* (Tiverton, 1996), pp. 25-47. これらの問題は R. Sweet, *The Writing of Urban Histories in Eighteenth-Century England* (Oxford, 1997) で十分, 議論されている.

7. Cotesworth MSS CN/9/147, 18 September 1718; W. Hutton, *The Life of William Hutton* (1817 edn), p. 112.

8. W. Wordsworth, *The Prelude* (1805), ed. E. de Selincourt (Oxford, 1970), lines 117-20.

9. L. Simond, *An American in Regency England*, ed. C. Hibber (1968), p. 26;

15. J. Fletcher, 'History and statistics of the present system of sewerage in the metropolis', *Journal of the Statistical Society of London*, **7** (1844), pp. 156-7.

16. Deering, *Nottinghamia*, p. 6.

17. J. Blackner, *The History of Nottingham* (Nottingham, 1815), p. 66.

18. R. Sweet, *The Writing of Urban Histories in Eighteenth-Century England* (Oxford, 1997), pp. 124, 131-4.

19. 逆の見解に関しては, M. Pelling, 'Population and disease, estrangement and belonging', in *CUHB*, p. 219 を参照.

20. R. Porter, 'Cleaning up the Great Wen: public health in eighteenth-century London', in W. F. Bynum and R. Porter (eds), *Living and Dying in London, Medical History*, supplement no. 11 (1991), pp. 68-71.

21. *Gentleman's Magazine*, **17** (1747), pp. 63-4.

22. British Library, Bowes MSS, Add. MSS 40747, ff. 164-5, 20 March 1718.

23. Hutton, *History of Birmingham*, p. 101.

24. P. Borsay, *The English Urban Renaissance: Culture and Society in the Provincial Town, 1660-1770* (Oxford, 1989), chs 2-4 がこのトピックについて必須文献である.

25. W. Enfield, *An Essay towards the History of Leverpool* (Warrington, 1773), p. 21.

26. H. Bourne, *The History of Newcastle* (Newcastle, 1736), p. 109.

27. E. L. Jones and M. E. Falkus, 'Urban improvement and the English economy in the seventeenth and eighteenth centuries', in Borsay (ed.), *Eighteenth-century Town*, pp. 145-6.

28. J. Innes and N. Rogers, 'Politics and government', in *CUHB*, pp. 536-8, 540-3; D. Eastwood, *Government and Community in the English Provinces, 1700-1870* (1997), pp. 64-73; Sweet, *English Town*, pp. 42-56.

29. D. Cruickshank and N. Burton, *Life in the Georgian City* (1990), pp. 3-22; Sweet, *English Town*, pp. 76-89.

30. Hertfordshire Record Office, Panshanger MSS, DE/P F. 58, 12 September 1717.

31. Cruikshank and Burton, *Life in the Georgian City*, pp. 99-133.

32. C. Lucas, *An Essay on Waters* (1756), vol. 1, p. 127; *Kalm's Account of his Visit*, p. 64.

33. A. Hardy, 'Water and the search for public health in London in the eighteenth and nineteenth centuries', *Medical History*, **28** (1984), pp. 262-4.

34. M. Durey, *The Return of the Plague: British Society and the Cholera, 1831-2* (Dublin, 1979), pp. 27-49; D. E. Lipschutz, 'The water question in

47. *Report of the Select Committee on Public Walks*, Parliamentary Papers 1833, vol. 15, p. 405.

48. *Select Committee on Public Walks*, pp. 354, 66; H. Conway, *People's Parks: The Design and Development of Victorian Parks in Britain* (Cambridge, 1991), pp. 21–38.

第五章　景観と環境

1. A. Phillip, *The Voyage of Governor Phillip to Botany Bay* (1789), p. v.

2. J. Austen, *Mansfield Park*, ed. J. Lucas (1970), p. 393; J. Thomas, *The East India Company and the Provinces in the Eighteenth Century*, vol. i: *Portsmouth and the East India Company, 1700–1815* (1999).

3. P. J. Corfield, 'Walking the city streets: the urban odyssey in eighteenth-century England', *Journal of Urban History*, **16** (1990), pp. 132–74.

4. G. C. Deering, *Nottinghamia Vetus et Nova* (Nottingham, 1751), pp. 9, 17.

5. *Low-Life* (1764 edn), p. 32; J. Ellis, 'Georgian town gardens', *History Today*, **50** (January 2000), pp. 38–45.

6. R. A. Houston, *Social Change in the Age of Enlightenment: Edinburgh, 1660–1760* (Oxford, 1994), p. 125 から引用.

7. M. E. Falkus, 'Lighting in the dark ages of English economic history: town streets before the industrial revolution', in D. C. Coleman and A. H. John (eds), *Trade, Government and Economy in Pre-Industrial England* (1976), pp. 248–73.

8. R. Houston, 'Fire and filth: Edinburgh's environment, 1660–1760', *Book of the Old Edinburgh Club*, **3** (1994), pp. 25–36; M. Jenner, 'The politics of London air: John Evelyn's *Fumifugium* and the Restoration', *Historical Journal*, **38** (1995), pp. 535–51.

9. W. Hutton, *History of Birmingham to the End of the Year 1780* (Birmingham, 1783 edn), p. 100.

10. この論点に関しては R. Scola, *Feeding the Victorian City: The Food Supply of Manchester, 1770–1870* (1992), pp. 150–61 を参照.

11. K. Thomas, *Man and the Natural World: Changing Attitudes in England, 1500–1800* (Oxford, 1983), pp. 294–5.

12. D. Defoe, *A Tour Through the Whole Island of Great Britain* (1962 edn), vol. ii, p. 59.

13. R. Southey, *Letters from England*, ed. J. Simmons, p. 198.

14. T. Fairchild, *The City Gardener* (1722), pp. 6–7, 11, 48–9; *Kalm's Account of his Visit to England on his way to America in 1748*, ed. J. Lucas (1892), pp. 88–9.

in England, 1600–1800', in Clark (ed.), *Small Towns in Early Modern Europe*, pp. 121–47 を参照.

33. T. Henry, 'On the advantages of literature and philosophy in general', *Memoirs of the Manchester Literary and Philosophical Society*, **1** (1785), pp. 7–29; C. W. Chalklin, 'Capital expenditure on building for cultural purposes in provincial England, 1730–1830', *Business History*, **22** (1980), pp. 51–70.

34. D. Defoe, *A Tour Thorough the Whole Island of Great Britain* (1962 edn), vol. 1, p. 186; M. Girouard, *The English Town* (1980), pp. 127–44.

35. M. Elwin, *The Noels and the Milbankes: Their Letters for Twenty-Five Years, 1767–92* (1967), p. 108; J. Austen, *Pride and Prejudice*, ed. F. W. Bradbrook (Oxford, 1970), pp. 7–8.

36. A. Vickery, *The Gentleman's Daughter: Women's Lives in Georgian England* (Yale, 1998), p. 67 から引用．また，J. Ellis, '"On the Town": women in Augustan England', *History Today* (December 1995), pp. 20–7 も参照.

37. *The Female Tatler*, no. 9, 25–29 July 1709.

38. P. Clark, *Britsh Clubs and Societies, 1580–1800: The Origins of an Associational World* (Oxford, 2000); *Letters from Lady Jane Coke to her Friend Mrs Eyre at Derby, 1747–58*, ed. A. Rathbone (1899), p. 10.

39. 次の文献において議論されているので参照のこと．A. McInnes, 'The emergence of a leisure town: Shrewsbury, 1660–1760', *Past and Present*, **120** (1998), pp. 53–87; Sweet, *English Town*, pp. 251–5.

40. Hutton, *History of Birmingham*, p. 128.

41. G. Chalmers, *An Estimate of the Comparative Strength of Great Britain* (1804 edn), pp. 303–4; J. Houghton, *A Collection of Letters for the Improvement of Husbandry and Trade* (1681–3), vol. 4, p. 177.

42. M. Harrison, *Crowds and History: Mass Phenomena in English Towns, 1790–1835* (Cambridge, 1988), pp. 102–39; D. A. Reid, 'Weddings, weekdays, work and leisure in urban England, 1791–1911', *Past and Present*, **153** (1996), pp. 135–63.

43. Hutton, *Life*, pp. 100–1; T. S. Hendricks, 'The democratization of sport in eighteenth-century England', *Journal of Popular Culture*, **18** (1984), pp. 3–20.

44. *Report of the Select Committee on Children in Factories*, Parliamentary Papers 1818, vol. 3, p. 217.

45. 都市生活におけるパブの役割については，P. Clark, *The English Alehouse: A Social History, 1200–1800* (1983) で議論されている．

46. M. Smith, *Religion in Industrial Society: Oldham and Saddleworth, 1740–1865* (Oxford, 1994), p. 98; Malmgreen, *Silk Town*, pp. 159–69 を参照.

19. Langford, *Polite and Commercial People*, p. 121; P. Earle, *The Making of the English Middle Class* (1989), pp. 269–301; S. Nenadic, 'Middle-rank consumers and domestic culture in Edinburgh and Glasgow, 1720–1840', *Past and Present*, **145** (1994), pp. 122–56.

20. S. D'Cruze, 'The middling sort in eighteenth-century Colchester: independence, social relations and the community broker', in J. Barry and C. Brooks (eds), *The Middling Sort of People: Culture, Society and Politics in England, 1550–1800* (1994), pp. 186–7.（山本正訳『イギリスのミドリング・ソート——中流層をとおしてみた近世社会』昭和堂，1998 年．）

21. D. Defoe, *A Review of the State of the British Nation*, vol. 6, no. 36, 25 June 1709; no. 41, 7 July 1709.

22. G. C. Deering, *Nottinghamia Vertas et Nova* (Nottingham, 1751), p. 72. 消費に関する議論は次の文献に短く要約されている．J. M. Ellis, 'Consumption and wealth', in L. K. J. Glassey (ed.), *The Reigns of Charles II* (1997), pp. 199–210.

23. T. M. Devine, 'The urban crisis', in Devine and G. Jackson (eds), *Glasgow*, vol. i: *Beginnings to 1830* (Manchester, 1994), p. 406 から引用．

24. 'Reminiscences of a septuagenarian', *Newark Advertiser*, 20 June 1894; C. Smith, 'Image and reality: two Nottinghamshire market towns in late Georgian England', *Midland History*, **17** (1992), pp. 59–74.

25. *The Diary of Thomas Turner, 1754–65*, ed. D. Vaisey (Oxford, 1984), pp. 3, 106.

26. J. Brewer, *The Pleasures of the Imagination: English Culture in the Eighteenth Century* (1997), pp. 550–7; R. Elbourne, *Music and Tradition in Early Industrial Lancashire, 1780–1840* (Woodbridge, 1980).

27. *Gloucester Journal*, 29 September 1794, 28 September 1818.

28. G. Jackson, *Hull in the Eighteenth Century* (Oxford, 1972), p. 267から引用．また，D. Neave, '"Violent idleness": the eighteenth-century East Riding gentleman at leisure', *Journal of Regional and Local Studies*, **11** (1991), pp. 3–15 も参照．

29. *Nottingham Journal*, 16 November 1781, 8 December 1781.

30. P. Clark, 'Small town, 1700–1840', in *CUHB*, p. 768.

31. P. Borsay, *The English Urban Renaissance* (Oxford, 1989) は，ここでのもっとも重要な文献である．しかし，ここで描かれている発展は次の文献の中でも研究されている．P. Clark and R. Houston, 'Culture and leisure, 1700–1840', in *CUHB*, pp. 575–99; R. Sweet, *The English Town, 1680–1840: Government, Society and Culture* (1999), pp. 219–55.

32. イングランドの例として，M. Reed, 'The cultural role of small towns

2. W. Hutton, *The Life of William Hutton* (1817 edn), p. 115.

3. *Low-life: or One Half of the World, Knows not how the Other Half Lives* (1752), p. i.

4. P. Langford, *A Polite and Commercial People: England 1727–1783* (Oxford, 1989), pp. 1–7; R. S. Fitton and A. P. Wadsworth, *The Strutts and the Arkwrights, 1758–1830* (Manchester, 1958), pp. 109–10 から引用.

5. P. Borsay, 'The English urban renaissance: the development of provincial urban culture, *c.*1680–1760', in his *Eighteenth-Century Town*, pp. 180–1.

6. *Boswell's London Journal, 1762–1763*, ed. F. A. Pottle (1950), p. 309.

7. P. J. Corfield, 'Class by name and number in eighteenth-century Britain', in her *Language, History and Class* (1991), pp. 101–30.

8. K. P. Moritz, *Journeys of a German in England: A Walking Tour of England in 1782* (1983 edn), pp. 33–4. この時期の衣類の重要性については B. Lemire, *Fashion's Favourites: The Cotton Trade and the Consumer, 1660–1800* (Oxford, 1991) を参照.

9. *London Magazine*, 1780, p. 197.

10. *The Female Tatler*, no. 17, 12–15 August 1709.

11. Tyne and Wear Archive, Keelmen's Papers, 394/9, 9 May 1738; P. J. Corfield, 'Dress for deference and dissent: hats and the decline of hat honour', *Costume*, **23** (1989), pp. 64–79.

12. B. Hill, *Servants: English Domestics in the Eighteenth Century* (Oxford, 1996), p. 217 から引用.

13. *Macclesfield Courier*, 29 July 1826, G. Malmgreen, *Silk Town: Industry and Culture in Macclesfield, 1750–1835* (Hull, 1985), p. 69 から引用.

14. W. Hutton, *A History of Birmingham to the End of the Year 1780* (Birmingham, 1783 edn), pp. 27, 25–6; J. Aikin, *A Description of the Country from Thiry to Forty Miles around Manchester* (1795), pp. 388, 392.

15. S. Nenadic, 'The rise of the urban middle class', in T. M. Devine and R. Mitchison (eds), *People and Society in Scotland*, vol. I: *1760–1830* (Edinburgh, 1989), p. 115 から引用.

16. D. Defoe, *A Plan of the English Commerce* (1730 edn), p. 100.

17. *A Foreign View of England in 1725–1727: The Letters of Monsieur de Saussure to his Family*, ed. M. van Muyden (1995 edn), p. 129; Elizabeth Montagu, *Her Correspondence, 1720–61*, ed. E. J. Climenson (1906), vol. 2, pp. 149, 202.

18. この問題は次の文献で紙幅を割いて議論されている. P. J. Corfield, 'The rivals: landed and other gentlemen', in N. B. Harte and R. Quinault (eds), *Land and Society in Britain, 1700–1914* (Manchester, 1996), pp. 8–12.

categories and chronology of English women's history', *Historical Journal*, **36** (1993), p. 404.

36. P. Sharpe, 'De-industrailization and re-industrialization: women's employment and the changing character of Colchester, 1700–1850', *Urban History*, **21** (1994), pp. 87–8.

37. Sanderson, *Women and Work*, p. 107 から引用．この問題に関しては，P. Sharpe, 'Dealing with love: the ambiguous independence of the single woman in early modern England', *Gender and History*, **11** (1999), pp. 209–32 を参照．

38. M. Berg, 'What difference did women's work make to the industrial revolution?', *History Workshop*, **35** (1993), pp. 22–44.

39. M. R. Hunt, *The Middling Sort: Commerce, Gender and the Family in England, 1680–1780* (Berkeley, 1996); M. Berg, 'Women's consumption and the industrial classes of eighteenth-century England', *Journal of Social History*, **30** (1996), pp. 415–34.

40. そうした問題についての新鮮な議論に関しては次の文献を参照のこと．L. D. Schwarz, *London in the Age of Industrialisation: Entrepreneurs, Labour Force and Living Conditions, 1700–1850* (Cambridge, 1992), pp. 157–78; D. Woodward, *Men at Work: Labourers and Building Craftsmen in the Towns of Northern England, 1450–1750* (Cambridge, 1995).

41. M. D. George, *London Life in the Eighteenth Century* (1966), pp. 180–1 から引用．

42. A. Young, 'A month's tour to Northamptonshire, Leicestershire, &c.', *Annals of Agriculture*, **16** (1791), pp. 534–5.

43. P. Sharpe, 'Population and society', 1700–1840', in *CUHB*, p. 495 から引用．

44. P. Earle, *The Making of the English Middle Class: Business, Society and Family Life in London, 1660–1730* (1989), p. 108; Cotesworth MSS CP/4/96, 25 May 1723.

45. Scottish Record Office, Bill Chamber Process, I. 43,777, John Robinson v. Ralph Ashworth, 1778.

46. R. Campbell, *The London Tradesman* (1747), p. 193.

47. T. V. Jackson, 'British incomes circa 1800', *Economic History Review*, **52** (1999), pp. 257–83.

第四章　都市社会

1. J. Holland, *The History, Antiquities, and Description of the Town and Parish of Workshop, in the County of Nottinghamshire* (Sheffield, 1826), p. 156.

19. P. Borsay, 'Health and leisure towns, 1700–1840', in *CUHB*, p. 796.

20. E. Hopkins, 'The trading and service sectors of the Birmingham economy, 1750–1800', *Business History*, **28** (1986), pp. 77–97.

21. I. D. Whyte, 'The occupational structure of Scottish burghs in the late seventeenth century', in M. Lynch (ed.), *The Early Modern Town in Scotland* (1987), pp. 219–44.

22. J. Stobart, 'In search of a leisure hierarchy: English spa towns and their place in the urban system', in P. Borsay, G. Hirschfelder and R. Mohrmann (eds), *New Directions in Urban History* (Munster and New York, 2000), pp. 19–40.

23. J. M. Ellis, '"The Black Indies"; the economic development of Newcastle upon Tyne *c.*1700–1840', in W. Lancaster and R. Colls (eds), *Newcastle upon Tyne: A Modern History* (Stroud, 2001) から引用.

24. Gateshead Public Library, Cotesworth Manuscripts, CP/4/45, 31 May 1720. また，J. Hoppitt, *Risk and Failure in English Business, 1700–1800* (Cambridge, 1987) も参照.

25. J. A. Phillips, 'Working and moving in early-nineteenth-century provincial towns', in Corfield and Keene (eds), *Work in Towns*, pp. 182–206.

26. この問題に関しては，P. H. Lindert, 'English occupations, 1670–1811', *Journal of Economic History*, **40** (1980), pp. 685–712 を参照.

27. J. Fiske (ed.), *The Oakes Diaries: Business, Politics and the Family in Bury St Edmunds, 1778–1827* (Suffolk Records Society, 32, 1990), p. 53.

28. R. A. Houston, *Social Change in the Age of Enlightenment: Edinburgh, 1660–1760* (Oxford, 1994), p. 238 から引用.

29. O. Hufton, 'Women without men: widows and spinsters in Britain and France in the eighteenth century', *Journal of Family History*, **9** (1984), p. 363.

30. Earle, *A City Full of People*, p. 199 から引用.

31. さらに最近の研究としては，P. Sharpe, 'Continuity and change: women's history and economic history in Britain', *Economic History Review*, **48** (1995), pp. 353–69.

32. R. B. Shoemaker, *Gender in English Society, 1650–1850: The Emergence of Separate Spheres?* (1998) がこの点に関するかなり多くの文献に言及している.

33. E. Haywood, *A Present for a Servant-maid* (1743), p. 45.

34. D. Simonton, 'Gendering work in eighteenth-century towns', in M. Walsh (ed.), *Working Out Gender: Perspectives from Labour History* (Aldershot, 2000), pp. 29–47.

35. A. Vickery, 'Golden age to separate spheres? A review of the

第三章　生計を立てる

1. J. Thomson, *Summer: A Poem*, from *The Seasons* (1746), lines 1457–9.

2. P. J. Corfield, 'Defining urban work', in Corfield and D. Keene (eds), *Work in Towns, 850–1850* (Leicester, 1990), p. 211 から引用.

3. D. Defoe, *A Tour Through the Whole Island of Great Britain* (1962 edn), vol. ii, p. 75.; G. C. Deering, *Nottinghamia Vetus et Nova* (Nottingham, 1751), p. 6.

4. *Whitehead's Newcastle and Gateshead Directory* (Newcastle, 1790); P. J. Corfield and S. Kelly, '"Giving directions to the town": the early town directories', *Urban History Yearbook*, **11** (1984), pp. 22–35.

5. このアプローチの好例が P. Earle, *A City Full of People: Men and Women of London, 1650–1750* (1994) と E. C. Sanderson, *Women and Work in Eighteenth-Century Edinburgh* (Basingstoke, 1996) の中で述べられている.

6. J. Gales and D. Martin, *A Directory of Sheffield; Including the Manufacturers of the Adjacent Villages* (Sheffield, 1787), pp. 2, 24, 45, 59, 61, 71.

7. A. Smith, *An Enquiry into the Nature and Causes of the Wealth of Nations*, ed. R. H. Campbell and A. J. Skinner (1976), vol. i, pp. 13–14.

8. M. Berg, 'Technological change in Birmingham and Sheffield', in P. Clark and P. Corfield (eds), *Industry and Urbanisation in Eighteenth-Century England* (Leicester, 1994), pp. 20–32; *Four Topographical Letters, Written in July 1755* (Newcastle, 1757), pp. 62–3.

9. R. Southey, *Letters from England*, ed. J. Simmons (1951), p. 198.

10. C. Harvey, E. M. Green and P. J. Corfield, 'Continuity, change, and specialization within metropolitan London: the economy of Westminster, 1750–1820', *Economic History Review*, **52** (1999), pp. 469–93.

11. Defoe, *Tour*, vol. i, p. 63.

12. B. Trinder, 'Industrialising towns, 1700–1840', in *CUHB*, pp. 808–15.

13. L. Simond, *An American in Regency England: The Journal of a Tour in 1810–1811*, ed. C. Hibbert, p. 112.

14. R. Warner, *A Tour Through the Northern Counties of England, and the Borders of Scotland* (1802), vol. i, p. 310.

15. G. Jackson, 'The ports *c.*1700–1840', in *CUHB*, p. 727.

16. H. Bourne, *The History of Newcastle on Tyne* (Newcastle, 1736), p. 133.

17. *Elizabeth Montagu: Her Correspondence, 1720–61*, ed. E. J. Climenson (1906), vol. i, p. 35.

18. Hertfordshire Archives, Delmé-Radcliffe MSS, D/ER C311, 11 June 1759.

24. 本書 158–60 頁を参照.

25. 'Account of Myrther-tedvel', *Monthly Magazine*, **7** (1799), p. 356; B. H. Malkin, *The Scenery, Antiquities and Biography of South Wales* (1804), p. 170.

26. Langton, 'Urban growth', in *CUHB*, pp. 478–9.

27. P. Clark, 'Area surveys: introduction', in *CUHB*, p. 28.

28. Ellis, 'Regional and county centres', in *CUHB*, pp. 682–3.

29. J. Butterworth, *A Complete History of the Cotton Trade* (Manchester, 1823), p. 23.

30. G. Turnbull, 'Canals, coal and regional growth during the industrial revolution', *Economic History Review*, **40** (1987), pp. 537–60.

31. E. A. Wrigley, *Continuity, Chance and Change: The Character of the Industrial Revolution in England* (Cambridge, 1988) を参照.

32. J. V. Stobart, 'An eighteenth-century urban revolution? Investigating urban growth in north-west England, 1664–1801', *Urban History*, **23** (1996), pp. 26–47.

33. 18 世紀後半のショッピングに見られる「脱都市化」に関しては，H. C. Mui and L. H. Mui, *Shops and Shopkeeping in Eighteenth-Century England* (1989) を参照.

34. P. Clark, 'Small towns *c.*1700–*c.*1840', in *CUHB*, p. 734.

35. 本書 57 頁を参照.

36. E. Pawson, *Transport and Economy* (1977), pp. 324–6; J. Barry, 'The Southwest', in *CUHB*, p. 78.

37. D. Garrick, *The Trip to Scarborough* (1777), prologue.

38. *Edinburgh Evening Courant*, 6 April 1767. J. Lindsay, *The Canals of Scotland* (Newton Abbot, 1968), p. 18 から引用.

39. L. Schwarz, 'London 1700–1840', in *CUHB*, ch. 19; R. Porter, *London: A Social History* (1994), p. 131.

40. E. M. Thompson (ed.), *Letters of Humphrey Prideaux to John Ellis, 1674–1722* (Camden Society, new series, 15, 1875), p. 146.

41. J. Addison, *The Spectator*, no. 69, 19 May 1711.

42. J. Boswell, *Life of Johnson*, ed. R. W. Chapman (Oxford, 1970), p. 859.（中野好之訳『サミュエル・ジョンソン伝』1-3，みすず書房，1981 年.）

43. L. Simond, *An American in Regency England: The Journal of a Tour in 1810–1811*, ed. C. Hibbert (1968), pp. 127, 30–1.

44. *St James*'s *Chronicle*, 6 August 1761.

45. Simond, *American in Regency England*, p. 59.

10. この時代の移住者・移民一般については，I. D. Whyte, *Migration and Society in Britain, 1550–1830* (Basingstoke, 2000) を参照.

11. T. Short, *New Observations on City, Town and Country Bills of Mortality* (1750), pp. 1, 65, 73–4.「墓場としての都市」という考え方についてはさまざまな議論がある. Sharp, 'Population and society', in *CUHB*, pp. 504–6 を参照.

12. Souden, 'Migrants', in Clark (ed.), *Transformation*, pp. 150–61; H. M. Dingwall, *Late Seventeenth-Century Edinburgh: A Demographic Study* (Aldershot, 1994), pp. 28–9.

13. W. Hutton, *A History of Birmingham to the End of the Year 1780* (Birmingham, 1783 edn), p. 41.

14. D. Defoe, *A Plan of the English Commerce* (1730 edn), p. 268.

15. J. G. Williamson, *Coping with City Growth during the British Industrial Revolution* (Cambridge, 1990), pp. 28–34, 46.

16. 利用できる史料の不足については，R. Woods, 'What would one need to know to solve the "natural decrease" problem in early modern cities?', in R. Lawton (ed.), *The Rise and Fall of Modern Cities: Aspects of Urbanization in the Western World* (1989), pp. 80–95 を参照.

17. T. Hitchcock, 'Demography and the culture of sex in the long eighteenth century', in J. Black (ed.), *Culture and Society in Britain, 1660–1800* (Manchester, 1997), pp. 69–73.

18. Defoe, *Plan*, p. 268.

19. R. Adair, *Courtship, Illegitimacy and Marriage in Early Modern England* (Manchester, 1996), pp. 188–223; T. R. Malthus, *An Essay on the Principle of Population* (7th edn, repr. 1973), p. 242.（高野岩三郎・大内兵衛訳『人口の原理』岩波文庫，1962 年改訳.）しかし，同時に T. Hitchcock, *English Sexualities, 1700–1800* (Basingstoke, 1997), pp. 38–41 も参照のこと.

20. M. Flinn (ed.), *Scottish Population History from the Seventeenth Century to the 1930s* (Cambridge, 1977), pp. 390–5.

21. J. Aikin, *A Description of the Country from Thirty to Forty Miles around Manchester* (1795), p. 392.

22. 都市の消費に関する重要な文献は，L. Weatherill, *Consumer Behaviour and Material Culture in Britain, 1660–1760* (1996 edn) および J. Brewer and R. Porter (eds), *Consumption and the World of Goods in the Seventeenth and Eighteenth Centuries* (1993).

23. J. Ellis, 'Regional and county centres, 1700–1840', in *CUHB*, pp. 678–82; Wrigley, 'Urban growth and agricultural change', in Borsay (ed.), *Eighteenth-Century Town*, pp. 42–3, 47–50.

36. E. L. Jones, S. Porter and M. Turner, *A Gazeteer of English Urban Fire Disasters, 1500–1900*, Historical Geography Research Series, no. 13 (Norwich, 1984).

37. P. Borsay, 'Culture, status, and the English urban landscape', *History*, **67** (1982), pp. 1–12.

38. Thoroton, *Antiquities*, p. 499; G. C. Deering, *Nottinghamia Vetus et Nova* (Nottingham, 1751), p. 6.

39. Fiennes, *Journeys*, pp. 146–8.

40. たとえば，M. Laithwaite, 'Totnes houses, 1500–1800', in P. Clark (ed.), *The Transformation of English Provincial Towns, 1600–1800* (1984), pp. 86–92 を参照.

41. A. Cox, 'Bricks to build a capital', in H. Hobhouse and A. Saunders (eds), *Good and Proper Materials: The Fabric of London since the Great Fire*, London Topographical Society, no. 140 (1989), pp. 10–13; T. Porter, *Colour Outside* (1982), pp. 37–8.

第二章　都市の成長

1. E. Pawson, *The Early Industrial Revolution: Britain in the Eighteenth Century* (1979), p. 213 から引用.

2. E. A. Wrigley, 'Urban growth and agricultural change: England and the continent in the early modern period', in P. Borsay (ed.), *The Eighteenth-Century Town* (1990), pp. 63–8; J. de Vries, *European Urbanization, 1500–1800* (Harvard, 1984), pp. 36–7.

3. J. Langton, 'Urban growth', in *CUHB*, p. 468.

4. *Aris's Birmingham Gazette*, 27 January 1783.

5. L. D. Schwarz, *London in the Age of Industrialisation: Entrepreneurs, Labour Force and Living Conditions, 1700–1850* (Cambridge, 1992), pp. 125–8.

6. E. Mackenzie, *A Descriptive and Historical Account of the Town and County of Newcastle upon Tyne, Including Gateshead* (Newcastle, 1827), vol. i, p. 197.

7. これらの問題は，Langton の 'Urban growth', in *CUHB*, pp. 457–62 の中で論じられている.

8. P. Sharpe, 'Population and society, 1700–1840', in *CUHB*，特に pp. 502–4 を参照.

9. D. Souden, 'Migrants and the population structure of later seventeenth-century provincial cities and market towns', in P. Clark (ed.), *The Transformation of English Provincial Towns, 1600–1800* (1984), pp. 133–68.

analysis', *Scottish Economic and Social History*, **9** (1989), pp. 21–38.

17. R. A. Houston, *Social Change in the Age of Enlightenment: Edinburgh 1660–1760* (Oxford, 1994), p. 4.

18. J. de Vries, *European Urbanization, 1500–1800* (Harvard, 1984), pp. 274–5.

19. P. Slack, 'Great and good towns: regional centres', in *CUHB*, pp. 347–8.

20. W. E. Minchinton, 'Bristol: metropolis of the west in the eighteenth century', in P. Clark (ed.), *The Early Modern Town* (1976), pp. 297–313.

21. T. Cox, *Magna Britania et Hibernia, Antiqua et Nova* (1720), vol. i, p. 608.

22. Defoe, *Tour*, vol. ii, pp. 75–7.

23. A. Everitt, 'Country, county and town: patterns of regional evolution in England', in P. Borsay (ed.), *The Eighteenth-Century Town: A Reader in English Urban History, 1688–1820* (1990), pp. 83–115.

24. 衰退論争については，A. Dyer, *Decline and Growth in English Towns, 1400–1640* (Cambridge, 1995) を参照.

25. P. Borsay, 'The Restoration town', in Glassey (ed.), *The Reigns of Charles II*, pp. 171–90 を参照.

26. E. A. Wrigley, 'Urban growth and agricultural change: England and the continent in the early modern period', in Borsay (ed.), *Eighteenth-Century Town*, 特に pp. 60–6.

27. Corfield, 'Urban development', p. 58.

28. R. Thoroton, *The Antiquities of Nottingham* (1677), p. 499; 'Thomas Baskerville's Journeys in England, *temp*. Car. II', Historical Manuscripts Commission, *Portland MSS* (1893), vol. ii, p. 308.

29. M. Lynch, 'Urbanisation and urban networks in seventeenth-century Scotland: some further thoughts', *Scottish Economic and Social History*, **12** (1992), pp. 24–41.

30. P. Clark, 'Small towns in England, 1550–1850: national and regional population trends', in his *Small Towns in Early Modern Europe* (Cambridge, 1995), pp. 98–100.

31. S. M. Jack, *Towns in Tudor and Stuart Britain* (1996), pp. 159–64.

32. J. Elliott, *The City in Maps: Urban Mapping to 1900* (1987).

33. R. Sweet, *The Writing of Urban Histories in Eighteenth-Century England* (Oxford, 1997) を参照.

34. W. Hutton, *A History of Birmingham to the End of the Year 1780* (Birmingham, 1783 edn), p. 23.

35. 本書の第五章を参照.

16. P. J. Corfield, 'The new Babylons', in L. M. Smith (ed.), *The Age of Revolution* (1987), pp. 49–62.

第一章　都市の眺望

1. *Is this the Truth? A Poem* (Newcastle, 1741), p. 4.

2. P. Glennie and I. D. Whyte, 'Towns in an agrarian economy, 1540–1700', in *CUHB*, p. 169. 全国の人口については以下を参照. E. A. Wrigley and R. S. Schofield, *The Population History of England, 1541–1871: A Reconstruction* (1989), pp. 208–9; R. E. Tyson, 'Contrasting regimes: population growth in Ireland and Scotland during the eighteenth century', in S. J. Connolly, R. A. Houston and R. J. Morris (eds), *Conflict, Identity and Economic Development: Ireland and Scotland, 1600–1939* (Preston, 1995), pp. 64–6.

3. J. M. Ellis, 'Consumption and wealth', in L. K. J. Glassey (ed.), *The Reigns of Charles II and James VII and II* (1997), pp. 202–3.

4. R. Hyde, *Gilded Scenes and Shining Prospects: Panoramic Views of British Towns, 1575–1900* (New Haven, CT, 1985); D. Smith, 'The enduring image of early British townscapes', *Cartographic Journal*, **28** (1991), pp. 163–75.

5. M. Reed, 'The urban landscape, 1540–1700', in *CUHB*, ch. 9 を参照.

6. T. Fuller, *The Worthies of England*, ed. J. Freeman (1952), p. 419.

7. D. Macniven, 'Merchant and trader in early seventeenth-century Aberdeen' (M. Litt thesis, University of Aberdeen, 1977), p. 105 から引用.

8. E. A. Wrigley, 'A simple model of London's importance in changing English society and economy, 1650–1750', in his *People, Cities and Wealth* (Oxford, 1987), pp. 135–8.

9. J. Boulton, 'London, 1540–1700', in *CUHB*, p. 316.

10. D. Defoe, *A Tour Through the Whole Island of Great Britain* (1962 edn), vol. i, p. 316.

11. *The Journeys of Celia Finnes*, ed. C. Morris (1947), pp. 184, 247.

12. P. Corfield, 'Urban development in England and Wales in the sixteenth and seventeenth centuries', in J. Barry (ed.), *The Tudor and Stuart Town: A Reader in English Urban History, 1530–1688* (1990), pp. 47–9.

13. A. Dyer, 'Small market towns, 1540–1700', in *CUHB*, pp. 440–4.

14. Defoe, *Tour*, vol. i, pp. 132, 142.

15. P. Jenkins, 'Wales', in *CUHB*, pp. 144–9; R. Hyde, *A Prospect of Britain: The Town Panoramas of Samuel and Nathaniel Buck* (1994), plate 30; Defoe, *Tour*, vol. ii, p. 57.

16. I. D. Whyte, 'Urbanisation in early modern Scotland: a preliminary

原　注

特に記述がない限り発行地はロンドン.

序　章

1. G. Chalmers, *An Estimate of the Comparative Strength of Great Britain* (1794 edn), p. xiii.

2. *The Journeys of Celia Fiennes*, ed. C. Morris (1947), pp. 1-2.

3. P. Benedict, 'Late medieval and early modern urban history *à l' Anglaise*: a review article', *Comparative Studies in Society and History*, **28** (1986), p. 169.

4. Shropshire Record Office, Notebooks and journals of Joshua Gilpin, book 45, f. 98.

5. P. J. Corfield, *The Impact of English Town, 1700-1800* (Oxford, 1982).（坂巻清・松塚俊三訳『イギリス都市の衝撃』三嶺書房, 1989.）

6. こうした研究は R. Sweet の最近の研究 *The English Town, 1680-1840: Government, Society and Culture* (1999) に, わけても記念碑的な *Cambridge Urban History of Britain*, vol. ii: *c.1540-1840*, ed. Peter Clark (Cambridge, 2000)［以下 *CUHB* と略］によく表されている.

7. たとえば, B. Lepetit, 'In search of the small town in early nineteenth-century France', in P. Clark (ed.), *Small Towns in Early Modern Europe* (Cambridge, 1995), pp. 166-83 を参照.

8. J. M. Ellis, 'Consumption and wealth', in L. K. J. Glassey (ed.), *The Reigns of Charles II and James VII and II* (1997), pp. 191-210.

9. P. Jenkins, 'Wales', in *CUHB*, pp. 140-9.

10. T. Devine, 'Scotland', in *CUHB*, pp. 158-64.

11. J. Addison, *The Spectator*, no. 69, 19 May 1711; D. Defoe, *The Complete English Tradesman in Familiar Letters* (2nd edn, 1727), vol. i, p. 381.

12. J. Austen, *Lady Susan, the Watsons, Sanditon*, ed. M. Drabble (1974), pp. 180, 206.

13. T. Wilkinson, *Memoirs of His Own Life* (York, 1790), vol. iv, p. 50.

14. E. A. Wrigley, '"The great commerce of every civilised society": urban growth in early modern Europe', *Scottish Economic and Social History*, **12** (1992), pp. 5-23.

15. W. Hutton, *A History of Birmingham to the End of the Year 1780* (Birmingham, 1783 edn), p. 62.

N. Rogers, *Crowds, Culture and Politics in Georgian Britain* (Oxford, 1998).

L. D. Schwarz, *London in the Age of Industrialization: Entrepreneurs, Labour Force and Living Conditions, 1700–1850* (Cambridge, 1992).

P. Sharpe, *Adapting to Capitalism: Working Women in the English Economy, 1700–1850* (1996).

R. Sweet, *The Writing of Urban Histories in Eighteenth-Century England* (Oxford, 1997).

I. D. Whyte, *Migration and Society in Britain, 1550–1830* (Basingstoke, 2000).

J. G. Williamson, *Coping with City Growth During the British Industrial Revolution* (Cambridge, 1990).

K. Wilson, *The Sense of the People: Politics, Culture and Imperialism in England, 1715–85* (Cambridge, 1994).

D. Eastwood, *Government and Community in the English Provinces, 1700–1870* (1997).

C. B. Estabrook, *Urbane and Rustic England: Cultural Ties and Social Spheres in the Provinces, 1660–1780* (Manchester, 1998).

P. D. Halliday, *Dismembering the Body Politic: Partisan Politics in England's Towns, 1650–1730* (Cambridge, 1998).

P. Hembry, *The English Spa, 1560–1815: A Social History* (1990).

T. Henderson, *Disorderly Women in Eighteenth-Century London: Prostitution and Control in the Metropolis, 1730–1830* (1999).

D. Hey, *The Fiery Blades of Hallamshire: Sheffield and its Neighbourhood, 1660–1740* (Leicester, 1991).

T. Hitchcock et al. (eds), *Chronicling Poverty: The Voices and Strategies of the English Poor, 1640–1840* (Basingstoke, 1997).

K. Honeyman, *Women, Gender and Industrialization in England, 1700–1870* (Basingstoke, 2000).

E. Hopkins, *The Rise of the Manufacturing Town: Birmingham and the Industrial Revolution* (Stroud, 1998).

R. A. Houston, *Social Change in an Age of Enlightenment: Edinburgh, 1660–1800* (Oxford, 1994).

M. Hunt, *The Middling Sort: Commerce, Gender, and the Family in England, 1680–1780* (Berkeley, 1996).

J. Landers, *Death and the Metropolis: Studies in the Demographic History of London, 1670–1830* (Cambridge, 1993).

P. Langford, *Public Life and the Propertied Englishman, 1689–1798* (Oxford, 1991).

T. Meldrum, *Domestic Service and Gender, 1660–1750: Life and Work in the London Household* (2000).

R. J. Morris, *Class, Sect and Party: The Making of the British Middle Class: Leeds, 1820–1850* (1990).

R. Porter, *London: A Social History* (1994).

A. Randall and A. Charlesworth (eds), *Markets, Market Culture and Popular Protest in Eighteenth-Century Britain and Ireland* (Liverpool, 1996).

M. Girouard, *The English Town* (Yale, 1990).
T. Hitchcock and R. Shoemaker, *Economic Growth and Social Change in the Eighteenth-Century Town* (TLTP History Consortium Courseware, 1995).
R. Sweet, *The English Town, 1680–1840: Government, Society and Culture* (1999).
J. Walvin, *English Urban Life, 1776–1851* (1984).

最近出版された専門的な研究

J. Barry and C. Brooks (eds), *The Middling Sort of People: Culture, Society and Politics in England, 1550–1800* (1994).（山本正訳『イギリスのミドリング・ソート——中流層をとおしてみた近世社会』昭和堂，1998年.）
J. Brewer, *The Pleasures of the Imagination: English Culture in the Eighteenth Century* (1997).
P. Clark, *British Clubs and Societies, 1580–1800: The Origins of an Associational World* (Oxford, 2000).
P. Clark (ed.), *Small Towns in Early Modern Europe* (Cambridge, 1995).
P. J. Corfield, *Power and the Professions in Britain, 1700–1850* (1995).
D. Cruickshank and N. Burton, *Life in the Georgian City* (1990).
L. Davison et al. (eds), *Stilling the Grumbling Hive: The Response to Social and Economic Problems in England, 1689–1750* (Stroud, 1992).
T. M. Devine and G. Jackson (eds), *Glasgow*, vol. i: *Beginnings to 1830* (Manchester, 1994).
H. T. Dickinson, *The Politics of the People in Eighteenth-Century Britain* (1994).
P. Earle, *A City Full of People: Men and Women of London, 1650–1750* (1994).
P. Earle, *The Making of the English Middle Class: Business, Society and Family Life in London, 1660–1730* (London, 1989).

参考文献

「長い」18 世紀の都市史については膨大な文献が出版されており，手ごろな参考文献を案内することはたいへん難しい．したがって，ここに掲げる文献は包括的なものでも決定版といえるものでもない．はじめて都市史に関心をもたれた人々にとって，もっとも重要で役に立つと思われる研究書を掲げた．

18 世紀社会全般に関して

M. J. Daunton, *Progress and Poverty: An Economic and Social History of Britain, 1700–1850* (Oxford, 1995).

J. Gregory and J. Stevenson, *The Longman Companion to Britain in the Eighteenth Century, 1688–1820* (2000).

K. Morgan, *The Birth of Industrial Britain: Social Change, 1750–1850* (2000).

R. Price, *British Society, 1680–1880: Dynamism, Containment and Change* (Cambridge, 1999).

J. Rule, *Albion's People: English Society, 1714–1815* (1992).

都市の発展に関する研究

P. Borsay (ed.), *The Eighteenth-century Town: A Reader in English Urban History, 1688–1820* (1990).

P. Borsay, *The English Urban Renaissance: Culture and Society in the Provincial Town, 1660–1770* (Oxford, 1989).

P. Clark (ed.), *The Cambridge Urban History of Britain*, vol. ii, *c.1540–c.1840* (Cambridge, 2000).

P. J. Corfield, *The Impact of English Towns, 1700–1800* (Oxford, 1982). （坂巻清・松塚俊三訳『イギリス都市の衝撃』三嶺書房，1989 年．）

マ行

ヤ行

ラ行

ワ行

タ行

ナ行

ハ行

索　引

りぶらりあ選書

長い18世紀のイギリス都市
1680-1840

発行　2008年6月10日　　初版第1刷

著者　ジョイス・M. エリス
訳者　松塚俊三／小西恵美／
　　　三時眞貴子　訳
発行所　財団法人　法政大学出版局
〒102-0073 東京都千代田区九段北3-2-7
電話03(5214)5540／振替00160-6-95814
製版，印刷／平文社
鈴木製本所

ISBN 978-4-588-02235-7
Printed in Japan

著者

ジョイス・M. エリス（Joyce M. Ellis）
1951 年生まれの現代イギリスの歴史学者．オックスフォード大学を卒業後，ニューカッスル，レスター，オックスフォード各大学で教鞭をとり，1988 年から 2005 年までノッティンガム大学の歴史学科に在職．主に都市史の研究分野で活動し，ニューカッスルの都市史，タインサイドの地域史をはじめ，イギリス都市史に関する著書や論文を発表している．

訳者

松塚　俊三（まつづか しゅんぞう）〔序章，１，２章，解題担当〕
名古屋大学大学院人文科学研究科修了．現在，福岡大学人文学部教授．著書：『歴史のなかの教師』（山川出版社，2001）．編著：『国家・共同体・教師の戦略』（昭和堂，2006）．訳書：P. J. コーフィールド『イギリス都市の衝撃』（共訳，三嶺書房，1989），R. F. ウィアマス『宗教と労働者階級』（共訳，新教出版社，1994），R. オルドリッチ『イギリスの教育』（監訳，玉川大学出版部，2001），R. マックウィリアム『十九世紀イギリスの民衆と政治文化』（昭和堂，2004）．

小西　恵美（こにし えみ）〔５，６，７章後半，あとがき担当〕
慶應義塾大学大学院商学研究科博士課程修了，博士（商学）．現在，専修大学経済学部准教授．論文：「長期の 18 世紀イングランドの地方都市行政とコミュニティ」『イギリス都市史研究—都市と地域』（共著，日本経済評論社，2004），'Elite and pluralist power in eighteenth-century English towns', in *Who Ran the Cities?* (co-author, Aldershot, 2007)，「近世イギリス都市におけるフリーメン制度の意義」『三田商学研究』（2005），ほか．

三時　眞貴子（さんとき まきこ）〔３，４，７章前半担当〕
広島大学大学院教育学研究科博士課程後期満期退学．現在，愛知教育大学学校教育講座講師．論文：「十八世紀後半のイングランドにおける都市エリートとしての商人教育」『九州歴史科学』（2005），「教師の多様性と国家による整序化—十九世紀末イングランドの基礎学校教師」『国家・共同体・教師の戦略』（共著，昭和堂，2006）．訳書：R. オルドリッチ『イギリスの教育』（共訳，玉川大学出版部，2001），ほか．

魔女と魔女裁判〈集団妄想の歴史〉	K.バッシュビッツ／川端，坂井訳	¥4500
科学論〈その哲学的諸問題〉	カール・マルクス大学哲学研究集団／岩崎允胤訳	¥2500
先史時代の社会	クラーク，ピゴット／田辺，梅原訳	¥1500
人類の起原	レシェトフ／金光不二夫訳	¥3000
非政治的人間の政治論	H.リード／増野，山内訳	¥ 850
マルクス主義と民主主義の伝統	A.ランディー／藤野渉訳	¥1200
労働の歴史〈棍棒からオートメーションへ〉	J.クチンスキー，良知，小川共著	¥1900
ヒュマニズムと芸術の哲学	T.E.ヒューム／長谷川鉱平訳	¥2200
人類社会の形成（上・下）	セミョーノフ／中島，中村，井上訳	上 品切 下 ¥2800
倫理学	G.E.ムーア／深谷昭三訳	¥2200
国家・経済・文学〈マルクス主義の原理と新しい論点〉	J.クチンスキー／宇佐美誠次郎訳	¥ 850
ホワイトヘッド教育論	久保田信之訳	品切
現代世界と精神〈ヴァレリィの文明批評〉	P.ルーラン／江口幹訳	¥980
葛藤としての病〈精神身体医学的考察〉	A.ミッチャーリヒ／中野，白滝訳	¥1500
心身症〈葛藤としての病２〉	A.ミッチャーリヒ／中野，大西，奥村訳	¥1500
資本論成立史（全４分冊）	R.ロスドルスキー／時永，平林，安田他訳	(1)¥1200 (2)¥1200 (3)¥1200 (4)¥1400
アメリカ神話への挑戦（I・II）	T.クリストフェル他編／宇野，玉野井他訳	I ¥1600 II ¥1800
ユダヤ人と資本主義	A.レオン／波田節夫訳	¥2800
スペイン精神史序説	M.ピダル／佐々木孝訳	¥2200
マルクスの生涯と思想	J.ルイス／玉井，堀場，松井訳	¥2000
美学入門	E.スリヨ／古田，池部訳	品切
デーモン考	R.M.=シュテルンベルク／木戸三良訳	¥1800
政治的人間〈人間の政治学への序論〉	E.モラン／古田幸男訳	¥1200
戦争論〈われわれの内にひそむ女神ベローナ〉	R.カイヨワ／秋枝茂夫訳	¥3000
新しい芸術精神〈空間と光と時間の力学〉	N.シェフェール／渡辺淳訳	¥1200
カリフォルニア日記〈ひとつの文化革命〉	E.モラン／林瑞枝訳	¥2400
論理学の哲学	H.パットナム／米盛，藤川訳	¥1300
労働運動の理論	S.パールマン／松井七郎訳	¥2400
哲学の中心問題	A.J.エイヤー／竹尾治一郎訳	品切
共産党宣言小史	H.J.ラスキ／山村喬訳	品切
自己批評〈スターリニズムと知識人〉	E.モラン／宇波彰訳	¥2000
スター	E.モラン／渡辺，山崎訳	¥1800
革命と哲学〈フランス革命とフィヒテの本源的哲学〉	M.ブール／藤野，小栗，福吉訳	品切
フランス革命の哲学	B.グレトゥイゼン／井上尭裕訳	¥2400
意志と偶然〈ドリエージュとの対話〉	P.ブーレーズ／店村新次訳	¥2500
現代哲学の主潮流（全５分冊）	W.シュテークミュラー／中埜，竹尾監修	(1)¥4500 (2)¥4200 (3)¥6000 (4)¥3300 (5)¥7300
現代アラビア〈石油王国とその周辺〉	F.ハリデー／岩永，菊地，伏見訳	¥2800
マックス・ウェーバーの社会科学論	W.G.ランシマン／湯川新訳	¥1600
フロイトの美学〈芸術と精神分析〉	J.J.スペクター／秋山，小山，西川訳	品切
サラリーマン〈ワイマル共和国の黄昏〉	S.クラカウアー／神崎巌訳	¥1700
攻撃する人間	A.ミッチャーリヒ／竹内豊治訳	¥ 900
宗教と宗教批判	L.セーヴ他／大津，石田訳	¥2500
キリスト教の悲惨	J.カール／高尾利数訳	品切
時代精神（I・II）	E.モラン／宇波彰訳	I 品切 II ¥2500
中世の発見〈偉大な歴史家たちの伝記〉	N.F.キャンター／朝倉，横山，梅津訳	¥7500

スミス，マルクスおよび現代	R.L.ミーク／時永淑訳	¥3500
愛と真実〈現象学的精神療法への道〉	P.ローマス／鈴木二郎訳	¥1600
弁証法的唯物論と医学	ゲ・ツァレゴロドツェフ／木下，仲本訳	¥3800
イラン〈独裁と経済発展〉	F.ハリデー／岩永，菊地，伏見訳	¥2800
競争と集中〈経済・環境・科学〉	T.プラーガー／島田稔夫訳	¥2500
抽象芸術と不条理文学	L.コフラー／石井扶桑雄訳	¥2400
プルードンの社会学	P.アンサール／斉藤悦則訳	¥2500
ウィトゲンシュタイン	A.ケニー／野本和幸訳	¥3200
ヘーゲルとプロイセン国家	R.ホッチェヴァール／寿福真美訳	¥2500
労働の社会心理	M.アージル／白水，奥山訳	¥1900
マルクスのマルクス主義	J.ルイス／玉井，渡辺，堀場訳	¥2900
人間の復権をもとめて	M.デュフレンヌ／山縣熙訳	¥2800
映画の言語	R.ホイッタカー／池田，横川訳	¥1600
食料獲得の技術誌	W.H.オズワルド／加藤，禿訳	¥2500
モーツァルトとフリーメーソン	K.トムソン／湯川，田口訳	¥3300
音楽と中産階級〈演奏会の社会史〉	W.ウェーバー／城戸朋子訳	¥3300
書物の哲学	P.クローデル／三嶋睦子訳	¥1600
ベルリンのヘーゲル	J.ドント／花田圭介監訳，杉山吉弘訳	¥2900
福祉国家への歩み	M.ブルース／秋田成就訳	品　切
ロボット症人間	L.ヤブロンスキー／北川，樋口訳	¥1800
合理的思考のすすめ	P.T.ギーチ／西勝忠男訳	¥2000
カフカ=コロキウム	C.ダヴィッド編／円子修平，他訳	¥2500
図形と文化	D.ペドウ／磯田浩訳	¥2800
映画と現実	R.アーメス／瓜生忠夫，他訳／清水晶監修	¥3000
資本論と現代資本主義（I・II）	A.カトラー，他／岡崎，塩谷，時永訳	I 品　切 II ¥3500
資本論体系成立史	W.シュヴァルツ／時永，大山訳	¥4500
ソ連の本質〈全体主義的複合体と新たな帝国〉	E.モラン／田中正人訳	¥2400
ブレヒトの思い出	ベンヤミン他／中村，神崎，越部，大島訳	¥2800
ジラールと悪の問題	ドゥギー，デュピュイ編／古田，秋枝，小池訳	¥3800
ジェノサイド〈20世紀におけるその現実〉	L.クーパー／高尾利数訳	¥2900
シングル・レンズ〈単式顕微鏡の歴史〉	B.J.フォード／伊藤智夫訳	¥2400
希望の心理学〈そのパラドキシカルアプローチ〉	P.ワツラウィック／長谷川啓三訳	¥1600
フロイト	R.ジャカール／福本修訳	¥1400
社会学思想の系譜	J.H.アブラハム／安江，小林，樋口訳	¥2300
生物学における ランダムウォーク	H.C.バーグ／寺本，佐藤訳	品　切
フランス文学とスポーツ〈1870～1970〉	P.シャールトン／三好郁朗訳	¥2800
アイロニーの効用〈『資本論』の文学的構造〉	R.P.ウルフ／竹田茂夫訳	¥1600
社会の労働者階級の状態	J.バートン／真実一男訳	¥2000
資本論を理解する〈マルクスの経済理論〉	D.K.フォーリー／竹田，原訳	¥2800
買い物の社会史	M.ハリスン／工藤政司訳	¥2000
中世社会の構造	C.ブルック／松田隆美訳	¥1800
夢の終焉〈ユートピア時代の回顧〉	M.ヴィンター／杉浦健之訳	¥4500
地球の誕生	D.E.フィッシャー／中島竜三訳	¥2900
トプカプ宮殿の光と影	N.M.ペンザー／岩永博訳	¥3800
テレビ視聴の構造〈多メディア時代の「受け手」像〉	P.バーワイズ他／田中，伊藤，小林訳	品　切
夫婦関係の精神分析	J.ヴィリィ／中野，奥村訳	¥3300
夫婦関係の治療	J.ヴィリィ／奥村満佐子訳	¥4000
ラディカル・ユートピア〈価値をめぐる議論の思想と方法〉	A.ヘラー／小箕俊介訳	¥2400